谨以此书,纪念我国钢桥设计理论的奠基人、现代悬索桥的开拓者、桥梁工程教育的先行者、西南交通大学教授钱冬生先生(1918.12.23—2016.9.1)100周年诞辰。

李亚东 著

人民交通出版社股份有限公司
China Communications Press Co., Ltd.

内 容 提 要

本书围绕桥梁工程,结合社会、经济、交通等对桥梁工程的影响,以"中西融会,古今贯通"的思路,以"专业知识通俗化"的手法,分析介绍全球视野下的桥梁历史、桥式演变、桥梁设计、桥梁事故、桥梁文化、桥梁人物等。

本书选题广泛,图文并茂,内容丰富,通俗易懂,适于学习桥梁专业的学生、从事桥梁工程的科技人员以及喜欢桥梁建筑的大众读者阅读。

图书在版编目(CIP)数据

亚东桥话 / 李亚东著. — 北京:人民交通出版社股份有限公司,2018.11
ISBN 978-7-114-15112-5

Ⅰ.①亚… Ⅱ.①李… Ⅲ.①桥梁工程—普及读物 Ⅳ.①U44-49

中国版本图书馆CIP数据核字(2018)第247466号

书　　名:	亚东桥话
著　作　者:	李亚东
责任编辑:	李　喆
责任校对:	宿秀英
责任印制:	张　凯
出版发行:	人民交通出版社股份有限公司
地　　址:	(100011)北京市朝阳区安定门外外馆斜街3号
网　　址:	http://www.ccpress.com.cn
销售电话:	(010)59757973
总　经　销:	人民交通出版社股份有限公司发行部
经　　销:	各地新华书店
印　　刷:	北京市密东印刷有限公司
开　　本:	787×1092　1/16
印　　张:	21.75
字　　数:	519千
版　　次:	2018年11月　第1版
印　　次:	2018年11月　第1次印刷
书　　号:	ISBN 978-7-114-15112-5
定　　价:	115.00元

(有印刷、装订质量问题的图书由本公司负责调换)

序
Preface

从事桥梁工程的教学科研工作,一晃已近 35 年。多年的工作经历,使我对桥梁工程的理解愈加深切,积淀下些许个人感悟。

若用最简洁通俗的语言描述桥为何物,那就是:跨越障碍的通道。从工程角度看,桥梁是跨越障碍、连接线路的人造结构物;从社会角度看,桥梁还作为建筑实体长久地(通常百年)存在于人类生活之中。

桥梁是一类工程设施。所谓工程设施,就是指由若干构件组成、固定于地表、能安全地为人们提供各种服务功能的结构物。桥梁也是集社会财富建造的、服务于社会大众的一类特殊的公共产品。与其他土木建筑相比,桥梁同时具备的开放性(不封闭,随时可用)、公平性(无歧视,人人可用)、节点性(枢纽作用)和直观性(不隐匿,少修饰)特征最为突出。正是这些特征,决定了桥梁在人类生活中的重要地位,也激发出社会大众关注桥梁的热情。

由于桥梁的使用寿命长,这使得一部分桥梁成为表现建造年代工程科技水平的载体,也充当着社会、经济、文化发展的实物见证者。从这个角度看,桥梁的设计与建造,不宜只看作是单纯的科技问题和工程问题。

现代桥梁设计,是多因素约束条件下的总体优化。从工程角度看,要求桥梁安全(能抵抗地震、强风、车辆、人群等作用)、耐久(经久耐用,养护便捷)和适用(满足桥上桥下通行要求,过桥通畅);从社会角度看,还要求桥梁经济(造价适中,维护费用合理)、美观(满足社会审美的基本需求,与环境协调)和环保(对环境的负面影响可控)。设计师的任务,就是在工程需求和社会需求各因素的交互影响中,寻求合理的解决方案。

好的桥梁设计方案,不仅体现出设计师深厚的专业能力,而且还蕴含着设计师超凡的人文素养。一般而言,这样的能力和素养,来自于设计师的专业教育、终身学习和经年累月的工程实践。不过,坦率地讲,我国目前的专业教育,更多地偏重于桥梁科技本身,忽略或弱化了工程与社会、技术与文化的内在关联。我们更关注的,是如何利用工程力学知识对桥梁结构进行力学分析,利用标准或规范进行设计、建造和养护维修。但是,我们对桥梁的发展历史,桥式的演变过程,社会、经济、交通等对桥梁工程的影响,以及文化、建筑、艺术等在桥梁上的表现,通常重视不够。

借助2016年开通的"西南交大桥梁"微信公众号平台,本人不揣谫陋,在"亚东桥话"栏目下,发表了多篇文章。这一平台旨在交流与桥梁有关的公益性知识、文化和信息,因此,本人也力图以"中西融会,古今贯通"的思路,以"专业知识通俗化"的手法,尽量采用浅显易懂的文字和图文并茂的方式,分析介绍全球视野下的桥史、桥式、桥梁事故、桥梁文化、桥梁人物等。

受人民交通出版社股份有限公司之邀,现将一部分文章重新订正,结集出版。本书不是系统介绍桥梁工程的专业技术书籍,而是本人对桥梁工程发展所思所想形成的随笔,或是对某一研究课题的讨论总结,或是对某一热点话题的梳理分析。这些文章单独成篇,但各篇之间又有一定关联。期望学习桥梁专业的学生、从事桥梁工程的科技人员以及喜欢桥梁建筑的大众读者,能借此有所收获。

本书选题较为广泛,各题材涉及的时间跨度大,信息也浩繁,且由于个人水平所限,书中谬误之处在所难免,敬请读者斧正。

是为序。

2018年炎夏于西南交大东园

目 录
Contents

第1篇：梁桥回眸（上）/001

第2篇：梁桥回眸（中）/011

第3篇：梁桥回眸（下）/021

第4篇：拱桥起源辨析（上）/031

第5篇：拱桥起源辨析（下）/043

第6篇：悬索桥的前世今生（上）/055

第7篇：悬索桥的前世今生（下）/067

第8篇：斜拉桥探源/079

第9篇：古今中外开启桥/089

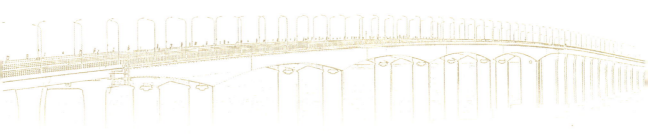

第10篇：千年风雨话廊桥（上）/099

第11篇：千年风雨话廊桥（下）/111

第12篇：悬臂梁桥的百年兴衰/125

第13篇：何谓 viaduct？/135

第14篇：漫谈跨谷桥/141

第15篇：网状吊杆拱桥/151

第16篇:古今运河桥/165

第17篇:闲谈"姐妹桥"/173

第18篇:谈谈钢管混凝土拱桥的起源/179

第19篇:从米兰拱到钢管混凝土劲性骨架拱/187

第20篇:从混凝土梁桥的悬臂浇筑施工说开去/199

第21篇:桥梁发展"三段论"/207

第22篇:桥梁寿命有多长?/215

第23篇:如何延长桥梁寿命?/227

第24篇:桥梁结构设计方法的历史演进/237

第25篇:欧洲结构规范一瞥/247

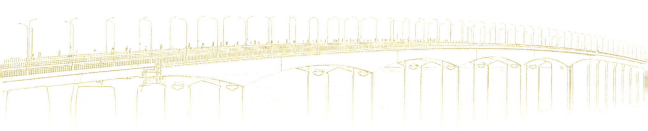

第26篇:桥梁事故知多少/257

第27篇:往事并不如烟——州河大桥垮塌事故/273

第28篇:桥梁文化刍议/281

第29篇:追求桥梁"世界之最"的意义何在?/287

第30篇:土木工程历史性标志ABC/295

第31篇:你知道哪些动物会造"桥"吗?/303

第32篇:布鲁内尔其人其事/313

第33篇:电影中的桥(上)/321

第34篇:电影中的桥(下)/331

第1篇 梁桥回眸(上)

统计一个国家现代桥梁的结构类型,一定会得到梁桥占比最高的结论。理由很明显:因为梁桥的构造最简单,建造最容易,所以数量也最多。本篇在介绍梁桥起源的基础上,大致梳理了梁桥技术发展的脉络。

原始的木石梁桥

史前人类为了扩大生存空间(比如,需到河对岸去采集果实或狩猎),慢慢学会了建造最原始的桥。这个过程,应该是效法自然、最先从梁桥开始的。

原始森林中,倒塌的树木横卧在山涧或溪流上,水中散布着一些乱石。森林中的各种动物会借用这些倒木或乱石过河(估计动物也不愿意蹚水,图1-1),自然地,人也可如此(图1-2)。

a)

b)

图 1-1 野生动物利用倒木或乱石过河

a)

b)

图 1-2 行人利用倒木或乱石过河

这是史前人类最容易观察到的一类"天生桥"。人类的学习和创造能力,逐渐促使他们在需要时开始自己动手建桥。于是,当需要过河却没有现成的"天生桥"时,人们就会就近搬一根树干搭在河上,或者在浅水中间隔摆放一连串的石块。后人把那些用树干搭成(不用加工或简单加工)的木梁桥,称为圆木桥(log bridge);把那些由乱石组成的过河通道,称为汀步(也叫踏步、蹬步、跳岩等,Stepping Stones)。

先来讨论最先出现的木梁柱桥。

到人类聚居下来、开始农业和畜牧业的时候,对桥的需求就凸显出来。例如,看陕西西安半坡村新石器时代遗址(公元前4800年—公元前4300年,如图1-3所示,在居住区四周有用于防御的大壕沟(宽6~8m,深5~6m),因此需搭设较宽的(以方便人畜和物品进出)、可移除的(以防范外族或野兽侵袭)进出通道。这样的通道,极有可能是由几根树干捆绑在一起的木梁桥(图1-3)。

图1-3　陕西半坡村新石器时代遗址(局部)

2011年联合国教科文组织认定的世界文化遗产"水边桩屋"(Pile Dwellings),是指史前人类在阿尔卑斯山区周边的湖泊、河流或湿地的边缘建造的百多处桩屋遗址[1](图1-4)。这些聚居点大约建于公元前5000年—公元前500年,桩屋通过栈桥与陆地相连。栈桥的面板可拆卸,以防范外族入侵。

图1-4　阿尔卑斯山区周边的"水边桩屋"

a)"水边桩屋"遗址　　　　　　　　　　　　　　b)"水边桩屋"想象图

木材容易腐朽,今天能看到的木梁柱桥遗迹极为稀少。1996年,英国官方认定了一处称为斯威特古道(Sweet Track)的古迹,如图1-5a)所示。这条古道位于英格兰西南部,形成于公元前3807—公元前3806年,其是一条下面由木桩交叉排列、上面铺设橡树板的步道。我国咸阳的秦汉沙河古木桥遗址一号桥,如图1-5b)所示。桥宽16m,残存总长106m,桥桩16排,112

根,每排间距3~6m,是世界上迄今所知的规模最大的木梁柱桥遗址。

图1-5 斯威特古道与秦汉沙河古桥遗址

a) 斯威特古道　　　b) 秦汉沙河古木桥遗址

笔者认为,从村落形成到城市兴起的这个时期,是人类社会有点规模地建造桥梁的肇始。因木材容易获取和加工,最早建造的多是木梁桥。古希腊作家和历史学家希罗多德(Herodotus,公元前484年—公元前425年)曾在其《历史》一书中,描述了公元前7世纪末古巴比伦在幼发拉底河上建造的一座石墩木梁桥(图1-6)。桥宽至少5~6m,长度超过115m,设8个砖石墩台,上架木梁(白天铺设,晚上拆除)[2]。在北魏郦道元的《水经注》(卷六)中,描述了在山西汾水上有一座木梁柱桥(30根柱,柱径5尺),建于春秋晋平公时期(?—公元前532年),这是我国最早见诸文字记载的一座梁桥。另外,传说(未见文献记载)古罗马城内跨越台伯河的第一座桥,就是木梁柱桥,其始建于公元前621年。

图1-6 巴比伦的3D模型

中国先民在木梁桥的建设中,为桥式的发展做出了卓越贡献。第一,为让木桥用得更久一点,最早创造出了廊桥(参见第10篇);第二,为了把跨度做得更大一点,最早创造出了悬臂梁桥(参见第12篇)。

再看看从汀步到石梁(板)桥的演变(图1-7)。

汀步只适合于布设在水浅流缓的河流中,过河不算安全方便。为了更便捷地渡河,可在河里间隔地放置一些石堆,在石堆之上搁置相对平整的石板形成桥面,这就是原始的石墩石梁

（板）桥。这样的桥，阻水面积大，但基础不牢，容易遭受洪水冲毁。随着人类工具和技艺的进步，便可把石堆的间隔加大，并对石材进行粗加工，采用人工砌筑的方式建造桥基和石墩。这样，石墩石梁（板）桥就基本成形了。

图1-7　从汀步到石梁桥

石梁的特点是：材性耐久但脆，开采、运输和架设均不易，且跨度难以做大。因此，后来较大跨度的桥就让位于石拱桥了。年代最为久远的石梁，可能是埃及吉萨金字塔附近的一条堤道或一面石墙中的过梁，如图1-8所示。该堤道或石墙建于公元前2551年—公元前2472年[3]，过道之上的石梁重约300t。世界各地保留至今的古代石梁桥，极为有限，即便有，规模也不大。

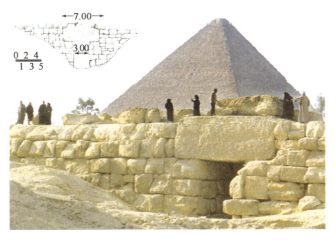

图1-8　埃及吉萨金字塔附近的过道

我国福建地区的一些宋代石梁桥,如泉州洛阳桥(1053 年)、晋江安平桥(1138 年)、漳州江东桥(1237 年)等,则是中外古代石梁桥的卓越代表。

桁梁桥的问世与发展

在古罗马时期,就曾出现过木桁架拱桥(参见第 5 篇),据此,也不排除建造过桁架梁的可能性。不过,这些技艺即便有过,也并没有流传下来。直到文艺复兴时期,意大利建筑师安德烈亚·帕拉第奥(Andrea Palladio,1508—1580 年)在其 1570 年出版的《建筑四书》和其他著作中,第一次描述了 4 种不同的木桁架结构桥(图 1-9)[4,5]。

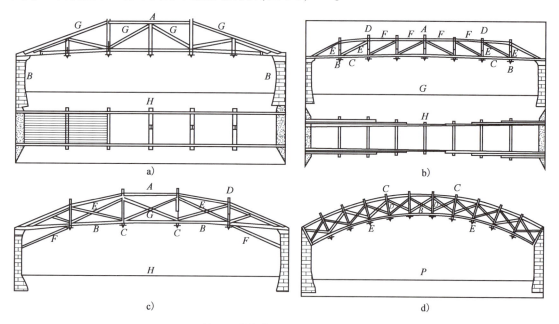

图 1-9 帕拉第奥设想的木桁架桥

众所周知,木构件既能受拉,也可受压,还容易相互连接,所组成的桁架梁便可承受较大的弯矩,使跨越能力更大。今天看来,帕拉第奥提出的木桁架桥,几乎是文艺复兴时期桥梁领域内唯一重大创新。可惜的是,帕拉第奥本人没有机会实践(他只在 1569 年做过一座木梁柱桥的设计,该桥经多次重建保留至今),同时代的人也都认为此类桥式过于超前而不敢尝试。

到了 18 世纪,瑞士的库本曼(Grubenmann)家族建造了一些很有名气的大跨度木桥[6]。图 1-10a)所示的是其中一座,跨度为 60m。从 19 世纪起,北美开始大量建造带有屋盖的木桁架结构桥(参见第 11 篇)。这是因为北美的木材资源丰富,且没有建造石拱桥的传统。可能是受瑞士工匠的影响,早期的木桁架桥采用的是各式各样的桁架梁与拱的组合形式。其中,Theodore Burr 在 1804 年提出的专利[图 1-10b)]最为接近纯粹的桁架梁结构,其经济合理,架设方便,曾风靡一时。直到 1820 年,Ithiel Town 才第一次提出了没有拱构件的、格构式的桁架结构[图1-10c)]。

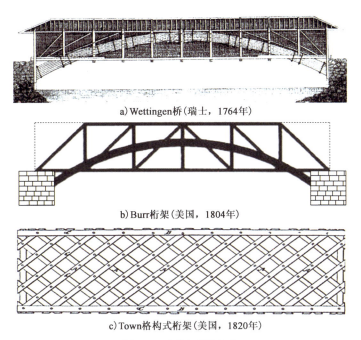

图1-10 木桁架桥的演变

接下来，随着力学、材料和工程技术的进步，各式桁架梁桥就如同雨后春笋般地涌现出来（图1-11），并奠定了现代桁架梁桥的基础。这些桁架开始主要服务于铁路桥梁，后来慢慢扩展到公路和城市桥梁；所采用的材料，先是纯木结构或铁木混合结构，后来采用钢铁材料。经过历史的选择，我们今天还常用的，包括Warren（华伦式，即三角形桁架）、Howe（豪式，即N形桁架）、K形桁架等。

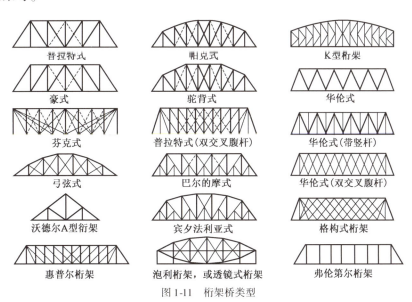

图1-11 桁架桥类型

桁架结构除普遍用于梁桥外,也用于大跨度拱桥的主拱、斜拉桥的主梁和悬索桥的加劲梁,今天已屡见不鲜。限于篇幅,这里只介绍一座历史上著名的铁路桁梁桥,其也是国际土木工程历史性标志性建筑[7](图1-12)。

a) 1857年建成格构式桁梁(右),1891年建成透镜式桁梁(左)

b) 1939年、1945年遭受破坏

c) 1958年之后

图1-12 波兰特切夫铁路桥

该桥名叫特切夫(Tczew)桥,位于波兰北部,跨越维斯瓦河(Vistula)。该桥借用大不列颠管箱梁的设计特点,1851—1857年建成了一座全长837.3m的单线下承式铁路桥(也可通行车马和行人),主桥为6跨130.88m的格构式熟铁桁梁。后因铁路运量猛增,其他车马和行人过桥不便,1888—1891年再建一座6跨双线铁路桥(主桥采用的是透镜式桁架,1912年再架长约250m的3跨桁梁),老桥便改为公路和人行桥。第二次世界大战期间,该桥曾在1939年和1945年遭受过两次破坏。1958年,该桥再次改换双线桥的主体结构,采用变高度的华伦式桁架。

特切夫桥落成时,是当时欧洲规模最大的铁路桥。它经历了160年的风风雨雨,为了延长使用寿命而多次修复更换,今天看上去,多少给人一种沧桑和凌乱之感。

顺便提及,中国的第一座大型铁路梁桥,是1881年修建的唐胥铁路上的王家河铁桥(图1-13)。这桥采用华伦式桁架(跨度信息不详),是英国工程师金达(Kinder)主持建造的[8]。

图1-13　唐胥铁路王家河铁桥

参考文献

[1] UNESCO. "Prehistoric Pile Dwellings around the Alps" [EB/OL]. at: http://whc.unesco.org/en/list/1363 2017-10-09.

[2] D Asheri, A Lloyd, A Corcella. A Commentary on Herodotus [M]. Oxford University Press, 2007.

[3] Ancient Egypt Research Associates. The Wall of the Crow [EB/OL]. at: http://www.aeraweb.org/lost-city-project/wall-of-the-crow/ 2017-10-10.

[4] 安德烈亚·帕拉第奥. 帕拉第奥建筑四书[M]. 李路柯,郑文博,译. 北京:中国建筑工业出版社,2015.

[5] Gennaro Tampone, Francesca Funis. "Palladio's timber bridges". Proceedings of the First International Congress on Construction History, Madrid, 2003.

[6] D. Bennett. "The history and aesthetic development of bridges". in G. Parke and N. Hewson (Ed): Manual of Bridge Engineering[M]. Thomas Telford, 2008.

[7] Wieland Ramm. "History and Construction of the Old Vistula Bridges in Tczew". Proceedings of the First International Congress on Construction History, Madrid, Jan. 2003.

[8] 皮特·柯睿思. 关内外铁路[M]. 北京:新华出版社,2013

图片来源

图1-1　野生动物利用倒木或乱石过河,来源于:https://www.warrenphotographic.co.uk/04720-fox-on-log-bridge-at-dawn(a);http://www.birdsasart-blog.com/2014/02/26/

图 1-2　行人利用倒木或乱石过河,来源于:http://www.alaskafloatsmyboat.com/beachcombing/2013/9/26/forest-bridges(a);https://femina.hu/utazas/legszebb_hegyvideki_kirandulohelyek_magyarorszag/(b).

图 1-3　陕西半坡村新石器时代遗址(局部),来源于:http://www.sohu.com/a/162558801_751938.

图 1-4　阿尔卑斯山区周边的"水边桩屋",来源于:http://whc.unesco.org/en/list/1363(a);https://blogs.lt.vt.edu/preservingculture/swiss-history-2/(b).

图 1-5　斯威特古道与秦汉沙河古桥遗址,来源于:http://www.megalithic.co.uk/article.php?sid=504(a);https://baike.baidu.com/item/沙河古桥遗址(b).

图 1-6　巴比伦的3D模型,来源于:http://www.hljunior.com.br/anjoazul/?p=5889.

图 1-7　从汀步到石梁桥,来源于:https://wikivisually.com/wiki/Postbridge.

图 1-8　埃及吉萨金字塔附近的过道,来源于:http://www.pbs.org/wgbh/nova/ancient/lehner-giza.html.

图 1-9　帕拉第奥设想的木桁架桥,来源于:文献[5].

图 1-10　木桁架桥的演变,来源于:http://www.swiss-timber-bridges.ch/detail/1041(a);http://www.tbcbspa.com/trusses.htm(b);https://en.wikipedia.org/wiki/Ithiel_Town(c).

图 1-11　桁架桥类型,来源于:根据https://howbridgeswork.weebly.com/truss-bridge.html 的图片修订.

图 1-12　波兰特切夫铁路桥,来源于:https://www.dawnytczew.pl/en/architecture/125-bridges.html(a,b);http://www.t.tczew.pl/index.php/Eugen-Krzyzanowski/Bulwar-Nadwislaski-i-Most-Tczewski/most_tczewski_003(c).

图 1-13　唐胥铁路王家河铁桥,(图片来源于:文献[8]).

第 2 篇 梁桥回眸（中）

在"第1篇"中,简要介绍了木石梁桥的起源,文艺复兴时期木桁架梁桥的萌芽,以及19世纪钢铁桁梁铁路桥的问世。本篇拟接着介绍实腹梁桥(肋板式梁桥和箱梁桥)的发展,并介绍历史上几座有创新性的桥例。

需要说明的是,因在"第12篇"中会专门介绍悬臂梁桥,这里就不再涉及。钢-混结合梁和混凝土桁架梁,也不在本篇介绍。

钢铁板梁桥和箱梁桥

众所周知,英国铁桥(Iron Bridge)建成于1779年,是世界上第一座铸铁桥;美国伊兹桥(Eads Bridge)建成于1874年,是世界上第一座钢桥。有资料表明,荷兰1867年建成(1982年被替换)的屈伦博赫(Culemborg)铁路桥(桁梁,跨度154.4m),其中一部分构件采用钢材[1]。大体上讲,从铁桥到钢桥,时间跨度约百年。在这百年间,建造了较多的铸铁桥和熟铁桥。现存的铸铁桥,几乎无一例外都是拱桥;对于熟铁桥而言,除了拱结构外,还有不少桁梁结构和极个别的管箱梁结构。

与大跨度的拱桥和桁架梁桥相比,中小跨度的钢铁板梁桥实在不起眼。因此,今天也很难找到这类桥梁的早期信息。不过,从英国早年水道建设和铁路建设中,还可一窥端倪。

文献记载的最早的铸铁板梁结构,是英国著名的土木工程师托马斯·特尔福德(Thomas Telford,1757—1834年)建造的 Longdon upon Tern(村名)水道桥[2](图2-1)。该桥建成于1797年(1944年弃用),长57m,宽2.7m,梁高0.91m,跨度14.5m;铸铁结构采用槽形梁形式,板件之间的连接采用熟铁螺栓。

图2-1 英国 Longdon upon Tern 水道桥(1797—1944年)

在18世纪和19世纪之交,英国建造了一些梁式和拱式的铸铁水道桥,其中规模最大的是托马斯·特尔福德在1805年建成的庞特卡萨斯特(Pontcysyllte)高架水道桥(图2-2,世界文化遗产)。桥跨为铸铁的槽形梁与实腹拱的组合,19孔,跨度13.7m,总长307m。可以认为,铸铁水道桥的建设,为接下来的铁路板梁桥发展积累了一定的工程经验。

图 2-2　英国庞特卡萨斯特高架水道桥(1805 年至今)

在铁路中,最早建设的铁桥就是梁桥。1825 年,乔治·斯蒂芬森(George Stephenson,1781—1848 年)主持建造了冈勒斯(Gaunless)河桥,如图 2-3 所示。该桥位于世界上第一条采用蒸汽机车的斯托克顿—达林顿铁路的一条支线(1901 年弃用)上。结构采用特别的透镜式桁架,其由上下两条"曲梁"及立柱组成,立柱顶上铺设木板形成桥面,最大跨度 3.78m。所用材料为熟铁和铸铁(生铁),熟铁用于"曲梁",铸铁用于立柱和管形桥墩。

图 2-3　英国冈勒斯河铁路桥(1825—1901 年)

另一座(因事故而出名的)铁梁桥,就是罗伯特·斯蒂芬森(1803—1859 年,乔治·斯蒂芬森之子)设计的迪河(Dee)桥,该桥于 1846 年 11 月建成,如图 2-4 所示,其位于一条双线铁路上,分跨 3×29.9m,每跨设置三片并列的铸铁板梁,每片梁由三段榫接而成,再在全跨内设置熟铁拉杆用以加劲。1847 年 5 月,一列客车过桥时一片板梁突然断裂,列车落于水中,造成 5 死 9 伤的事故[3]。这次桥梁事故,暴露出用熟铁拉杆加劲铸铁梁的弱点(当时采用这样的构造,估计是因为铸铁便宜而熟铁昂贵),也表现出在"疯狂的铁路时代"(后来英国人对 19 世纪中期铁路飞速发展的描述),桥梁建设普遍缺乏科学指导、各类事故时常发生的现状。

图 2-4　英国迪河铁路桥事故(1846—1847 年)

可以合理判断,铸铁板梁桥萌芽始于 18 世纪末期,不过,当采用铸铁建造动载更大的铁路梁桥时,材料的局限性就暴露无遗了。从 19 世纪下半叶开始,熟铁逐步取代铸铁用于铁路桥,同时也催生了铆接技术(因熟铁需要轧制和加工拼接,不能像铸铁那样铸造出大尺寸构件)。直到钢材问世,尤其是转炉炼钢法(1857 年英国发明家贝塞麦获得的专利,其可大幅提高钢的产量和品质)得到推广以后,熟铁自然就被钢材取而代之了。

举个例子。图 2-5 所示的美国宾州金祖阿(Kinzua)桥,为一单线铁路高架桥,长 625m,始建于 1882 年。其先是采用熟铁桁架梁结构,1900 年改为钢板梁结构。1959 年,铁路停运,当地政府将桥和周边土地买下,改为州桥梁公园。1986 年开通铁路旅游线路。2002 年关闭桥梁拟开展维修加固。2003 年 7 月,一场由中尺度对流系统诱发的龙卷风(风速 151 km/h,F1 级)将该桥大部分摧毁。2011 年,残留的桥跨经整修后向游人开放。

a)熟铁桁架,1882—1889 年

b)钢板梁,1900—1959 年及 1986—2002 年运营

图　2-5

c) 2003 年风致毁坏　　　　　　　　　　　d) 2011 年作为旅游景点开放

图 2-5　美国宾州金祖阿高架桥（1882—2002 年）

将话题转回，尽管迪河桥事故让罗伯特·斯蒂芬森遭受严重质疑，但似乎并没有拖累到他建造大跨度铁路桥的步伐。1846 年，他设计的一座系杆拱桥和两座管箱梁桥同时开工建设。1849 年，他设计的高桥（High level bridge）建成。这是位于英格兰泰恩河上的一座公铁两用桥（双线铁路，铁路桥面在上，公路桥面在下），采用双层桥面的系杆拱（拱结构采用铸铁），主跨 6×38.1m，桥宽 12.2m，是英国一级保护建筑，现仍服役。

1846 年开工的另两座熟铁管箱梁铁路桥（列车从箱中穿过），一座是大名鼎鼎的不列颠桥，1850 年建成，1970 年遭火灾后改建（参见"第 24 篇　桥梁结构设计方法的历史演进"）。另一座则是有点默默无闻的康威（Conwy）桥（图 2-6，1848 建成），该桥早于不列颠桥问世，构造形式与不列颠桥类似（由两根管箱并列而成），跨度 125m（1899 年通过添加铸铁支墩予以补强），至今仍在服役。这两座管箱梁桥的建设（尤其是通过加劲肋来提高板的稳定性的做法），对后续的钢板梁和钢箱梁桥的发展，提供了有益的借鉴。

图 2-6　英国康威铁路桥（1848 年至今）

在康威桥旁边，还有两个列入世界文化遗产名录的著名建筑物：一个是康威城堡，建于 1289 年；另一个是康威悬索桥，为主跨 99.5m 的链式悬索桥，1826 年建成，由托马斯·特尔福德设计，其也是世界上最早的公路悬索桥之一。

可把管箱梁桥视为"下承式"的箱梁桥。1986 年,苏联新西伯利亚建成的跨越鄂毕河的地铁专用桥(钢梁桥,主桥长 896m,分跨 7×128m),也采用了这种形式。当然,从今天的技术角度看,这样的构造方式限制了箱梁的优化设计,不尽合理。

把"下承式"箱梁桥变为"上承式"箱梁桥,却是百年以后的事了。1950 年前后,第二次世界大战后的德国(原西德)在城市桥梁重建过程中,开始建设钢箱梁桥,并由此发展出正交异性钢桥面板构造[4,5]。

第一座钢箱梁桥,是雷昂哈特设计的德国科隆道依泽尔(Deutzer)桥,公、轨(有轨电车)两用,1948 建成,如图 2-7 所示。在该桥位处修建的第一座桥,是一座自锚式链杆式悬索桥,建于 1913—1915 年,其在 1945 年的修复过程中垮塌。重建的钢箱梁桥利用原有桥墩,采用变截面连续梁、铆焊并用的构造;分跨 132m + 184.4m + 121m,桥宽 20.6m,用钢量仅为老桥的 61%。1980 年,紧邻钢桥又扩建了一座预应力混凝土箱梁桥,其跨度、梁高等尺寸与钢桥相同,桥宽 12m。

图 2-7　德国科隆道依泽尔桥(1948 年至今)

最早采用正交异性桥面板构造的是德国曼海姆的库法尔茨(Kurpfalz)桥。这是一座变截面钢板梁桥,分跨 56.1m + 74.8m + 56.1m,桥宽 28m,公、轨两用,建成于 1950 年。该桥建成一年之后,德国建成红衣主教弗林斯(Cardinal Frings)桥,如图 2-8 所示。该桥在诺伊斯和杜塞尔多夫之间跨越莱茵河,主跨 206m,用以替代一座 1929 年建成的悬臂钢桁梁桥。该桥是世界上第一座跨度超过 200m、采用正交异性桥面板的钢箱连续梁桥,也是德国早期的焊接钢桥。

接下来的几十年内,德国、巴西、塞尔维亚、日本等国家建造了一些跨度在 200~300m 之间的大跨度钢箱梁桥,如德国的动物园桥(主跨 259m,1966 年),南斯拉夫的布兰科桥(主跨 261m,1956 年,1979 年)、巴西的里约-尼泰罗伊桥(主跨 300m,1973 年),日本的海田大桥(主跨 250m,1991 年)等。布兰科桥由两座钢梁桥并列而成。一座建于 1956 年,采用钢板梁构造;另一座建于 1979 年,采用钢箱梁构造。

图 2-8　德国弗林斯桥（1951 年至今）

混凝土肋梁桥和箱梁桥

19 世纪 20—30 年代，波特兰水泥（即普通硅酸盐水泥）问世，随即得到大量生产和应用。波特兰水泥是由英国制造商约瑟夫·阿斯平丁（Joseph Aspdin）父子发明的，因这种水泥硬结后的颜色和强度与英国波特兰岛上的石灰岩相近，故由此命名。最早应用波特兰水泥的大型土木工程，是伦敦泰晤士河隧道。

将混凝土用于桥梁，最早出现在法国。1812—1824 年，法国工程师路易·维卡（Louis Vicat，1786—1861 年）采用自行研制的水泥拌制混凝土，建造了跨越多尔多涅河的苏亚克（Souillac）石拱桥（7×22m）的桥墩基础。自然，没有钢筋的帮助，混凝土材料难以用于梁桥。

法国花匠约瑟夫·莫尼尔（Joseph Monier，1823—1906 年）被认为是钢筋混凝土的主要发明者。1849 年，他将铁丝布置在混凝土中来制作花盆，用以解决混凝土抗拉强度低的问题。1853 年，法国实业家弗朗索瓦·凯歌涅（François Coignet）建造出世界上第一座钢筋混凝土建筑。1873 年，莫尼尔获得钢筋混凝土桥（一说是拱桥）的专利，采用这一专利，1875 年建成沙泽勒（Chazelet）人行桥，跨度 13.8m，宽 4.25m，如图 2-9a）所示。在美国，1889 年工程师埃内斯特·兰塞姆（Ernest Ransome）在旧金山金门公园内建成北美第一座钢筋混凝土桥。该桥名为艾尔沃特湖（Alvord Lake）桥，桥宽 19.5m，跨度 8.8m，框架结构，如图 2-9b）所示。1892 年，法国工程师弗朗索瓦·因内比克（Francois Hennebique，1842—1921 年）获得了钢筋混凝土体系（包括肋板、矩形梁、箱形截面梁等，可组合成结构）专利，推动了钢筋混凝土结构（包括桥梁）的快速发展和广泛应用[6]。

到 20 世纪初期，中小跨度的钢筋混凝土板梁、T 梁、Π 梁等桥梁形式已得到普遍应用，并尝试向更大跨度发展。1930 年，巴西建成主跨 68.50m 的钢筋混凝土连续梁桥，第一次采用悬臂浇筑方法施工（参见第 20 篇）。1939 年，法国采用支架法，在塞纳河上建成新城圣乔治（Villeneuve – Saint – Georges）钢筋混凝土连续箱梁桥，分跨 41.0m + 78.2m + 41.0m；1940 年遭爆炸毁坏，1950年重建为一座预应力混凝土悬臂箱梁桥（图2-10），箱内布置有体外预应力钢筋[7]。法国的栋泽尔－蒙德拉贡（Donzère-Mondragon）运河桥，分跨79.5m+100m+79.5m，1950年建成，是当时跨度最大的钢筋混凝土连续梁桥。随着预应力混凝土梁桥及悬臂施工方法的兴起，钢筋混凝土梁桥回归到了中小跨度领域。

a) 法国沙泽勒桥

b) 美国艾尔沃特湖桥

图2-9 早期钢筋混凝土梁桥

图2-10 法国新城圣乔治桥（1950至今）

几乎就在钢筋混凝土结构开始应用的同时，就有人开始研究预应力混凝土了。1886年美国工程师Peter H. Jackson和1888年德国工程师C. F. Doehring申请了预应力混凝土的专利。之后的几十年内，欧洲和美国的一些工程师持续开展预应力混凝土的实践[6]。囿于当时没有认识到混凝土收缩徐变对预加应力的影响，也没有高强度低松弛钢筋，这些早期的尝试并不成功。直到1928年，法国工程师弗雷西奈（E. Freyssinet，1879—1962年）基于自己在混凝土桥梁建造中积累的经验，提出了采用高强钢材和高强混凝土以减少预应力损失的观点，由此拉开了现代预应力混凝土的序幕。到20世纪60年代，林同炎先生提出的"荷载平衡法"简化了预应力混凝土结构的设计，促进了预应力混凝土在世界范围内的快速发展和普遍应用。

德国自20世纪30年代末起，就开始实践预应力混凝土肋梁桥，也开始尝试混凝土箱梁桥。1937年，德国采用支架法建成奥厄（Aue）车站跨线桥[8]。其主桥是一座三跨预应力混凝土公路桥，主跨69m，其跨中31.5m长的T梁搁置在两端长18.75m的悬臂箱梁上，并布置体外无黏结预应力索。后来在该桥中跨增设支墩,1995年后重建。

1946年,法国建成吕藏西(Luzancy)桥。该桥由弗雷西奈设计,采用刚架结构,跨度55m,宽8m,由3片箱梁并列而成;每片箱梁分节段预制,通过穿束张拉将梁段串联成整体;施工时先借助吊架拼装梁端部分,然后采用临时塔和扣索,架设中间长39m、重40t的梁段[8],如图2-11所示。1949—1950年间,采用同样的构造和跨度尺寸,弗雷西奈还设计了其他5座桥。

图2-11　法国吕藏西桥(1946年至今)

1950年,德国建成的Gänstor公路桥,其将预应力混凝土刚架桥的跨度提升到82.4m。同年,比利时建成斯克雷(Sclayn)桥,这是一座两跨预应力混凝土连续箱梁桥,分跨2×62.7m,布设体外预应力,采用支架施工。1951年,美国宾夕法尼亚州建成Walnut Lane纪念桥,跨度48.8m,它是美国最早建成的预应力混凝土肋梁桥的代表。

接下来,悬臂施工技术、预应力技术和高强材料的发展,推动了连续梁、悬臂梁、T形刚构和连续刚构等各类预应力混凝土梁式桥向更大跨度迈进。与此相关的资料信息较为丰富,这里不再举例赘述。

参考文献

[1] Kuilenburgse spoorbrug. at: https://nl.wikipedia.org/wiki/Kuilenburgse_spoorbrug.

［2］ Cragg, R. (ed). Civil engineering heritage: Wales & West Central England ［M］. Thomas Telford Publishing, 2nd edition, 1997.

［3］ Peter R. Lewis, Colin Gagg. "Aesthetics versus function: the fall of the Dee Bridge, 1847". Interdisciplinary Science Reviews, 2004, Vol. 29, No. 2.

［4］ Alfred R. Mangus, Shawn Sun. "Orthotropic Deck Bridges". in: Wai-Fah Chen, Lian Duan (ed), Bridge Engineering Handbook［M］. CRC Press, 1999.

［5］ Robert Connor, John Fisher et al. Manual for Design, Construction, and Maintenance of Orthotropic Steel Deck Bridges［R］. FHWA, 2012.

［6］ Marc Sanabra-Loewe, Joaquin Capellà-Llovera. "The four ages of early restressed concrete structures". PCI Journal, Fall 2014, 93-121.

［7］ Conseil régional d'Île-de-France. La Seine en amont de Paris. at: http://inventaire.iledefrance.fr/dossinventaire/publication/seine-amont-ponts.pdf 2009.

［8］ HansWittfoht. Building Bridges: History, Technology, Construction［M］. Beton-Verlag, 1984.

图片来源

图 2-1　英国 Longdon upon Tern 水道桥，来源于：https://www.shropshirestar.com/news/2016/02/03/thomas-telford-can-be-real-man-of-note-in-scotland/.

图 2-2　英国庞特卡萨斯特高架水道桥，来源于：http://hughpearman.com/the-unpronounceable-masterpiece-of-the-industrial-revolution-telfords-pontcysyllte-aqueduct/.

图 2-3　英国冈勒斯河铁路桥，来源于：http://www.engineering-timelines.com/who/Stephenson_G/stephensonGeorge6.asp.

图 2-4　英国迪河铁路桥事故，来源于：文献［3］.

图 2-5　美国宾州金祖阿高架桥，来源于：https://de.wikipedia.org/wiki/Kinzua_Bridge(a); http://www.alleghenyratraid.com/images/2001_RAID/03.jpg(b); https://www.reddit.com/r/AbandonedPorn/comments/4bwcgn/collapsed_portion_of_the_kinzua_viaduct_a/(c); https://www.shhaoding.com/id/736930/officials-mark-anniversaries-at-kinzua-bridge-fall.html(d).

图 2-6　英国康威铁路桥，来源于：http://www.nwrail.org.uk/nw1506d.htm.

图 2-7　德国科隆道依泽尔桥，来源于：https://de.wikipedia.org/wiki/Deutzer_Brücke.

图 2-8　德国弗林斯桥，来源于：https://www.grassl-ing.de/en/road-bridges/details/p/show/kardinal-frings-bruecke-over-the-rhine-rivertrack-geometry-replacement-duesseldorf/.

图 2-9　早期钢筋混凝土梁桥，来源于：http://mieux-se-connaitre.com/2014/10/pont-de-chazelet/(a); http://historicbridges.org/bridges/browser/?bridgebrowser=california/alvordlake/(b).

图 2-10　法国新城圣乔治桥，来源于：文献［7］.

图 2-11　法国吕藏西桥，来源于：http://www.explorations-architecturales.com/data/new/fiche_92.htm.

第 3 篇

梁桥回眸（下）

在前两篇中，所介绍的是梁桥的起源和早期发展的一些情况。本篇大致按不同的材料、结构形式和功能，主要介绍20世纪50年代之后中外大跨度梁桥的实例，最后进行小结。

大跨度梁桥拾萃

从构造和结构体系上，大体上把梁桥划分成钢桁梁桥、钢箱梁桥、PC简支梁桥和PC连续箱梁桥四类。

1. 钢桁梁桥

铁路简支钢桁梁桥中，美国1917年建成的梅特罗波利斯（Metropolis）单线铁路桥，跨度为215.8m；中国1969年建成的成昆铁路三堆子金沙江单线铁路桥，跨度为192m。

公路简支钢桁梁中，美国1977年建成的詹宁斯·鲁登道夫（Jennings Randolph）桥，跨度达229m。跨度最大的是美国1974年建成的巴里准将（Commodore Barry）桥。这是一座悬臂桁梁桥，主跨501.1m，挂孔（相当于简支梁）的跨度达250.5m，如图3-1所示。

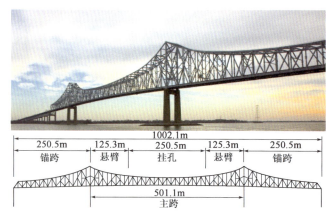

图3-1 美国巴里准将桥

铁路连续桁梁桥中，美国1916年建成赛欧托维尔（Sciotoville）双线铁路桥，孔跨布置为2×236.3m。中国2001年建成渝怀铁路长寿长江桥，主跨192m。2013在广东东莞建成的穗莞深城际轨道东江南特大桥，采用加劲连续钢桁梁形式，双线，主跨提升到264m。在建的玉磨铁路元江特大桥（连续钢桁梁，双线），主跨达249m，双空心组合墩最高达154m，如图3-2所示。

已建成的大跨度公路连续桁梁桥，多在美国和日本，如：1966年美国建成的阿斯托利亚-梅格勒（Astoria-Megler）连续桁梁桥，主跨长375.6m；1976年日本建成的大岛（Oshima）大桥，主跨325m；1991年日本建成的生月（Ikitsuki）大桥，主跨达400m。

2012年开通的日本东京门（Tokyo Gate）大桥，因受桥下通航净空和飞行航线高度的制约，采用了造型独特的桁架—箱梁组合结构，如图3-3所示。该桥的主跨达到440m，在桥墩基础

(采用钢管板桩围堰)、钢材(采用570MPa级的桥梁专用高性能钢)、节点构造(Z形节点等)、架设(总重达7400t的边跨桁架整体吊装)等方面,也颇具特色[1]。

图3-2　玉磨铁路元江特大桥效果图

图3-3　日本东京门大桥

2015年,我国浙江省宁波市三官堂大桥破土动工。该桥的主桥采用三跨连续、主跨达465m的超大跨度连续钢桁梁,结构造型也别具一格,建成后将是同类桥梁的跨度领衔者,如图3-4所示。

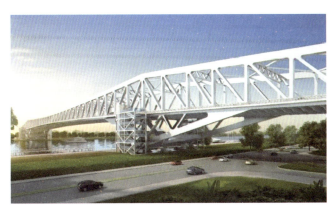

图3-4　宁波三官堂大桥效果图

2. 钢箱梁桥

目前已建成的公路钢箱梁桥中跨度最大的是巴西1974年建成的里约—尼泰罗伊(Rio-Niterói)大桥,如图3-5a)所示。其主桥采用三跨带悬臂的钢箱梁结构,长848m,主跨300m;主梁为双箱单室截面,正交异性板桥面;在纵向,箱梁两端外伸出74m,与采用预制节段拼装而成的混凝土梁连为一体。在施工方面,借助桥墩和已就位的钢梁逐步进行大件提升,无须大型浮吊设备[2],如图3-5b)所示。

a) 三跨钢箱连续梁主桥

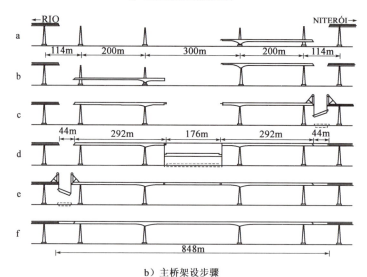

b) 主桥架设步骤

图3-5 巴西里约—尼泰罗伊大桥

我国的公路钢箱梁桥建设,大致从20世纪80年代开始起步,如1984年建成的马房北江大桥公路桥(栓焊钢箱简支梁桥,跨度64m)等。目前已建桥梁的数量相对有限,跨度几乎都在百米之内。跨度最大的是上海崇启大桥的主桥(6跨连续钢箱梁),主跨185m,采用浮吊大件架设,2011年建成,如图3-6所示。

图 3-6　上海崇启大桥

可能是因为经济指标欠佳,过去修建的铁路钢箱梁桥极少。1961 年,德国曾在科布伦茨建成一座跨越莱茵河的霍希海姆(Horchheim)双线铁路桥,主桥采用 2×115m 钢箱梁结构[3],如图 3-7 所示。20 世纪 70 年代初,美国在堪萨斯城南方铁路线上建成阿肯色河单线铁路钢箱梁桥,该桥共 9 跨,643m 长,最大跨度 101m,采用顶推法架设。我国也曾在 1970 年前后建成两座跨度 40m 以下的铁路钢箱梁桥[4]。

图 3-7　德国科布伦茨霍希海姆铁路钢箱梁桥

尽管铁路钢箱梁桥极少,但铁路钢-混结合箱梁桥却早有应用。德、法、日等国很早就在高速铁路上应用了钢-混结合箱梁桥。自 20 世纪 80 年代起,我国开始尝试铁路结合箱梁桥;进入 21 世纪后,开始在高铁建设中得到较多应用,如秦沈客运专线跨 305 国道特大桥(分跨 40m + 50m + 40m,2002 年)、商合杭铁路站前五标古城特大桥(分跨 5×50m,在建)等。

图 3-8 所示为 2005 荷兰建成的跨越荷兰水道的双线高铁钢-混结合箱梁桥。该桥长 1190m,12 跨,最大跨度 105m;采用大件吊装方式,先浮吊倒三角形部分,再用桥面吊机提升中间部位的钢梁。

图 3-8　荷兰水道高铁桥

3. PC 简支梁桥

世界上最大跨度的 PC 简支箱梁桥,可能是奥地利的阿尔姆(Alm)桥,其跨度 76m,梁高 2.5m,桥宽 10.6m,1977 年建成[5],如图 3-9 所示。该桥采用双预应力体系(即在梁顶部位也施加一定的纵向预应力),借此可大幅降低梁高,但造价上并无明显竞争优势。2000 年前后,我国也开始了双预应力混凝土公路梁桥的理论和试验研究,建成过一些跨度在 40m 左右的低高度 PC 梁桥。

图 3-9　奥地利阿尔姆桥

我国的干线铁路简支梁桥,通常由跨度 16～32m 的预制 T 梁组成;而在客运专线和高铁上,为保证刚度要求,大多采用 24m、32m 箱梁。对于更大跨度,则需在落地支架上现浇,或在移动支架上拼装的方式建造。从 20 世纪 80—90 年代,我国开始研制 40～56m PC 铁路简支箱梁。目前铁路简支箱梁的跨度已达 64m,已在宁安铁路安庆长江大桥、温福铁路白马河大桥、西成客专汉中汉江特大桥等一批桥梁中得到应用。

我国的公路简支梁桥,跨度范围通常为 20～50m。跨度在 32m 及以下多采用 T 形及板式截面,40m 以上则多为箱形。1988 年建成的浙江瑞安 104 国道飞云江桥,其中 5 孔为跨径 62m 的 PC 箱梁。另外,为减少伸缩缝,满足车速和行车舒适性要求,公路简支梁多采用桥面连续结构。按这种构造建造的简支梁最大跨度已达到70m(东海大桥非通航孔,浮吊整孔运架)如图3-10所示。

图3-10 东海大桥非通航孔,浮吊整孔运架

4. PC 连续箱梁桥

悬臂施工技术的发展,使连续梁、T形刚构和连续刚构等各类PC箱梁桥可向更大跨度迈进。相比而言,T形刚构的梁部变形有转角,行车舒适性较差,现已基本不用;连续梁施工需将墩梁临时固结,且需配置大吨位支座,难以向更大跨度发展;连续刚构的墩梁固结,梁体连续,无须支座,施工简便,受力良好,自20世纪70年代以来得到迅速发展。下面只简单介绍连续刚构桥。

瑞士是PC连续刚构桥的发源地。1966—1969年,瑞士建成了西庸(Chillon)高架桥,这是一座双幅公路桥,长2210m,跨度在92～104m,外观与双薄壁墩连续刚构桥无异。不过,该桥的箱梁采用节段(包括墩顶的4个节段)拼装施工,墩梁之间似乎没有完全固结。

瑞士Menn教授设计的Felsenau高架桥[6],可能是第一座PC连续刚构桥,如图3-11所示。该桥位于瑞士伯尔尼,长1116m,桥宽26.2m,梁高3～8m,最大跨度144m,采用悬臂浇筑方法施工,1974年建成。

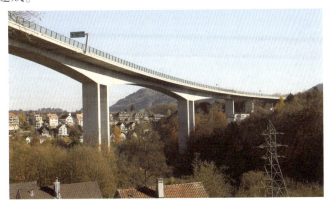

图3-11 瑞士 Felsenau 桥

这一桥式迅速得到重视和发展。接下来,瑞士在1981年建成Fegire桥,主跨107m;1983年建成的Biaschina高架桥,主跨160m;1986年澳大利亚建成门道(Gateway)桥,主跨达260m;1988年我国建成广东番禺洛溪大桥(中国第一座),主跨180m;1991年葡萄牙建成圣约翰(são joão)双线铁路桥,主跨250m,是刚构桥第一次在大跨度铁路桥中的应用;1997年我国建成广东虎门大桥辅航道桥,主跨270m;1997年加拿大建成的联邦大桥,长12.9km,其中包括43孔跨度250m的孔跨,规模宏大。

若想进一步提升PC连续刚构桥的跨度,就需减轻结构自重。可用的办法:采用轻质混凝土,或采用混合结构,或通过构造手段。

1998年挪威建成的拉福桑德(Raftsundet,图3-12)桥和斯托尔马(Stolma)桥,主跨分别为298m和301m,其主跨中部均采用轻质混凝土以减轻自重。

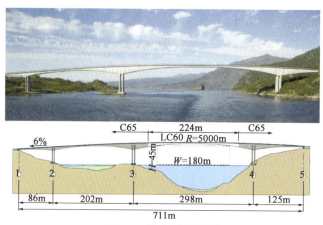

图3-12　挪威拉福桑德桥

图3-13所示为我国重庆石板坡长江大桥复线桥,2006年建成。该桥在主跨中间设置103m长的钢梁段,借此减重并将主跨加长到330m。钢梁通过整体浮运并提升就位,与混凝土梁端头的钢-混结合段连接。

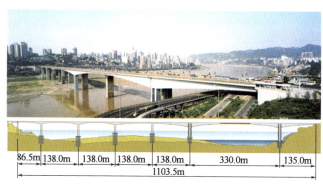

图3-13　重庆石板坡长江大桥复线桥

图3-14所示为贵州水盘高速公路北盘江特大桥,主跨290m,2013年建成。该桥将连续刚构桥主跨支墩附近的一段常规实腹梁体分解成桥面箱梁和箱形斜撑,把传统的、厚重的实腹式

梁段改造为空腹的三角形梁段。美国加利福尼亚的 Devils Slide 连续刚构桥（主跨 135.8m，2008 年建成），也是类似构造。

图 3-14　贵州水盘高速公路北盘江特大桥

目前，国内外已建成的跨度超过 200m 的 PC 连续刚构桥在百座以上，国内所建者大约占六成。

结　　语

编写完"梁桥回眸"，有几点感想。

（1）古人最早学会建造的桥就是梁桥，今人建造得最多的桥也是梁桥。梁桥看起来相对简单，实际上还有不少事情需要发展和完善。例如，在我国，中小跨度钢梁、结合梁的标准设计，混凝土梁的节段预制拼装，梁桥快速施工技术等，都值得进一步研究实践。

（2）规模较大的古代石梁桥，全世界大概只剩下中国宋代建造的那几座了，十分珍贵，需要加倍珍惜。

（3）若把悬臂钢桁梁也纳入的话，那早在 19 世纪末期，钢桁梁桥的跨度就超过 500m 了。按今天的技术，把钢桁梁的跨度做得更大，不是不行，而是不太经济。更大的跨度，通常宜让位于斜拉桥或其他桥式。

（4）将近半个世纪以来，钢箱梁桥的跨度一直没有超过 300m。跨度没有增加的原因，一方面受限于超厚钢板的制造及加工，另一方面其造价也没有竞争力。

（5）从国内外大跨度 PC 连续刚构桥的运营情况看，梁部持续下挠，混凝土开裂，需要维修加固的情况并不少见。对这一桥式，不追求更大跨度，是明智的选择。

参考文献

[1] T. Yoneyama, Y. Fujii. Fabrication and Erection of Tokyo Gate Bridge. IABSE-JSCE Joint Conference on Advances in Bridge Engineering-III, Bangladesh, 2015.

[2] A. Ostapenko et al. Study of the president costa e silva bridge during construction and service

(steel structure), Final Report, Lehigh University, 1976.

[3] Rheinbrücke Koblenz-Horcheim. In: https://structurae.de/bauwerke/rheinbruecke-koblenz-horcheim-1961.

[4] 张家旭. 试谈铁路钢箱形梁的变形与矫正[J]. 桥梁建设, 1984, 04.

[5] Reiffenstuhl, H. Alm Bridge in Upper Austria. IABSE Periodica, 1980.

[6] Christian Menn. Prestressed Concrete Bridges[M]. Springer-Verlag, Wien, 1986.

图片来源

图 3-1　美国巴里准将桥,来源于:https://commons.wikimedia.org/wiki/File:Commodore_Barry_Bridge_9104.jpg.

图 3-2　玉磨铁路元江特大桥效果图,来源于:http://gjg.crec4.com/content-2845-2812-1.html.

图 3-3　日本东京门大桥,来源于:https://commons.wikimedia.org/wiki/File:Tokyo_Gate_Bridge_2.jpg.

图 3-4　宁波三官堂大桥效果图,来源于:http://news.cnnb.com.cn/system/2015/12/22/008446570.shtml.

图 3-5　巴西里约-尼泰罗伊大桥,来源于:http://montedo.blogspot.com/2015/01/juiz-nega-retirada-do-nome-de-costa-e.html(a);文献[2](b).

图 3-6　上海崇启大桥,来源于:http://www.ce.cn/cysc/jtys/csjt/201112/29/t20111229_21093423.shtml.

图 3-7　德国科布伦茨霍希海姆铁路钢箱梁桥,来源于:https://commons.wikimedia.org/wiki/File:Horchheimer_Eisenbahnbrucke_01_Koblenz_2015.jpg.

图 3-8　荷兰水道高铁桥,来源于:https://commons.wikimedia.org/wiki/File:Nederland_Moerdijk_11_februari_2008_ID323806.jpg.

图 3-9　奥地利阿尔姆桥,来源于:http://www.lindlbauer.at/alm.html.

图 3-10　东海大桥非通航孔浮吊整孔运架,来源于:作者供图.

图 3-11　瑞士 Felsenau 桥,来源于:https://aarelauf.ch/felsenauviadukt/.

图 3-12　挪威拉福圣德桥,来源于:https://en.wikipedia.org/wiki/Raftsund_Bridge.

图 3-13　重庆石板坡长江大桥复线桥,来源于:https://www.tylin.com/zh/projects/shibanpo_yangtze_river_bridge.

图 3-14　贵州水盘高速公路北盘江特大桥,来源于:http://www.gzglql.com/ywly/gcyg/250.shtml.

第 4 篇 拱桥起源辨析（上）

拱桥是一种既古老又年轻的桥式。说它古老，是因为它最能经受住时间的考验，今天还能够看得到的上千年前修建的古桥，只有石拱桥；说它年轻，是因为它具有强大的生命力，今天人们仍在建造各式各样的拱桥。

人类是如何学会建造拱桥的？对此，有不同假说。世界上哪个地区最早出现拱桥？对此，众说纷纭。笔者不揣谫陋，基于所了解的一些资料，探讨一下这些问题并提出个人见解。

拱桥起源的几种假说

关于拱桥的起源，大体上有以下几种假说。

第一种是"天生桥说"，即指古人受到自然界中天生桥（Natural Bridge）的启发，学会了建造圬工拱桥。经历了千百万年环境（气候、水流、地质作用等）的侵蚀影响，大自然造就了众多千姿百态的天生桥，如图4-1、图4-2所示。可以想象，这些天工造化之物，多多少少会启迪古人去做跨越的设想、模仿或尝试。不过，在人类文明发展初期，在没有工具的情况下，如何开凿石块并搭建成一座拱，恐怕还是可望而不可及的。

图4-1　贵州省水城天生桥（约135m高，60m长，桥上有乡村公路）

图4-2　美国犹他州圣胡安县埃德温天生桥（约31m高，59m长）

第二种是"叠涩拱说"。所谓叠涩拱（Corbel Arch），就是采用砖或石，借助逐层外挑的砌筑方法，形成一个空间（筒状或穹顶状）或可跨越一段距离的拱状物，如图4-3所示。在人类会砌筑叠涩拱之前，若想跨越一段距离，只能搭建条石。条石大了，不好开凿和运架；条石长了，又易断裂。借助叠涩的方法，就可采用较小尺寸的砖石搭建出较大尺寸的空间或跨越较长的距离。古人先在墓穴、宫殿和房屋的建造中使用叠涩拱，后来用来造桥。

不过，与力学意义上的真拱（拱券）相比，叠涩拱上的重力不能转化成沿拱轴线的压力，这样跨度就做不大，并且需要很厚的墙体或台座来抵挡重力的作用（否则拱顶会开裂），故今人称其为"假拱"。另外，叠涩拱的外观，不是流畅的弧线，而多有尖形的拱顶。

第三种是"折边演进说"。这种说法是建筑学家刘敦桢先生提出来的[1]。他根据对中国汉代砖墓结构演变的考证,认为在西汉与东汉之间,砖墓结构由最初的平板,逐步变为折边拱,最后演进为圆拱(图4-4)。笔者以为,在西汉与东汉之间(公元元年前后200年),世上已有较多的拱券结构,也建成了一些石拱桥,因此,这种假说大概只能限定为对中国本土拱桥起源的一种探讨。不过,无论中外,有足够的考古证据表明,拱桥的起源与地下或地上的墓穴建筑有着密切的关系。

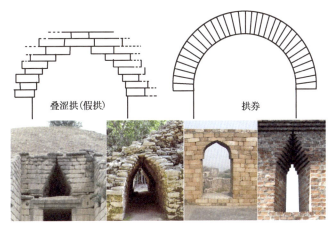

图4-3 叠涩拱与拱券

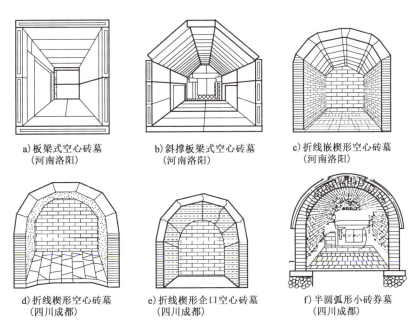

图4-4 中国汉代砖墓拱结构的演变

还有其他的一些起源说法,如"土穴说""陶瓮说"等[2]。与前三种说法相比,支持"土穴说""陶瓮说"的考古证据相对更少。基于考古学的发现,并从今天仍然可见的散布在世界各地的叠涩拱建筑遗址,笔者以为,拱桥起源于叠涩拱的可能性是最大的。

古代的叠涩拱

古代人采用的建筑材料,主要是石头(乱石或块石)和砖块(泥砖或烧结砖)。

查阅史前人类群聚活动的一些遗址资料,如1994年在土耳其发现的哥贝克力石阵(Göbekli Tepe,为表面刻着动物图案的石块组成的环阵,有12000年的历史)、巴勒斯坦约旦河西岸的耶利哥遗址(Jericho,约在前80世纪出现的村落,周边有石墙和壕沟,墙内有圆形土坯房或方形泥砖房)等,未见到拱形或圆顶的建筑构造。

在哈拉夫(Halaf,公元前65—公元前55世纪)文化期,考古者第一次发现了带穹顶的圆形祭室[3]。图4-5a)所示为根据阿尔帕契亚遗址(Arpachiyah,现伊拉克摩苏尔市附近)考古绘制的圆形祭室的平面图及设想的几种祭室建筑模样,图4-5b)所示为目前在土耳其历史古镇哈兰可见的用泥砖砌筑的蜂巢屋。阿尔帕契亚遗址中的那些圆形祭室的屋顶是否采用叠涩法建造,笔者还不得而知。哈兰的这些蜂巢屋,据说最早出现于公元前20世纪。圆屋顶采用叠涩法建造,现主要用于观光旅游。

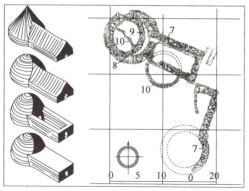

a) 阿尔帕契亚遗址圆形祭室　　　　b) 哈兰的蜂巢屋

图4-5 圆形祭室与蜂巢屋

公元前27世纪之后,古埃及开始建造金字塔。由图4-6可见,胡夫金字塔(公元前2560年完成)的入口,是用两块巨大条石倾斜互倚形成的三角拱或折边拱;在塔的内部,也可见按叠涩法砌筑的走廊和门洞。类似的构造,也出现在红金字塔(Red Pyramid,约公元前26世纪完成)和孟卡拉金字塔(Menkaure,约建于公元前2510年)的墓室中。

在美索不达米亚(Mesopotamia)文明中,古苏美尔人早在公元前40世纪就开始采用泥砖建造金字塔,这类金字塔称为塔庙(Ziggurat)。现存最好的塔庙,位于伊拉克南部城市纳西里耶附近的乌尔大塔庙(Great Ziggurat of Ur),其建于乌尔第三王朝初期(约公元前21世纪)[4],公元前6世纪新巴比伦王国的最后一位国王曾对其进行过修复,如图4-7所示。图4-7a)为20世纪20~30年代考古时的情景,图4-7b)所示为考古者绘制的塔庙复原想象图(共三层,顶上为供奉月神的神庙,有拱门和穹顶构造),图4-7c)为20世纪60~70年代对基层进行维修后的状况。

第4篇：拱桥起源辨析（上）

图4-6 胡夫金字塔中的折边拱和叠涩拱

a）折边拱入口（未开启）　　　　　　　　　　　　b）塔内折边拱及叠涩门洞

a）20世纪20~30年代考古时的情景　　　　　　b）塔庙复原想象图

c）20世纪60~70年代对基层进行维修后的现状

图4-7 乌尔第三王朝建造的大塔庙

在该塔庙的周边，是乌尔古城及王陵遗址。图4-8a）为出土著名"乌尔之旗"的早期乌尔王朝的一个陵墓断面示意，年代大约在公元前24世纪。图4-8b）~d）为乌尔第三王朝第二个国王舒尔吉（Shulgi，公元前2029年—公元前1982年在位）的王陵入口。可见，前者为穹顶状的石砌墓室，后者为砖砌的三角形门洞，但都采用叠涩技术。不过，对比图4-7b）中的复原想象图（其中有拱门和穹顶构造），难免让人生疑：苏美尔人会在同一时期、同一地点砌筑两种不同类型的拱吗？

035

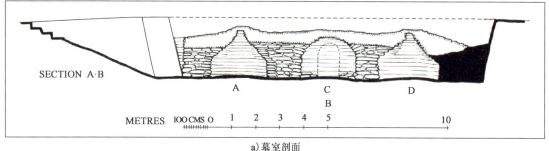

b) 入口1

c) 入口2

d) 墓室内顶

图 4-8　乌尔王陵中的叠涩拱

摩亨佐·达罗(Mohenjo-Daro，公元前26世纪—公元前18世纪)，是印度河流域文明中的重要古城之一，其位于今天的巴基斯坦境内，大约在公元前26世纪由达罗毗荼人建成。摩亨佐-达罗的城市规划非常先进合理，建筑材料为烧结砖，城中有公共大浴池，具有当时最先进的供水和排污系统[5]。由图 4-9 可见，城中的下水道是砖砌的叠涩拱。

实际上，除前述三大文明发源地外，世界上还有不少地方先后出现过叠涩拱，如爱尔兰岛上的纽格莱奇墓、意大利撒丁岛上的努拉盖石塔、赫梯王国首都哈图沙遗址(今土耳其境内)、迈锡尼时期的阿伽门农墓(今希腊境内)、卡哈帕奇玛雅遗址(今伯利兹境内)等。看来，不同地区、不同时代的古代人在创造建筑空间方面的思路是基本一致的。

a) 遗址全景

图　4-9

b) 水井　　　　　　　　　　c) 下水道　　　　　　　　　d) 叠涩法砌筑

图4-9　摩亨佐·达罗古城遗址及供排水系统

中华文明中,最早采用叠涩技术的具体年代不详,汉代以后才出现实物。现在可见的,主要是砖石塔的出檐和收尖、墀头墙的拔檐、特殊的砖墓室建筑等。不过,基于叠涩概念的木制斗拱,却是中国建筑特有的一种创新形式。在桥梁方面,古代中国创造的伸臂木梁桥,甚至一些石梁桥(图4-10所示的是云南腾冲太极桥),均是应用叠涩技术的实例。正是这些看似不完整的叠涩木桥或石桥,滋生出了后来的悬臂梁桥这一桥式(参见第12篇)。

图4-10　云南腾冲太极桥

古代的拱券结构

根据前文所述,可以认为叠涩技术用于拱形建筑,大体上出现在公元前25世纪左右。接下来,考察一下拱券结构是何时问世的。

在尼普尔遗址(Nippur,古代苏美尔最古老的城邦之一)的考古中,发现了砖砌的半拱券结构,如图4-11[6]所示。这处遗址的建造年代,认为在伊辛-拉尔萨时期(Isin-Larsa Period),大约在公元前20世纪—公元前19世纪。

图4-11 尼普尔遗址中的半拱券

位于叙利亚东北部的尔凯西(Urkesh),是历史上鲜为人知的胡利安民族(Hurrians)的最大城市之一。近三十多年来的考古发现,胡利安文明形成于前40世纪前后,消亡于公元前13世纪。图4-12所示为尔凯西的考古现场以及通向地下墓穴的泥砖拱门(形成于公元前23世纪)[7]。

a) 尔凯西遗址

b) 泥砖拱门

图4-12 叙利亚尔凯西遗址及泥砖拱门

1979年,在以色列北部古城达恩(Dan)遗址的考古中,发现了一座建于公元前18世纪中期的拱门[8],如图4-13所示。该拱门由三层泥砖形成同心拱券,因在古代被土掩埋而被完好地保存下来。

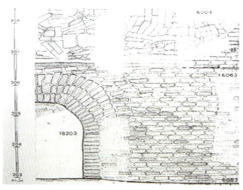

图4-13 以色列达恩泥砖拱门

1993年,在以色列最古老的海港城市亚实基伦(Ashkelon),发现了青铜时代(公元前20世纪—公元前16世纪中期)建造的迦南城的城门,其是一座类似隧道的、筒状的城墙拱门[9],如图4-14所示。

a)修复前

b)修复后

图4-14 以色列亚实基伦泥砖拱门

再往后,拱券结构就应该越来越多了。例如,图4-15为纪念古埃及新王国第十九王朝第三任法老拉美西斯二世的神庙遗址,位于今埃及底比斯的尼罗河西岸附近,建于公元前13世纪[10]。当时人们将石砌的梁柱结构用作建造神庙,而用多层泥砖砌筑的筒拱作为神庙的储藏室。

a)拉美西斯二世神庙

b)神庙附近的储藏室

图4-15 拉美西斯二世神庙遗址

由此可以推测,采用泥砖建造拱券的时代,大致起始于公元前19世纪,比叠涩拱问世的时间晚了约600年。

古人何时开始采用石块砌筑拱券的呢?遗憾的是,笔者暂时还没有找到公元前19世纪之后的千余年间的石拱券考古遗迹的资料。在伊特鲁里亚文明(公元前12世纪至公元前1世纪在意大利半岛及科西嘉岛所发展出来的文明,全盛时期为公元前6世纪,后被古罗马同化)

中,曾建造过一些石拱城门,图4-16a)所示的沃尔泰拉(Volterra)古城门,始建于公元前4世纪左右。希腊北部的安菲波利斯墓(Amphipolis Tomb)如图4-16b)所示,建于公元前4世纪晚期。这些应该是比较早的石拱券实例。接下来,古罗马文明登场,石拱券建筑得到空前发展。大概从公元前2世纪之后,古罗马人开始修建各种石拱建筑(包括渡槽、桥梁、公共建筑、纪念建筑等),给世界留下了丰富多彩的石拱建筑遗产。

a) 沃尔泰拉古城门　　　　　　　　b) 安菲波利斯墓

图4-16 公元前4世纪建造的石拱券建筑

参考文献

[1] 刘敦桢. 中国古代建筑史[M]. 北京:中国建筑工业出版社,2008.

[2] 唐寰澄. 中国古代桥梁[M]. 北京:文物出版社,1987.

[3] 中华世纪坛世界艺术馆. 美索不达米亚文明[M]. 北京:文物出版社,2007.

[4] Ziggurat of Ur. in: https://en.wikipedia.org/wiki/Ziggurat_of_Ur.

[5] Michael Jansen. Mohenjo-Daro, city of the Indus Valley. Endeavour, Dec 1985.

[6] E. Donald et al. Nippur-I [M]. University of Chicago Press, 1967.

[7] Giorgio Buccellati, Marilyn Kelly-Buccellati. Urkesh and the Question of the Hurrian Homeland. Bulletin of the Georgian National Academy of Sciences, 175(2), 2007.

[8] Rosa Frances. The three-arched middle Bronze Age gate at Tel Dan - A structural investigation of an extraordinary archaeological site. Construction and Building Materials, Vol 41, 2013, 950-956.

[9] David Schloen. Recent Discoveries at Ashkelon. News & Notes, No.145, The Oriental Institute of the University of Chicago, 1995.

[10] The Ramesseum. in: http://www.ancient-egypt-online.com/ramesseum.html.

图片来源

图4-1 贵州省水城天生桥,来源于:单之蔷. 感受"天生桥". 中国国家地理,2015年第

04期.

图4-2　美国犹他州圣胡安县埃德温天生桥,来源于:http://jsj-geology.net/Natural-Bridges-National-Monument.htm.

图4-3　叠涩拱与拱券,来源于:https://engineeringrome.wikispaces.com/origin+and+use+of+roman+engineering;https://en.wikipedia.org/wiki/Corbel_arch.

图4-4　中国汉代砖墓拱结构的演变,来源于:文献[1].

图4-5　圆形祭室与蜂巢屋,来源于:https://historiae2014.wordpress.com/page/79/?iframe=true&preview=true%2F%3Fak_action%3Dreject_mobile(a);http://www.planetware.com/turkey-tourism-vacations-tr.htm(b).

图4-6　胡夫金字塔中的折边拱和叠涩拱,来源于:https://en.wikipedia.org/wiki/Great_Pyramid_of_Giza(a);http://users.skynet.be/lotus/stone/egypt0-en.htm(b).

图4-7　乌尔第三王朝建造的大塔庙,来源于:https://www.pinterest.com/pin/218987600605790686/(a);http://www.ancient-origins.net/ancient-places-asia/great-ziggurat-ur-001767(b);https://carloshamann.files.wordpress.com/2011/04/main-zigurrat-at-ur-e1307831878658.jpg(c).

图4-8　乌尔王陵中的叠涩拱,来源于:http://sumerianshakespeare.com/41101.html(a);http://sumerianshakespeare.com/117701/117801.html(b-d).

图4-9　摩亨佐·达罗古城遗址及供排水系统,来源于:https://www.zmescience.com/science/indus-valley-civilization-harappan/(a);http://newsable.asianetnews.com/life/mohenjo-daro-facts(b);http://www.elixirofknowledge.com/search/label/Mohenjo-Doro%20architecture(c);http://pak101.com/c/phototour/view/3833/_Larkana_/Moen_Jo_Daro_The_Mound_Of_Dead(d).

图4-10　云南腾冲太极桥,来源于:作者供图.

图4-11　尼普尔遗址中的半拱券,来源于:文献[5].

图4-12　叙利亚尔凯西遗址及泥砖拱门,来源于:http://www.ancient-origins.net/ancient-places-africa/rediscovery-urkesh-forgotten-city-hurrians-003287(a);http://www.discover-syria.com/photo/49812/(b).

图4-13　以色列达恩泥砖拱门,来源于:https://traveltoeat.com/the-arch-in-architecture-and-history/.

图4-14　以色列亚实基伦泥砖拱门,来源于:文献[8](a);https://en.wikipedia.org/wiki/Ashkelon(b).

图4-15　拉美西斯二世神庙遗址,来源于:https://en.wikipedia.org/wiki/Ramesseum(a);https://commons.wikimedia.org/wiki/File:RamesseumStoreHouses.jpg(b).

图4-16　公元前4世纪建造的石拱券建筑,来源于:https://depositphotos.com/11029455/stock-photo-ancient-etruscan-gate-of-volterra.html(a);http://news.softpedia.com/news/Human-Remains-Found-in-4th-Century-BC-Tomb-in-Greece-464839.shtml(b).

第 5 篇 拱桥起源辨析（下）

在第 4 篇中，介绍了拱桥起源的几种假说，并基于考古资料，分析了人类文明发展初期叠涩技术的出现以及后来拱券结构的发展。本篇接续探讨石拱桥的起源，介绍古罗马时期的一些著名石拱桥，并讨论古代中国石拱桥的发展梗概。最后进行小结。

石拱桥的起源

叠涩法及拱券技术的发展，为石拱桥的发展奠定了基础。随着人类社会文明的不断发展，拱桥也开始崭露头角。

在希腊南部的摩里亚半岛上，至今还保存有一座据说建于公元前 13 世纪（迈锡尼文明时期）的叠涩拱桥，名阿卡迪亚（Arkadiko）桥[1]，如图 5-1 所示。该桥用乱石堆砌，长 22m，宽 2.5m，高 4m，跨度不足 2m。在同一地区，还有另三座建于同一时代、采用同样砌筑方法的乱石拱桥，统称为迈锡尼桥[2]。

图 5-1　希腊阿卡迪亚乱石拱桥

在公元前 700 年左右，在今伊拉克尼尼微省境内，新亚述帝国的亚述王西拿基立（Sennacherib，公元前 704 年—公元前 681 年在位）曾建过一座跨越河流的水道桥[3]，如图 5-2 所示。该桥采用叠涩法砌筑，约 30m 长，10m 高，22m 宽；每个叠涩拱跨的宽度不足 3m，拱高约 5m，墩厚 3m，设有分水尖。

在希腊克里特岛上，还保留有一座建于希腊化时期（公元前 323 年—公元 30 年）的石拱桥——埃利弗瑟娜（Eleutherna）桥，如图 5-3 所示。这桥长近 10m，宽约 5m，跨度约 4m，也采用叠涩法砌筑。该岛上还有一座建造时间更早（大约在古典时期晚期）、跨度稍小的同类桥梁[4]。

在希腊罗得岛（Rhodes，传说中的世界七大奇观之一的太阳神铜像所在地）的考古中，曾发现了一座位于罗得岛卫城墙外的人行石拱桥（非叠涩拱），其建于公元前 4 世纪晚期，跨度 2.8m[5]。希腊考古学家认为，这一时期希腊的石拱砌筑技术，是马其顿亚历山大大帝东征时从西亚地区带回来的。

对其他的一些说法,如伊拉克尼姆鲁德(Nimrud)古城的一座石拱桥建于公元前 18 世纪,土耳其伊兹密尔(Izmir)的一座石拱桥建于公元前 9 世纪中期并一直使用到 2006 年才改为人行桥等,因还缺乏有力的证据支持,这里就不予采信了。

a) 遗址的立面与平面图

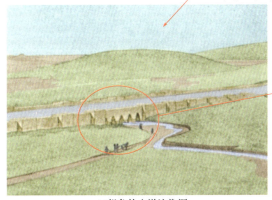

b) 想象的水道渲染图

c) 叠涩拱残骸

图 5-2　新亚述帝国时期的水道桥

图 5-3　希腊克里特岛上的埃利弗瑟娜桥

一个比较有趣的现象是:在世界文明起源最早的地区(就是考古学界所说的"新月沃土"地区),也是最早出现叠涩拱和拱券的地区,今天除了古罗马帝国(公元 2 世纪初其疆域达到最大)统治时期在这些地区遗留下来的拱桥或遗迹外,就很难找到公元 2 世纪之前当地建造的拱桥痕迹了。

从上述有限的资料中,可以得出以下两点认识:第一,人类早期的石拱桥建造是从叠涩拱开始的,这也说明拱桥起源的"叠涩拱说"是基本成立的。第二,拱桥出现的时代晚于拱券者数百年至千年,最可能的原因是,在陆地上砌筑拱券与在河中砌筑拱桥有很大区别,古人得先学会如何在河水中建造墩台的基础,因此难度更大,探索的时间也更长。

至于拱桥(非叠涩拱桥)是何时问世的,现在还无法给出明确的年代。最早建造的拱桥(尤其是砖拱),即便存在过,恐也难以经受住数千年来大自然的考验(特别是洪水、地震),早已消失在时间的长河中了。因此,只能估计出个大致年代。笔者的估计是:不早于希腊古典时期(公元前5世纪—公元前4世纪)。

古罗马时期的石拱桥

若说古希腊建筑的最大特征是带双坡屋顶的梁柱结构的话,古罗马建筑的最大特征就是拱券结构了。从公元前2世纪开始,古罗马人在帝国疆域内修建了各种石拱建筑(包括石拱桥),贡献了半圆形石拱、用于建造水下桥梁基础的木桩围堰、火山灰天然水泥等重大技术,成就非凡。可以说,即便古罗马人不是拱桥的发明者,也肯定是古代拱桥技术的创新者和实践者。

下面简要介绍公元元年前后百余年间,古罗马帝国的几座有特点的石拱桥。

图5-4所示为两座罗马市内台伯河上的古桥。左边靠前的一座称为埃米利奥(Emilio)桥,建于公元前142年(最后一次修复是公元280年),是罗马最古老的桥,原有7孔,现仅剩1孔,故也称为"断桥"(Ponte Rotto)。右边远处的一座叫法布里奇奥(Fabricio)桥,建于公元前62年(17世纪中期曾修复过),62m长,5.5m宽,两跨,最大跨24.5m,现仍在使用。

图5-4 埃米利奥桥和法布里奇奥桥

图5-5所示的罗马北部城外跨越台伯河的米里维奥(Milvio)桥,公元前206年开始建桥,公元前115年改建成石拱桥。后来,从中世纪到19世纪中期,有过多次修复。该桥长136m,宽8.75m,6跨,最大跨度18.55m。公元312年,在该桥上曾发生了一场古罗马帝国的内斗

（米里维奥桥战役），交战双方为罗马帝国的君士坦丁一世和他的连襟马克森提乌斯。这场战争的意义重大，后人评论说，君士坦丁的胜利为基督教在罗马帝国乃至最后在全欧洲取得统治地位铺平了道路。

图 5-5　米里维奥桥

圣洛伦佐（San Lorenzo）桥位于意大利北部的帕多瓦市，建于公元前 47 年—公元前 30 年，现其大部分被河岸边的建筑物所遮挡，如图 5-6 所示。该桥长 53.30m，宽 8.35m，最大跨 14.4m。古罗马早期的拱桥，其墩宽通常达到跨度的 1/3～1/2，阻水严重，而这座拱桥的桥墩却最为纤细。

图 5-6　圣洛伦佐桥

图 5-7 所示为圣马丁（Saint Martin）桥，位于意大利西北部奥斯塔山谷地区，建于公元前 27 年—公元 14 年，被视为古罗马时代最为柔细的拱桥。该桥为一单跨拱，桥宽 5.8m，跨度达到 31.4m。

图 5-7　圣马丁桥

图 5-8 所示的朱利安(Julien)桥位于一条罗马古道上,横跨法国东南部的卡拉翁河,建于公元前 3 年。该桥长 85m,宽 5.50m,3 跨,最大跨度 16.3m。建桥的石材切割精确,且不用灰浆砌筑,保存至今,实属不易。

图 5-8　朱利安桥

阿尔坎塔拉(Alcántara)桥,是世界上非常著名的一座古罗马时代的多跨石拱桥,如图 5-9 所示。该桥位于西班牙埃斯特雷马杜拉地区的阿尔坎塔拉镇,跨越塔霍河。桥梁总长 181.7m,

图 5-9　阿尔坎塔拉桥

宽8.6m，桥面高45m，6跨，最大跨度28.8m。在公元104—106年间，由建筑师莱瑟(Lacer)负责建造。在桥的一端，建有一座神庙(也为莱瑟所建，后来他去世了也埋于此)，神庙大门上挂一铭牌(不知何人何时所挂)，上面刻有一段对建筑师的赞美之词，其中说到"由著名的艺术大师莱瑟所建造的桥梁将永存于世"。看来，他做到了。

近年来，曾有人研究古罗马拱桥的承载能力，结果阿尔坎塔拉桥的承载能力位居首位，达到52t。

最后介绍的一座桥是图拉真(Trajan)桥。图拉真是古罗马的一位皇帝，公元98—117年在位。该桥在公元105年建成，服务于图拉真对达西亚王国的战争。这桥是古罗马时代规模最大的桥梁之一，桥长1135m，宽15m，桥面高19m，中间设20个砖砌桥墩，其上为跨度38m的木桁架拱，在现罗马尼亚德罗贝塔—塞维林堡附近跨越多瑙河。该桥可能是世界上的第一座木拱桥，后来因备战原因被继任者哈德良皇帝(公元117—138年在位)下令烧毁，只使用了几十年。在今天罗马的图拉真记功柱(建于公元107—113年)上，仍可见该桥的浮雕，如图5-10所示。

图5-10　图拉真记功柱上的木拱桥浮雕

中国古代的石拱桥

20世纪30年代，梁思成先生曾撰文说，我国历史上最早的拱券实物，来自于周汉陵墓[6]。当时考古发掘的洛阳"韩君墓"(现不见实物)，建于战国末年(公元前250年左右)，墓门为石拱[7]。2008年在汉长安城遗址发现了筒拱状的地下通道，其全部由青砖卯咬相扣，保存完好，建造年代不详。我国的东汉时期的帝陵、诸侯王墓葬考古表明，地下墓室大多包含由砖(绝大多数)或石(极少数)砌筑的筒拱或穹拱结构，采用"方坑明券"的方式建造，即先开挖土圹，然后在土圹之内构筑砖石券墓室，最后夯土回填[8]，如图5-11所示。

在地面上，至今还未发现南北朝以前的砖石结构遗迹，估计更难找到砖石拱桥的遗迹了。

不过，在《水经注·卷十六》中，记载有约建于公元282年（西晋时期）的"旅人桥"，其"悉用大石，下圆以通水，可受大舫过也"，这可能是有文字记载的最早的石拱桥了。另外，在汉代的一些画像砖上，也有一些与拱桥相关的图案。图5-12为1984年河南南阳新野征集的"平索戏车车骑出行画像砖"，其中有一弧形的桥，上走人车，下过船只。这是一座拱桥的如实描绘，还是画像砖工匠的随意想象？

a）东汉曹腾墓，石拱券（公元150—160年）

b）汉末朱然家族墓，前为砖砌墓道，后为叠涩法砌筑的墓室（公元249年）

图5-11　东汉石墓和砖墓

图5-12　平索戏车车骑出行画像砖中的桥

图5-13所示分别为河南、山东等地出土的"泗水捞鼎"东汉画像砖或画像石的局部。可见，对同一件历史文物传说的描述，呈现出来的桥的样子也不尽相同。依拙见，考虑东汉时期地下砖石拱结构的普遍应用和"旅人桥"的文献记载，这些画像砖上绘制的极有可能就是一座拱桥。至于是不是石拱桥，还有待考证。

a）河南南阳

图　5-13

b) 山东滕州

c) 山东邹城

图 5-13　不同地方出土的"泗水捞鼎"画像砖/石中的桥

直到隋朝，才有石拱桥流传至今。据方志记载，隋开皇四年（公元 584 年），在河南临颍建成小商桥[8]，如图 5-14 所示。该桥是一座与赵州桥构造类似的圆弧坦拱敞肩单孔石拱桥，经历代修葺维持至今，现为全国重点文物保护单位和 4A 景区（附近有南宋抗金名将杨再兴的陵墓）。茅以升先生认为小商桥建于隋朝初期的说法是可信的，但现存的桥式是否与始建时相同，则还有待考证。该桥的详细信息，可查阅河南人民出版社 2002 年出版的《河南临颍小商桥》。

图 5-14　河南临颍小商桥

同一时期的赵州桥，是广为人知、享誉世界的古代石拱桥精品。赵州桥建于公元 605 年，因其规模更为宏大，技术更为先进（首创空腹石拱桥），造型更为美观，名气自然也更大。

综上，可以合理推测（尽管缺乏实证或文献记载）我国石拱桥出现的时间不晚于东汉（公元 25—220 年）。

结　语

拱桥的起源与发展与人类社会文明进步相伴随行。石拱桥的历史漫长悠久，直到18世纪之前都是古代大跨度桥梁的主力（因为梁桥跨度做不大，索桥做不来，或做不起，或用不长）。从18世纪后期开始，曾采用铸铁、锻铁修建过一些拱桥，但不久就被钢和混凝土材料所替代。以1874年美国建成伊兹桥（钢拱）和1873年法国建成约讷河水道桥（素混凝土拱）为标志，拱桥开始迈入现代行列。

笔者拟订出与拱桥起源相关的几个时间节点，罗列如下：

（1）公元前25世纪左右，在古埃及、两河流域和古印度，最早出现砖或石叠涩拱；公元前19世纪左右，在西亚的一些地区，最早发现泥砖拱券；石砌拱券的出现，约在公元前5世纪—公元前4世纪。

（2）采用叠涩技术堆积形成的石拱桥，出现在公元前13世纪；到新亚述帝国（公元前934年—公元前609年），出现了砌筑的叠涩拱桥。石拱桥的问世，估计不早于希腊古典时期（公元前5世纪—公元前4世纪）。

（3）从公元前2世纪开始，古罗马的石拱桥技术成为领先者，并扩散至世界各地。

中国石拱桥出现的时间，不晚于东汉，但有待更多的考古佐证。

若把石拱桥的起源和演变趋势凝练成几句话，那就是：

从泥砖到石块，从叠涩到拱券，从地下到地上，从建筑到桥梁。

最后说明一点。探讨世界范围内拱桥的起源时，难免要比较一下谁先谁后，也可以看到，古代中国在拱桥起源上并不占先。对此，既不要妄自菲薄，更无须妄自尊大。

参考文献

［1］ William Kendrick Pritchett. Studies in Ancient Greek Topography, Part Ⅲ：Roads［M］. University of California Press, 1980.

［2］ Karas Slawomir, Nien-Tsu Tuan. The World's Oldest Bridges - Mycenaean Bridges［J］. American Journal of Civil Engineering and Architecture, 5(6), 2017.

［3］ Thorkild Jacobsen, Seton Lloyd. Sennacherib's Aqueduct at Jerwan［M］. University of Chicago Press, 1935.

［4］ Athanassios Nakassis. The Bridges of Ancient Eleutherna［J］. The Annual of the British School at Athens, Vol. 95, 2000, 353-365.

［5］ Boyd, Thomas D. "The Arch and the Vault in Greek Architecture"［J］, American Journal of Archaeology. 1978, 82 (1): 83-100.

［6］ 梁思成. 桥——赵喜县大石桥即安济桥. 中国营造学社汇刊, 1934, 5(1).

[7] 國立北平圖書館館刊七卷一號抽印本.韓君墓發見略紀,1933.

[8] 严辉.洛阳孟津大汉冢曹魏贵族墓[J].文物,2010(9):32-47.

[9] 牛宁,王国奇.河南临颖小商桥调查报告[J].文物,1997(1):65-72.

图片来源

图 5-1　希腊阿卡迪亚乱石拱桥,来源于:https://commons.wikimedia.org/wiki/Category:Bridges_around_Arkadiko.

图 5-2　新亚述帝国时期的水道桥,来源于:文献[3](a);http://www.teresasmosaiccafe.info/online/assyrian-aqueducts.aop(b,c).

图 5-3　希腊克里特岛上的埃利弗瑟娜桥,来源于:https://en.wikipedia.org/wiki/Eleutherna.

图 5-4　埃米利奥桥和法布里奇奥桥,来源于:https://www.romeartlover.it/Vasi93.html.

图 5-5　米里维奥桥,来源于:https:zh.wikipedia.org/wiki/米尔维安大桥战役.

图 5-6　圣洛伦佐桥,来源于:https://emanuelemartino.wordpress.com/acqua-e-citta/padova-e-lesue-acque/il-ponte-san-lorenzo/(a);http://worldtourisminfo.com/italy/1282-The-bridge-of-San-Lorenzo-photo-description-Ponte-San-Lorenzo.html(b).

图 5-7　圣马丁桥,来源于:https:/en.wikipedia.org/wiki/Pont-Saint-Martin_(bridge).

图 5-8　朱利安桥,来源于:https://www.luberon-news.com/bonnieux.php?id=3592.

图 5-9　阿尔坎塔拉桥,来源于:http://baulitoadelrte.blogspot.com/2017/05/los-puentes-romanos.html.

图 5-10　图拉真桥,来源于:https://en.wikipedia.org/wiki/Trajan's_Bridge.

图 5-11　东汉石墓和砖墓,来源于:http://blog.sina.com.cn/s/blog_53a591a50102vxv9.html(a);https://commons.wikimedia.org/wiki/File:Tomb_of_Zhuran_02_2012-05.JPG(b).

图 5-12　平索戏车车骑出行画像砖中的桥,来源于:http://www.jigouxinxi.com/hua/fzxynotnos.

图 5-13　不同地方出土的"泗水捞鼎"画像砖/石中的桥,来源于:http://www.chnmuseum.cn/Portals/0/web/zt/20151230henan(a);http://blog.sina.com.cn/s/blog_66afa0470102y3rb.html(b);http://www.bjdips.com/gwh/result.aspx?ID=GWH-24185(c).

图 5-14　河南临颖小商桥,来源于:http://www.mafengwo.cn/i/5376913.html.

第6篇 悬索桥的前世今生（上）

在当代,哪种桥式的跨度最大?大家都知道答案:悬索桥。毋庸置疑,悬索桥这一桥式源于中国。不过,它是怎么演变到今天这个样子的?这就是本篇要介绍的内容。

古代人怎么想到造索桥的?

在古代,若遇到不宽不深的河水溪流,人们在河中摆放一些石块,或者将石板搁放在石堆上,或者将树干搭放在两岸,就可踏石或踏木过河。待技术有所发展后,就可建造一些跨度十分有限的木梁桥、石梁桥、石拱桥和浮桥。对实在难以造桥的地方,就只能坐船渡河,或者望河兴叹了。

相比而言,在崇山峻岭之中造桥,其难度要比在平原和丘陵地区造桥大得多(参见第14篇)。例如,在我国云南的三江(怒江、澜沧江、金沙江)并流区域,在西藏雅鲁藏布江流域,在四川、贵州的一些地区,那里高山崎岖,峡谷深切,急流汹涌;即便是今天建桥,也绝非易事,更遑论没有现代造桥技术、材料和工具的古代先民了。

即便再难,桥还得造。但拿什么造桥?造什么样的桥?假定古人有能力在高山峡谷之间建造跨度不大的梁桥或拱桥,但以今天的工程角度看,那就得在急流中建造桥梁基础,并架设高墩,这肯定不合适。若建造浮桥,也经不住激流冲击。最好的方法就是不与水打交道,一跨越过。古代人大概是从山林间灵长类动物借助藤蔓攀援(图6-1)而得到启示,发明了以藤、竹、皮、草等自然界材料加工成索来造桥的办法,逐步创造出了三大基本桥式(指梁、拱、索)之一的索桥。

图6-1 山林间灵长类动物借助藤蔓攀援

怎么造桥?最简单的方式是在两岸固定一根索,一头高,一头低,人就可借倾斜之势滑越渡河。这就是最原始的渡河工具——溜索。生活在三江并流区域和雅鲁藏布江流域的各少数民族,历史上多使用溜索过渡,如图6-2所示。直到今天,少数边远地区仍在使用溜索,但材料已改用钢丝绳或钢绞线了。

图 6-2　康定溜索（孙明经摄于 1938 年）

溜索通常只能渡人，而且不方便，也危险。多用几根索，上下布置，索间用藤或绳联结成网状，或者直接用藤编成网，就成为索网桥或藤网桥（图 6-3），过河就相对比较安全了。后来出现了多索的形式，即一部分索平铺在下面，上铺木板形成较宽的桥面；一部分索高置两侧，兼作扶手和护栏，如图 6-4 所示。这样的索桥，既可行人，也可过渡货物、牲畜，但桥面起伏较大，行走不便，这就是早期的索桥。

图 6-3　西藏墨脱藤网桥（冀文正摄于 1955 年）

图 6-4　汶川威州索桥（欧内斯特·威尔逊摄于 1908 年）

随着社会的进步发展，中国古人开始(也是最早)把铁链应用于索桥。何时开始应用的？众说纷纭。下面介绍的，只是笔者一家之言，仅供参考。

将铜、铁等金属锻打成环，环环相扣，称为链。现知最早的铜链，包括1978年在湖北随县(随州)曾侯乙墓(公元前5世纪)中出土的提链鑑[盛水器，图6-5a)]和战国早期(公元前475年—公元前4世纪中叶)的络纹扁壶[图6-5b)]，可见"链"是古而有之的。

a) 提链鑑

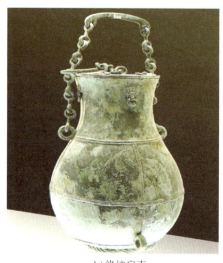

b) 络纹扁壶

图6-5 战国青铜器上的铜链

但铁链是何时出现的？先看铁器。可以想象，作为重要的稀缺资源，古代铁器应该首先满足战争需要，其次是用于农业生产工具；待产量高了，才有可能用于其他方面。中国古代从青铜兵器向铁兵器过渡，经历了一个长期的历史过程，这个过程始于战国中期，加速于秦代，完成于汉代。

再看铁链。最早的关于铁链的描述也与战争有关。《晋书·列传十二》记载：西晋伐吴(公元280年)时，吴军用铁锁(即铁链)横在长江三峡西陵峡口，以挡敌船。在晋代，似乎还没见到将铁链用于索桥的记载。

最后看铁索桥。直至唐朝(公元618—907年)，同时代的书籍中才开始出现"铁桥"的记载。现在的一些书籍文献说，公元前206年西汉大将樊哙在陕西褒城县(今留坝县)建成的樊河桥是一座铁索桥，我国在汉宣帝甘露四年(公元前50年)就建成百米长的铁索桥，在汉明帝(公元28—75年在位)时期建造了云南景东兰津桥等。这些说法的依据，要么是"传说"，要么是来自于千余年后编写的史书或方志(这是不是相隔得太遥远了？)。基于此因，笔者以为这些说法的可信度不高，难以取信。

著名的古代索桥

下面，有选择性地介绍几座国内外著名的古代索桥。

1. 都江堰安澜桥

我国最早有文字记载的索桥,可能出现在东晋常璩撰写的《华阳国志》中。这本志书记述了古代中国西南地区的历史、地理、人物等,成书于公元348—354年间。《华阳国志·蜀志》中言:"西南两江有七桥:直西门郫江上曰冲里桥。……。上曰笮桥。……"。

古代我国称索桥为笮(读 zuó)桥,笮就是用竹篾拧成的索,那笮桥就是竹子做的索桥。现四川都江堰(过去称灌县)安澜桥,就是由古代笮桥延续至今的。该桥不知始建于何时,宋朝以前叫"珠浦桥",明末毁于战争而改为船渡,清代(1803年)仿旧制重建,改名安澜桥,如图6-6所示。20世纪40年代,著名建筑学家梁思成先生曾考察并手绘安澜桥,如图6-7[1]所示。从图中可见,安澜桥分为八大孔,两小孔,长334.55m,最大跨径约50m,桥宽不足3m,1964年,山洪冲毁古桥,1965年重建时改木桩为混凝土墩柱,改竹索为直径25mm的钢丝绳。1974年,修建外江闸门时,把桥从鱼嘴处向下游迁移了130m。1982年,被列为国家级文物。

图6-6　都江堰安澜桥(恩斯特·柏石曼摄于1908年)

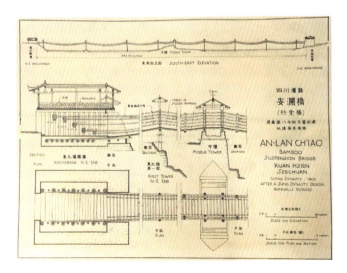

图6-7　都江堰安澜桥手绘图

关于笮桥,需要讨论一点。现在的网络媒体中,涉及索桥起源时,均少不了引用来自于清代编撰的《盐源县志》中的一句话,即"周赧王三十年(公元前 285 年)秦置蜀守,固取笮,笮始见于书。至李冰为守(公元前 256 年—公元前 251 年),造七桥"。于是,由此推论竹索桥起源于公元前 3 世纪。实际上,笮除了表示"用竹篾拧成的索"这个意思外,还可以指民族或姓。古代有部族名为笮都(此处读 zé),主要分布在今凉山地区。秦国灭了蜀国并设吏治理(秦置蜀守),也就势占了人家笮人的地(固取笮)。后来,汉武帝时设置笮县,其就是今天的盐源县。显然,这里的"笮"代表一个民族或地区。若把"笮"只当成竹索解,那只能说明早在李冰之前,就有人能架笮桥了(这种可能性非常非常大)。总之,拿《盐源县志》中的这句话来说明竹索桥的起源,逻辑上似乎有点儿不通。

2. 神川铁桥

在我国云南丽江玉龙县西北的塔城乡,曾有一座建于隋唐时期的跨越金沙江的铁索桥,后毁于唐贞元十年(公元 794 年)吐蕃与南诏之间的一场战争。史料中没有关于铁桥的具体信息,今天能看到的,只有 1991 年当地政府在遗址处设立的一块"古铁桥遗址"碑。

据史料记载,唐天宝年间,南诏与吐蕃发生神川(指金沙江)铁桥大战。唐朝樊绰所著《蛮书》中云:"……贞元十年,南诏蒙异牟寻用军破东西两城,斩断铁桥,……"。《旧唐书·南诏传》中记载了南诏偷袭吐蕃的过程,结果是:"……乘其无备,大破吐蕃于神川,遂断铁桥,遣使告捷"。至于神川铁桥的建造者,众说纷纭:有的认为是隋朝名将史万岁及苏荣所立,有的说是云南阁罗凤(南诏第五代王)所建,但当代史界学者一般都认为是吐蕃(公元 618—842 年间的古代藏族政权)所建[2]。结合藏族的索桥建造技术看,笔者也倾向于是吐蕃所建。

根据古代铁索桥资料,可以认为,塔城铁桥是世界上最早出现在史籍中的铁索桥,应该在悬索桥建筑史上占有重要的一席之地。

3. 玛雅桥

1995 年,詹姆斯·奥康(James O'Kon),一位多年从事玛雅文明技术研究的美国结构工程师和考古工程师,依据残存在河中的石堆和岸上的基座等线索,借助法务工程(Forensic Engineering)、考古工程分析、遥感技术和计算机模拟,推测在玛雅古代城市遗迹之一的 Yaxchilan 这个地方,曾经在公元 7 世纪晚期,建有一座悬索桥[3]。该桥主跨 63m,采用石块做塔,剑麻类材料做索,木板做桥面。图 6-8 所示为该桥的计算机复原图。玛雅人在公元 7 世纪晚期会造索桥,这大概可以成立,但令人生疑的是,詹姆斯·奥康是如何从一堆乱石中考证出玛雅桥具有现代悬索桥的构造特征(桥面设在大缆之下)的?若果真如此,那只能说明古代玛雅人的造桥技术相当了得。

4. 唐东杰布建造的铁索桥

唐东杰布是 600 年前我国西藏的一位传奇人物,得道高僧。他懂建筑、会炼铁、善艺术,被后世尊称为"铁桥活佛",藏戏戏神。

图 6-8 玛雅桥复原图

唐东杰布的建桥事迹流传很广,但关于桥梁的信息却比较模糊。普遍的说法是,他在西藏的大小江河上共建造了几十座铁索桥。1430 年(一说 1420 年),他建造了跨越雅鲁藏布江的曲水桥(位置在今拉萨曲水县达嘎乡达嘎村附近),也叫甲桑(Chaksam)桥。该桥早已不存在,图 6-9 所示为英国探险家和学者 L. A. Waddell 在他 1905 年出版的 Lhasa and Its Mysteries 这本书中的插图[4],据 Waddell 描述,该插图是根据英国间谍 1878 年(那时桥还在使用)的草图重新绘制的。有两点值得注意:第一,该铁索桥的铁索与桥面是通过吊索(牦牛毛制成)连接,由此桥面布置平顺,这应该是世界首创;第二,桥的跨度达到 300 步(pace),换算成 150 码(或137m),这在当时是相当了不起的!

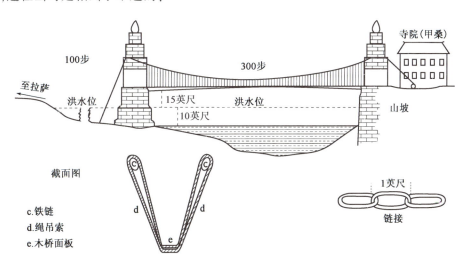

图 6-9 曲水铁索桥立面布置示意

现我国西藏日喀则南木林县城的湘河上,还存有一座据说是唐东杰布主持修建的铁索桥,名南木林铁索桥(或湘河铁索桥),如图 6-10 所示。该桥两头设桥头堡,之间挂铁链索三根

(一侧两根，一侧一根但为双环)，桥跨长55.7m，人行走道宽0.9m。且不论唐东杰布修建这桥的可能性有多大，从图中还是可清楚看出该桥的构造与图6-9所示的曲水铁索桥是一脉相承的。

图6-10　南木林铁索桥

5. 霁虹桥

霁虹桥位于我国云南大理州永平县境内，跨越澜沧江。该桥始建于公元60年前后，为藤篾桥，史称"兰津桥"(因桥位于西汉时期的兰津渡处，其为"南方丝绸之路"博南古道的要冲)；元朝(1295年)改建成木桥并改名"霁虹桥"；明朝(1475年)改建成铁索桥，经10多次修葺和重建，一直沿用至1986年。

图6-11为美国旅行家威廉·埃德加·盖尔(William Edgar Geil)在20世纪初拍摄的霁虹桥照片[5]，十分珍贵。该桥总长113.4m，净跨径为57.3m，桥宽3.7m，由18条铁链(其中承重底链16根，扶链2根)组成。1986年10月，在桥上游150m处的燕子岩因暴雨滑坡，截断澜沧江达15min，高涨的江水突破滑坡体后，巨浪冲断了15根铁链，冲毁了两端桥亭。1999年6月，民间自费在原桥上游20m处重新架设了一座长120m、宽2m的索桥，取名"尚德桥"。2007

图6-11　云南霁虹桥(威廉·盖尔摄于20世纪初)

年1月,在霁虹桥上游100m处的高位,再建一座善德桥(悬索桥,跨度185.5m,载重为单车汽—20)。另外,大瑞铁路澜沧江大桥(主跨342m的上承式劲性骨架钢筋混凝土提篮拱桥)也建在附近。

霁虹桥的一端有一面绝壁,名普陀崖,上面布满了文人墨客的题刻约30处,其规模之大,保存之好,实属罕见,如图6-12所示。徐霞客也曾到此一游,但估计当时他还没资格留下墨宝。题刻中有明代成化年间的"西南第一桥",明嘉靖年间的"壁立万仞",清康熙年间的"霁虹桥"和"天南锁钥",乾隆年间的"悬崖奇渡"等。从图6-11中依稀可见的"人力所通"四个大字,是对古代劳动人民聪明才智的褒奖称颂。可惜的是,随着下游小湾水电站的建成蓄水,这些珍贵的摩崖石刻也就此消失了。

图6-12 霁虹桥头的部分题刻

6. 绳桥和藤桥

采用各种藤蔓或编织的草绳为索造桥,这一古朴的手艺存在于中国西南地区、南美、日本、非洲等地,有些地方还作为一种传统文化,一直延续至今。这类桥的特点是:保存时间不长,随坏随修。限于篇幅,只介绍下列两座。

图6-13所示为印加草绳桥(Inca Rope Bridge),当地语言称为奎斯瓦洽卡(Q'eswachaka),

图6-13 秘鲁的印加草绳桥

奎斯瓦意为"草绳",洽卡意为"桥"。印加帝国是11世纪—16世纪时位于美洲的古老帝国,其政治、军事和文化中心在今日秘鲁的库斯科(Cusco)。最大的一座桥建在秘鲁南部库斯科省克维地区阿普里马克河上(图6-13),长度大约45m。每年6月,由当地居民负责重建一次。今天,奎斯瓦洽卡作为一种文化传统得到重视和保护,2013年12月入选联合国非遗名录。

图6-14所示为日本的藤蔓桥(Kazura Bridge),其位于日本德岛县三好市,跨越祖谷川(著名旅游景点)。该桥采用猕猴桃的树枝编织而成,长度约45m,宽度约2m,每三年重建一次。至于该桥何人始建于何时,无人知晓,传说或由日本佛教一派的奠基人所建,或是源平合战(12世纪日本国内的一场战争)的战败者逃进山中时所建。

图6-14　日本的藤蔓桥

7. 泸定桥

泸定桥是我国在1706年建成的一座享誉中外的铁索桥,在第34篇中有较详细描述,这里不再赘述。

结　　语

根据上文,可得到对古代索桥的几点基本认识。

(1)尽管不知道人类采用天然材料建造索桥起于何时,但中国是最早有文献记载的国家。除了东晋的《华阳国志》外,更早的《汉书·西域传》中就已有"以绳索相引而度(渡)"的描述。

(2)把铁环连成铁链,用于军事和索桥,首先在中国出现。古代中国铁索桥的诞生最迟不晚于隋唐,云南神川铁桥就是一个佐证。

(3)西藏的甲桑桥,应该是最早采用吊杆和平顺桥面的铁索桥。

(4)中国西部山区的各族先民,对悬索桥的起源和发展,做出了伟大的贡献。

参考文献

[1] 梁思成. 梁思成全集：第八卷-图像中国建筑史[M]. 北京:中国建筑工业出版社，2001.
[2] 冯智. 吐蕃南诏神川铁桥[J]. 西藏研究，1992,02.
[3] James A. O'Kon. "Computer Modeling of the Seventh Century Maya Suspension Bridge at Yaxchilan". Computing in Civil Engineering, Proceedings of the 2005 ASCE International Conference on Computing in Civil Engineering Cancun, Mexico, 2005.
[4] L. A. Waddell. Lhasa and Its Mysteries [M]. John Murray, London, 1905.
[5] William EdgarGeil. A Yankee on the Yangtze; being a narrative of a journey from Shanghai through the central kingdom to Burma [M]. A. C. Armstrong, New York, 1904.

图片来源

图 6-1 山林间灵长类动物借助藤蔓攀缘，来源于：http://www.tontantravel.com/images/en/pigtail-macaque-on-vine-khao-yai.html#image_holder.
图 6-2 康定溜索，来源于：http://blog.sina.com.cn/s/blog_4af72d6f01015my1.html.
图 6-3 西藏墨脱藤网桥，来源于：冀文正. 我与门巴族、珞巴族同吃同住 16 年. 中国国家地理，2010 年第 08 期.
图 6-4 汶川威州索桥，来源于：http://www.globaltimes.cn/content/826395.shtml.
图 6-5 战国青铜器上的铜链，来源于：http://www.hbwh.gov.cn/info/iList.jsp? cat_id = 10332 (a);http://www.sohu.com/a/191658347_99919449(b).
图 6-6 都江堰安澜桥，来源于：http://www.reportajes-jmserrano.com/china.htm.
图 6-7 都江堰安澜桥手绘图，来源于：文献[1].
图 6-8 玛雅桥复原图，来源于：http://bookofmormonresources.blogspot.com/2012/03/.
图 6-9 曲水铁索桥布置示意，来源于：文献[4].
图 6-10 南木林铁索桥，来源于：http://blog.sina.com.cn/s/blog_4c3635b90100puwz.html.
图 6-11 云南霁虹桥，来源于：文献[5].
图 6-12 霁虹桥头的部分题刻，来源于：http://www.baike.com/wiki/霁虹桥摩崖石刻.
图 6-13 秘鲁的印加草绳桥，来源于：https://www.atlasobscura.com/places/last-handwoven-bridge.
图 6-14 日本的藤蔓桥，来源于：https://old.izanau.com/article/iya-valley.

第 7 篇

悬索桥的前世今生(下)

在第6篇中,介绍了古代索桥的起源,算是悬索桥的"前世"。接下来,本篇将简要介绍索桥技术的传播,以及现代悬索桥的发展,可视为悬索桥的"今生"。

中国的索桥技术是如何传播到西方的?

毋庸置疑,西方的悬索桥概念来源于中国,但是如何传播过去的呢?网络上广为流传的一段话如下:"1665年,徐霞客有篇题为《铁索桥记》的游记,曾被传教士Martini翻译到西方,该书详细记载了1629年贵州境内一座跨度约为122m的铁索桥。1667年,法国传教士Kircher从中国回去后,著有《中国奇迹览胜》,书中记有建于公元65年的云南兰津铁索桥。该书曾译成多种文字并多次再版。据科技史学家研究,在上述书出版之后,索桥才传到西方。"

这一段话,不实或谬误之处较多,有必要论证澄清,以正视听。

第一,徐霞客没有题为《铁索桥记》的游记。在《徐霞客游记·黔游日记》中,记载了他游历贵州盘江铁索桥的经历。该桥在关岭、晴隆二县交界处跨越北盘江,采用传统制式(由36根铁链而成,桥面用24根铁链并列,左右两侧各置6根铁链),建成于1631年,在清代有三次重修。至于跨度大小,按徐霞客的记载,"东西两岩相距不到十五丈"(大概45m,这里的"岩",应该指的是人工砌筑到河中的石台)。20世纪30年代,修建黔滇公路时对盘江铁索桥进行过加固,使之能通行汽车,如图7-1所示。第二次世界大战期间,因战争破坏,该桥先后两次改建为链杆式钢桁梁悬索桥(借用原石台),桁梁长48m。可见,说跨度达到122m,不属实。

图7-1 盘江铁索桥

如今,桥下游的马马崖水库蓄水,为保护历史文物,只得再造一座悬索桥,将原桥整体提升15m,形成独特的"桥中桥",如图7-2所示。

第二,Martino Martini(马提诺·马尔蒂尼,1614—1661年),中文名卫匡国,天主教耶稣会意大利籍传教士、欧洲早期著名汉学家、地理学家、历史学家和神学家,1643年第一次到中国,1657再次到中国,1661年因霍乱病逝于杭州并葬于当地[1]。他著有多本书,但没有翻译过徐霞客的游记,更不能在死后的"1665年"出书。他写的最有影响力的书,可能要数《中国新图志》(Novus Atlas Sinensis)。该书1655年初版用拉丁文、荷兰文、法文等语言出版,是一部较完整描述当时中国地理的著述。其中,有一段文字(这里参考李约瑟的说法[2]):在毕节西部山谷中的一条河流上,架有一座铁索桥。看地图可知,关岭和晴隆在毕节南部,距毕节大约400km,这就很难下结论说卫匡国提及的桥就是盘江铁桥了。

图7-2　盘江铁桥(2014年完成整体提升保护项目后)

第三,Athanasius Kircher(阿塔纳修斯·基歇尔,1602—1680年)是一位17世纪的德国耶稣教会成员和博学家。请注意:他不是法国人,也不是传教士,而且从来没有来过中国!他的主要工作涉猎宗教学、地质学和医学,也研究数学、物理学、天文学、生物学、语言、文字学和历史学等。他生前被视为欧洲最著名的学者,有人称他是"第一位世界知名的学者",也有人(笛卡儿)称他是"七分骗子,三分学者"。与中国桥梁相关的信息,记录在1667年他编写出版的"China Illustrata"(翻译为"中国奇迹览胜"或"中国纪念物图说")一书中。该书的信息资源,来自于身在远东的耶稣会传教士(包括卫匡国)传回的报告。看Charles Van Tuyl在1986年翻译的英文版[3],可知在该书的第五部分,用文字(没有绘图)介绍了4座中国的桥梁,其中提及云南的一座铁索桥,并转述说该桥建于汉代(公元65年),这大概是指传说中的云南景东兰津桥。

第四,在第8篇中,可看到浮士德·威朗兹欧在他1595年出版的著作《新式机器》中的悬索桥插图。该书的出版时间远早于1655年的《中国新图志》和1667年的《中国奇迹览胜》。于是,"只是在上述书出版之后,索桥才传到西方"这句话就有点儿站不住脚了。

中国的索桥技术是如何传到西方的?合理的推论是:从新航路(15世纪—16世纪之交)开辟以来的百余年时间内,东西方之间通过传教士、旅行者和商人等带动的宗教、商业、文化、技术交流,使欧洲逐步了解到古代中国的索桥技术。对此,李约瑟说得合情合理,照录译文如下[2]:"人们觉得有这样的结论,就是在整个事情的发展过程中,一定有一系列的影响是从中国的铁索桥流传到文艺复兴时期和近期的欧洲工程师们那里,虽然我们还不可能阐明发展的全部过程。"

西方早期悬索桥

欧洲最早的铁索桥,是1741年在英格兰建成的温奇(Winch)人行桥,如图7-3所示。如同古代中国的铁索桥,该桥也用尺寸不大的铁环制成铁链;除桥面处布置拉索外,桥下也设锚索,以策稳定。桥的跨度21.34m,桥宽0.61m,跨越蒂斯(Tees)河。1830年,再建该桥(小铁环改为长眼杆)并沿用至今。

图7-3 英格兰温奇桥(1741—1830年,绘画作品)

1801年,从苏格兰移民到美国宾夕法尼亚州的詹姆斯·芬利(James Finley,其主业是地方的助理法官),建造了一座熟铁链式悬索桥(Jacob's Creek Bridge,1825年损毁)。该桥跨度21m,两根主缆由链杆组成并锚固于地面。该桥被美国人视为第一座现代悬索桥,理由是:有塔,有锚碇,桥面通过吊索与主缆相连,桥面呈水平状以利通车。1908年,芬利采用同样的构造方式,建造了斯古吉尔河瀑布(Falls of Schuylkill)铁链桥[4],如图7-4所示,并为这种桥式申请了专利(可惜毁于1836年的一场火灾,已不存在)。

图7-4 斯古吉尔河瀑布铁链桥(1808—1816年)

斯古吉尔河瀑布桥全长93m,桥宽5.5m;主缆和吊索均由长2.44~3.66m的眼杆组成;采用木制A形塔架,木桁架梁;桥分两跨,每跨约47m。从使用情况看,该桥(包括芬利所建的其他若干座桥)并不算成功;1916年,一群牛过桥,加上桥上有积雪,桥就被压垮了。尽管如此,芬利提出的桥式满足了交通便利的要求,得到了桥梁工程界的重视,被广泛传播,并争相效仿。

18世纪下半叶,欧洲(尤其是英国)建造了一些铁链(尺寸较小的铁环相连)悬索桥;自19世纪起,欧洲和美国开始改环链为销链(尺寸较大的眼杆,用销子相连)。环链的跨度做不大,构造处理不方便,只能用于人行桥;销链有所改进,但应力集中和疲劳开裂等问题突出,眼杆处的磨耗会导致变形增大。另外,不论是环链还是销链,架设都很不方便。在钢丝问世之前,采用铁丝(尽管强度还不高)来代替销链,就成为大势所趋。

法国人大概是第一个想到用铁丝来制索的。1824年,马可·赛坎(Marc Seguin,法国著名工程师)等人在瑞士日内瓦建造了圣安东尼人行桥(Passerelle de Saint-Antoine),如图7-5所示。该桥三塔两跨,桥长超过80m,塔间距42m,梁长分别为33m和23m;有6根主索,每索由90根铁丝组成,每丝直径2.1mm[5]。随后,马可·赛坎兄弟建造了多座采用铁丝做主缆的悬索桥[6,7],如1825年建成的(Tournon)桥(两跨悬索桥,跨度约85m,跨越罗纳河,1965年废弃),1838年建成的Ancenis桥(5跨悬索桥,跨长80m,跨越卢瓦尔河,1944年遭战争破坏),以及1849年建成的马可·赛坎桥(两跨悬索桥,跨度约90m,跨越罗纳河,在役)等。

图7-5 圣安东尼人行桥(1824—1849年,绘画作品)

在英国,仍在发展链式悬索桥。1820年,建成的Union桥,跨度达到137m。1826年,英国连接威尔士内陆和安格尔西岛的梅奈海峡(Menai Straits)悬索桥问世,如图7-6所示。这座桥由著名的土木工程师托马斯·特尔福德(Thomas Telford)设计(他是英国皇家学会会员,英国土木工程师学会的创建者和第一任主席),是英国一级文物建筑,在世界桥梁史上也占据着相当重要的位置。照英国李约瑟有点托大的说法,"此后索桥就不足为奇了"[2]。

图7-6 梅奈海峡悬索桥(1826—1938年)

该桥是一座公路桥,采用熟铁和石料制作;全长 417m,主跨 176m(为当时世界最大跨)。建成时,大缆由 16 根销链组成,4 根一组,每根包含 935 根眼杆。因没有加劲桁架,很快就发现在风荷载作用下桥的稳定性不足(同时代英国不少的链式悬索桥大都因此破坏),于是在 1840 年进行加固。到 1893 年,把木梁改换成钢桁梁;1938 年,在不封闭交通的情况下,把熟铁销链改成钢销链;1999 年,该桥封闭一个月,重做桥面并整修,如图 7-7 所示。

图 7-7　梅奈海峡桥(1938 年至今)

看着欧洲悬索桥的进步,美国人急于迎头赶上。1830 年,一位来自宾夕法尼亚州的 20 岁有志青年查尔斯·埃利特(Charles Ellet Jr.)自费到巴黎学习了两年的悬索桥,1832 年返回美国。他参加一次桥梁设计竞赛(他提供的是悬索桥方案)失败后,不灰心,继续努力,终于在 1842 年,在宾夕法尼亚州费城建成了美国第一座永久性的"法式"(指用铁丝做主缆)悬索桥——费尔蒙特(Fairmount)桥,跨越斯古吉尔河(Schuylkill),如图 7-8 所示。

图 7-8　费尔蒙特桥(1842—1870 年)

这座桥的前身是麦考尔渡口木廊桥(见第 34 篇),后身是一座双层桥面的铁桁架梁桥(跨度 110m),再后来(1965 年)改为一座主跨 33.4m 的三跨连续钢梁桥。埃利特建造的悬索桥跨度 109m,矢跨比约 1/12;共设 10 股索,5 股一组,索径约 7.6cm;全桥共用 2816 根铁丝,每根铁丝都在亚麻籽油中煮过以防氧化,索外加防护并缠丝[8],构造如图 7-9 所示。

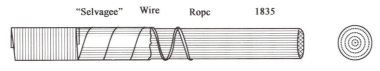

图 7-9　早期铁丝索构造示意

　　该桥建成后,埃利特再接再厉,1847 年,在西弗吉尼亚州威林(Wheeling)悬索桥的邀标中,战胜了约翰·罗布林(承建举世闻名的纽约布鲁克林桥的那位工程师)。该桥的构造类同费尔蒙特桥(12 股索,6 股一组,每组 500 根铁丝),但跨度却一下子跃升到 308m,1849 年建成时成为世界第一大跨桥。没有想到的是,1854 年 5 月,一场风暴把桥给吹垮了,埃利特只得再建。两个月后先临时抢通,1860 年改建(把每侧的 6 股索改为 2 股,并外缠熟铁丝)。1874 年,华盛顿·罗布林(约翰·罗布林的儿子)给该桥增加了加劲斜索。1954 年,改建了桥面构造。这就是 170 年后的今天我们看到的桥的样子,如图 7-10 所示。1968 年,该桥被评为美国土木工程里程碑建筑,1975 年被列为国家历史名胜[9,10]。

图 7-10　威林桥(1874 年至今)

　　1848 年,埃利特还承担了尼亚加拉瀑布悬索桥(Niagara Falls Suspension Bridge,1855—1897 年)的初步设计(后由约翰·罗布林接手再次设计)。随后,埃利特转向水运和洪水治理,不再涉足桥梁了。

　　同一时期,约翰·罗布林也在悬索桥领域高歌猛进。在尝试建造了两座小跨度悬索桥后,在 1854 年,他建成了尼亚加拉瀑布悬索桥(这是世界上首座铁路悬索桥,上层通行火车,下层过行人和马车,跨度 251m,后改建为一拱桥)。1866 年,在俄亥俄州辛辛那提建成以他名字命名的一座悬索桥(采用钢材),把跨度增加到 322m。1883 年,建成了举世闻名的布鲁克林大桥,跨度跃升至空前的 486m,由此全面拉开了现代大跨度悬索桥建设的帷幕。

　　有关布鲁克林大桥的历史资料,十分丰富。在 BBC 出品的"世界七大工业奇迹"(7 Wonders of the Industrial World)中,采用影视的方式再现了该桥的建设过程,有兴趣的读者不妨一览。

现代悬索桥及其在中国的发展

现代悬索桥的发展情况,包括主要的工程建设成就,美、英、中、日等国悬索桥的构造特点,桁架和扁平钢箱加劲梁,主缆架设采用的 AS 法和 PPWS 法等,想必读者已有所了解,这里就不再赘述。图 7-11 所示,为世界悬索桥的主跨纪录曲线及中国现代悬索桥的建设情况(不完全统计,其中红色代表中国,黑色代表国外,空心代表在建)。

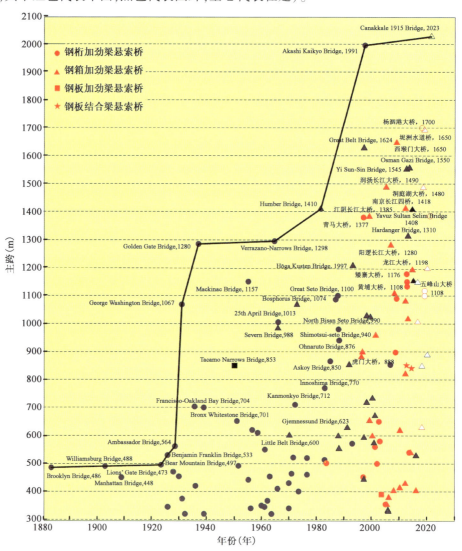

图 7-11 世界悬索桥主跨纪录曲线及中国现代悬索桥的建设

从图中可见,自布鲁克林大桥建成以来,大跨度现代悬索桥进入了快速发展期。将近 50 年后,在 20 世纪 30 年代,跨度突破千米(美国乔治·华盛顿桥);在 40 年代解决了风致振动问题后,又过了约50年,在20世纪末使跨度接近2000m(日本明石海峡大桥),在建的土耳其恰纳卡莱大桥的主跨已达2023m。再过几十年,到2050年前后,情况会如何呢?

近代我国没有跟上第一次工业革命的步伐,国运衰败,内外交困,经济落后,技术低下。在现代悬索桥建设方面,到20世纪30年代才开始起步。1938年,在当时既缺经验又缺钢材的条件下,周凤九先生在湖南主持修建了川湘公路能滩桥。这是一座跨度仅80m,采用废旧钢铁建成的我国第一座链杆式悬索桥,只可通行载重量小于15t的单车。该桥虽已在1970年停用,但作为省级文物保存至今,如图7-12所示。

图7-12 湖南能滩桥(1938—1970年)

随后的几十年内,我国悬索桥建设仍无明显起色,但值得一提的是1969年建成的重庆朝阳大桥(为双链式悬索桥,跨度168m)和1984年建成的西藏达孜桥(跨度达500m,但只能一次通行4辆总质量为20t汽车;后采用斜拉索加固,2014年封闭)。直到20世纪90年代,悬索桥建设才真正迎来快速发展期。在1995年建成汕头海湾大桥(主跨452m,预应力混凝土加劲梁)、1996年建成西陵长江大桥(主跨900m,钢箱加劲梁)、1997年建成虎门大桥(主跨888m,钢箱加劲梁)后,短短20余年内,我国悬索桥建设异军突起,发展迅猛,成就非凡,令世人瞩目。在建的武汉杨泗港大桥,跨度已达1700m。跨度千米级的三塔悬索桥(泰州长江公路大桥、安徽马鞍山长江大桥、武汉鹦鹉洲长江大桥等)和用于高铁交通的悬索桥(主跨1092m的五峰山长江大桥等),成为当代悬索桥建设中的技术创新亮点。

回顾悬索桥几千年的发展历史,大体可以简单归纳为:起源于中国,革新于英、法,发展于美国,突破于日本,再次崛起在中国。

大跨悬索桥的技术经济优势何在?

讨论一下大跨悬索桥的技术经济优势,作为本篇的结尾。

在现有技术水平下建造超大跨度的桥梁,无一例外地选择悬索桥,这是因为:同其他桥型相比,跨度越大,悬索桥的优势越明显。

优势之一是在材料用量和截面设计方面。其他桥型的主要承重构件的截面积,随着跨度的增加而增大,而大跨悬索桥的加劲梁(其材料用量在全桥用量中占相当大的比例)不是主要承重构件,其截面并不需要随着跨度而改变。

优势之二是在构造方面。许多构件截面积的增大会受到客观条件的制约,例如梁的高度、杆件的外廓尺寸、钢材的供料规格等,但悬索桥的大缆、锚碇和索塔这三个主要承重构件在扩充其截面积或承载能力方面,所遇到的困难则较小。

优势之三在是大缆受力方面。众所周知,桥梁构件主要承受拉、压、弯。受弯构件难以充分发挥材料潜力,受压构件需要考虑稳定问题,只有受拉构件最为合理。由于大缆受拉,其截面设计容易,材料使用效率高,跨越能力也最强。

优势之四是在施工方面。悬索桥(不包括自锚式悬索桥)的施工总是先将大缆架好,这样,大缆就可视为一个现成的悬吊式支架,加劲梁的架设就比较方便。当然,为了防御强风的侵袭,虽然也必须采取防范措施,但与其他桥式所用的悬臂施工方法相比,风险较小。

参考文献

[1] Martino Martini. in:https://en.wikipedia.org/wiki/Martino_Martini.

[2] 李约瑟. 中国科学技术史(第四卷第三分册)[M]. 汪受琪,等,译. 北京:科学出版社,2008.

[3] Athanasius Kircher. China Illustrata[M]. Translated by Charles Van Tuyl. 1986.

[4] Frank Griggs. Schuylkill Falls Chain Suspension Bridge(1809)[J]. STRUCTURE,March 2016,64-66.

[5] Charles Stewart Drewry. A Memoir on Suspension Bridges[M]. Longmans,Rees,Orme,Brown,Green & Longman,1832,115-124.

[6] Bridgemeister. Suspension Bridges of France. in:http://www.bridgemeister.com/list.php?country=france&type=country.

[7] Leonardo F. Troyano. Bridge Engineering-A Global Perspective[M]. Thomas Telford Ltd,2005.

[8] Frank Griggs. Fairmount Bridge across the Schuylkill River[J]. STRUCTURE,April 2016,28-30.

[9] Wheeling Suspension Bridge. in:https://en.wikipedia.org/wiki/Wheeling_Suspension_Bridge.

[10] Frank Griggs. Wheeling Suspension Bridge[J]. STRUCTURE,May 2016,43-45.

[11] 钱冬生,陈仁福. 大跨悬索桥的设计与施工[M]. 成都:西南交通大学出版社,1992.

图片来源

图 7-1 盘江铁索桥,来源于:http://blog.sina.com.cn/s/blog_560a17e20102e46s.html.

图 7-2 盘江铁桥,来源于:http://www.qxnrb.com/html/2016-07/21/content_184501.html.

图 7-3 英格兰温奇桥,来源于:http://www.bl.uk/onlinegallery/onlineex/kinggeorge/w/large-

图 7-4　斯古吉尔河瀑布铁链桥,来源于:文献[4].

图 7-5　圣安东尼人行桥,来源于:https://de.wikipedia.org/wiki/Passerelle_de_Saint-Antoine.

图 7-6　梅奈海峡桥,来源于:http://www.photographers-resource.co.uk/a_heritage/Bridges/LG/menai_bridge.htm.

图 7-7　梅奈海峡桥,来源于:同上.

图 7-8　费尔蒙特桥,来源于:http://www.bl.uk/onlinegallery/onlineex/kinggeorge/w/largeimage78125.html.

图 7-9　早期铁丝索构造示意,来源于:https://www.si.edu/mci/english/research/past_projects/iron_wire_bridge.html.

图 7-10　威林桥,来源于:https://de.wikipedia.org/wiki/Wheeling_Suspension_Bridge.

图 7-11　世界悬索桥主跨纪录曲线及中国现代悬索桥的建设,来源于:作者自绘.

图 7-12　湖南能滩桥,来源于:http://bbs.co188.com/thread-8597078-1-1.html.

第 8 篇 斜拉桥探源

对桥梁工程基础知识有所了解的人都知道,按照结构体系分类,桥梁可为梁、拱和索三类基本体系和其他组合体系。在组合体系中,由梁、斜索、塔组合而成的斜拉桥,从 20 世纪下半叶开始风靡全球。尽管斜拉桥的构造比梁、拱和索桥复杂,但其大有发展成为第四种基本体系的趋势。

世间万物,包括人造的桥梁,其发展过程均有来龙去脉。那么,现代斜拉桥是如何发展成今天这个样子的?本篇拟按年代顺序进行介绍。

古代——埃及的帆船与爪哇岛的竹桥

为使年代衔接不出现空白,这里姑且把欧洲文艺复兴之前的年代都划归到"古代"。在文艺复兴之前的漫长岁月中,人们还只能用石头和木材做一些拱桥和梁桥,对斜拉桥,估计一点概念都没有。不过,几千年之前,在古埃及的帆船上,就曾出现过类似斜拉桥的构造。考古发现,在公元前 14 世纪前后的一只古埃及陶器上,绘有如图 8-1 所示的帆船[1]。该船的船帆称为四角帆(矩形或梯形的风帆),中间用桅杆支撑两根平行的横杆,桅杆与下横杆用多根斜向的帆索相连。假若,视船上的桅杆为斜拉桥的塔,下横杆为斜拉桥的梁,帆索为斜拉桥的索,再把它移到河上,那就是一座比较地道的斜拉桥了。可惜了,这项伟大的发明只是用在了帆船上。

图 8-1 古埃及帆船

另一种实实在在的斜拉桥,就隐藏在印度尼西亚爪哇岛的热带雨林中。爪哇岛盛产毛竹,不知从何时起,当地人开始用竹子造桥。图 8-2 所示的是中爪哇省沃诺索博跨越塞拉尤(Serayu)河的一座竹桥,建于 1900 年左右。这类桥只设一跨,长度可达 50m 左右;梁、斜索、塔均用毛竹制作,用棕榈皮制成的细绳或者竹篾绑扎;因竹子长度有限,除布置竖直的"塔"之外,还要布置倾斜的"塔",以便把桥跨内的竹索转向衔接,最后通过简单的榫接方式锚于地面木桩上,如图 8-3 所示。

图 8-2　爪哇岛塞拉尤河上的一座竹桥(1910年摄)　　　图 8-3　竹索的绑扎及锚固(1941年摄)

印度尼西亚的竹桥,有两个明显特点。一是体现出"原始桥"的明显特征,即采用自然界的现成材料,无须仔细加工;使用时间有限,不作长久打算,随坏随修。现存最早的竹桥照片约摄于1870年(摄影技术问世于19世纪40年代),真实的起始年代估计比较遥远了(这也是把竹桥纳入"古代"一节的原因)。二是清晰地表现出了用多根斜向的"索"拉住桥面的构造,且梁、斜索、塔一应俱全。说竹桥是古代人行斜拉桥,应该没有什么异议。今天,在印度尼西亚的雨林深处或一些旅游区内,仍有竹桥存在,这些竹桥多半没有竹塔(直接借用两岸的大树),做工也比较粗糙(估计手艺也失传得差不多了),如图8-4所示。

图 8-4　在 Sungkung 跨越 Sekayam 河的竹桥

文艺复兴时期——名人的构想

这一时期,世界上仍无斜拉桥的踪影,但有几位大名人对桥式比较感兴趣。一位是誉满全球的意大利天才列奥纳多·达·芬奇(Leonardo Da Vinci,1452—1519年),他曾提出过超大跨度石拱桥和木桁梁桥的构想。另一位是出版了《建筑四书》、在西方最具影响力的意大利建筑师安德烈亚·帕拉第奥(Andrea Palladio,1508—1580年),他把房屋建筑里的木桁架引入桥梁领域,并设计过木梁桥和拱桥。在今天的克罗地亚希贝尼克地区,还有一位名叫浮士德·威朗兹欧(Fausto Veranzio,1551—1617年)的主教,他除了侍奉上帝以外,也是一位有名的博学家与发明家。在1595及1616年,他自费出版了一本令后人称赞的名著《新式机器》(Machinae Novae)[2]。在这本书中,他用49幅绘画描述了56种不同的机器、装置和技术概念;当然,也包括桥梁,而且还是当时欧洲还不存在的系杆拱桥、悬索桥和斜拉桥等。图8-5所呈现的,就是浮士德·威朗兹欧手绘的部分桥梁大作,其中图8-5c)已显现出斜拉桥的大概模样了(有人认为那就是斜拉—悬索组合体系,还有文献说该图描绘的是中国古代的一座铁链悬索桥)。特别值得指出的是:图8-5中的各式桥梁,均在大约200年后才逐步得以实现。据此,称浮士德·威朗兹欧是一位富有想象力的桥式预言家,一点都不为过。

a) 系杆拱桥　　　　　　　　　　　　b) 悬索桥

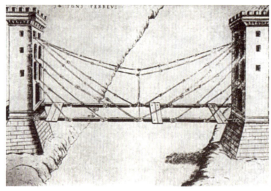

c) 斜拉桥

图8-5　威朗兹欧构想的几种新桥式

18世纪末至19世纪初——斜拉桥的萌芽与尝试

这一时期,尽管还没有适用的材料和计算手段,但斜拉桥的构思在欧洲开始萌发,并付诸实施。1784年,Immanuel Löscher(瑞士的一位工程师或木匠)在弗莱堡建造了一座木斜拉桥,跨度32m(一说16.5m)[3,4]，如图8-6所示。1817年，英国在苏格兰建成跨越特威德河的King's Meadows桥，跨度约33m(一说16.5m)，如图8-7所示。该桥的拉索为扇形布置，采用直径7.6mm的铁丝制成，桥塔和桥面板也采用铁材，大约在1950—1960年间废弃[5]。

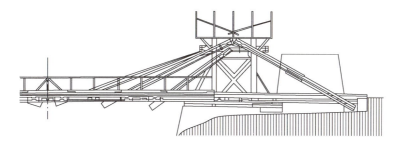

图8-6　1784年在德国弗莱堡建造的木斜拉桥示意

图8-7　1817年英国建成的King's Meadows桥

另一座桥是德国宁堡的萨勒桥(Saalebrücke)，如图8-8所示。该桥看上去是一座有点儿模样的斜拉桥，跨度80m，采用熟铁链杆作为拉索，还在跨中设置了很短的开启段以利通航。相当悲惨的是，1825年12月6日举行桥梁落成典礼时，大家兴高采烈、载歌载舞地过桥，这时桥的一半突然垮塌，造成55人淹死或冻死的惨剧，喜事办成了丧事。事后调查认为，劣质的链杆材料、人群偏载及其振动过大导致了桥梁垮塌[6]。

图8-8　德国萨勒桥

19世纪末至20世纪初——桥式的演变

19世纪60~70年代，是桥梁开始迈进现代工程行列的前夜。英国工程师罗兰德·梅森奥迪仕（Rowland Mason Ordish）利用他1858年与一位法国工程师一起申请的专利——奥迪仕-勒菲弗体系（Ordish-Lefeuvre System），开始了斜拉桥的工程实践[7]。所谓"奥迪仕-勒菲弗体系"，就是简化的悬索体系与斜拉体系的混用。具体做法是：让主缆只与主跨的跨中相连，梁的其余部分则用斜向布置的铁链杆锚于塔顶；在临近桥塔处的主索与链杆之间，可设置一些竖向短吊索。

采用这一体系建造的桥梁大概只有三座。1868年，在布拉格建造了弗朗茨·约瑟夫桥（Franz Joseph Bridge，注意不是位于布达佩斯的那座同名桥梁），跨度100m（一说146m），如图8-9所示。该桥后来重建，1941年废弃。另一座是跨越泰晤士河的阿尔伯特桥（Albert Bridge），主跨122m，1873年建成；因结构出现问题，1884—1887年间进行了改造（在主缆上加设了一些直接连接到桥面的吊索），1973年又在主跨中间桥面下增加支墩。即便如此加固，今天在桥头仍保留着一块牌子，提醒排队过桥的人们必须打乱步伐行走，免得共振。运气比较好的是建在新加坡的加文纳桥（Cavenagh Bridge），该桥1869年建成，主跨60.96m；因是一座人行桥，荷载不大，至今仍在使用。

图8-9　弗朗茨·约瑟夫桥

进入20世纪，法国开始探索斜拉桥。法国军事工程师艾伯特·吉思克拉（Albert Gisclard，1844—1909年）在1899年申请了一个斜拉系统的专利，随后成功应用于若干座铁路桥。这个系统的构造特点是：在主跨内布置一对交叉的主索，其余拉索均与相应的主索相连，在连接处通过短吊杆将主索与桥面相连。这样做的好处，是避免梁体承受水平力，由此可较准确地计算出铁路重载下桥梁的受力。1909年，艾伯特·吉思克拉设计的卡塞林（Cassagne）铁路桥（图8-10）建成，跨度156m[4]。令人唏嘘的是，在通车试验时，列车出轨，导致艾伯特·吉思克拉（及其他5人）不幸以身殉职，而他所设计的桥，至今仍默默无闻地服务于社会。采用同一专利（但有所改进），法国在1924年建成一座公铁两用桥——莱扎尔德里厄（Lezardrieux）桥（现只通汽车），主跨112m，从图8-11看上去，其俨然就是一座现代斜拉桥了。

图 8-10　法国卡塞林铁路桥

图 8-11　法国莱扎尔德里厄公铁两用桥

20 世纪中期——现代斜拉桥的诞生

基于百余年来桥梁工程师持续不断的工程实践,借助于二战后高强材料、结构分析方法和预应力技术的发展,现代斜拉桥才开始有机会破茧而出。

1952 年,法国在栋泽尔—蒙德拉贡(Donzère-Mondragon)运河上,建成一座钢筋混凝土公路斜拉桥[8],如图 8-12 所示。该桥主跨 81m,双向 2 车道,尽管规模不大,但却是世界上第一座混凝土斜拉桥,也是第一座现代斜拉桥。该桥的设计者是法国著名工程师阿尔贝·卡科(Albert Caquot,1881—1976 年),他是法国科学院院士,一生设计的桥梁、隧道、船坞、大坝、水力发电站等超过 300 座;让他获得国际声誉的,是巴西科科瓦多山顶上屹立的里约热内卢基督像[9]。

1955 年,德国著名工程师弗兰茨·狄辛格(Franz Dischinger,1887—1953 年)设计的瑞典斯特伦松德(Strömsund)桥建成,如图 8-13 所示。该桥是一座双车道公路钢桥,主跨 183m,被视为现代斜拉桥的开山之作。令人惋惜的是,狄辛格没能亲眼看到它的建成。随后的 10 多年内,德国开始大力发展钢斜拉桥,先后建造了杜塞尔多夫北桥(双塔,主跨 260m,1958 年),科隆塞弗林桥(独塔,主跨 301m,1960 年),杜塞尔多夫格尼桥(独塔,主跨 319m,1969 年)等,成为20世纪斜拉桥建设的领跑者。

图8-12　法国栋泽尔—蒙德拉贡公路桥

图8-13　瑞典斯特伦松德公路桥

结　　语

　　用拉索吊住桥面的构想，古而有之。囿于材料和技术，从18世纪末期到20世纪上半叶，斜拉桥建设一直在探索中缓慢前行。直到20世纪中期，伴随着高强钢材、结构分析方法和预应力技术的发展，现代斜拉桥才开始在全世界范围内得到迅猛发展。21世纪的今天，斜拉桥的发展仍方兴未艾。

　　目前，世界上建有约600座各类斜拉桥，中国大约占1/3。世界钢斜拉桥的跨度已超过千米，中国在钢斜拉桥和混凝土斜拉桥的跨度前十排名中已占据多数。大跨高速重载公铁两用桁梁斜拉桥（武汉天兴洲长江大桥、黄冈长江大桥、铜陵长江大桥、沪通长江大桥等）的建设，是中国对世界斜拉桥发展做出的杰出贡献。

　　本篇简要梳理了斜拉桥的起源，这既是为了厘清斜拉桥的桥式演变过程，也是为了表达作者对桥梁先驱者们的敬意。

参考文献

[1]　https://en.wikipedia.org/wiki/Sail.

[2] Veranzio Fausto. Machinae Novae(1605). Austrian National Library, 2013, in: https://books.google.cz/books/about/Machinae_Novae.html? id=b09ZAAAcAAJ&redir_esc=y.

[3] Walter Podolny and John B. Scalzi. Construction and design of cable-stayed bridges[M]. John Wiley & Sons, 1986.

[4] M. STroitsky. Cable-stayed bridges: Theory and design[M]. Crosby Lockwood Staples, 1977.

[5] Tom F. Peters. Transitions in Engineering: Guillaume Henri Dufour and the Early 19 Century Cable Suspension Bridges[M]. Birkhäuser, 1987.

[6] Der Einsturz der Nienburger Schrägkettenbrücke. in: http://www.bernd-nebel.de/bruecken/index.html?/bruecken/4_desaster/nienburg/nienburg.html.

[7] Lambert M Surhone et al(Ed). Ordish-Lefeuvre Principle[M]. Betascript Publishing, 2011.

[8] Leonardo F. Troyano. Bridge Engineering-A Global Perspective [M]. Thomas Telford Ltd, 2003.

[9] Albert Caquot. in: https://en.wikipedia.org/wiki/Albert_Caquot.

图片来源

图8-1 古埃及帆船,来源于:https://en.wikipedia.org/wiki/Sail.

图8-2 爪哇岛塞拉尤河上的一座竹桥(1910年摄),来源于:https://luk.staff.ugm.ac.id/itd/bangunan/bambu/01.html.

图8-3 竹索的绑扎及锚固,来源于:同上.

图8-4 在Sungkung跨越Sekayam河的竹桥,来源于:https://dreamindonesia.me/category/teknologi/page/5/.

图8-5 威朗兹欧构想的几种新桥式,来源于:文献[2].

图8-6 1784年在德国弗莱堡建造的木斜拉桥示意,来源于:James Harris, Kevin Li. Masted Structures in Architecture[M]. Routledge, 1996.

图8-7 1817年英国建成的King's Meadows桥,来源于:文献[5].

图8-8 德国萨勒桥,来源于:http://www.bernd-nebel.de/bruecken/index.html?/bruecken/4_desaster/nienburg/nienburg.html.

图8-9 弗朗茨·约瑟夫桥,来源于:https://en.wikipedia.org/wiki/Franz_Joseph_Bridge.

图8-10 法国卡塞林铁路钢桥,来源于:http://passion-collections.superforum.fr/t3947-pont-cassagne-ou-gisclard.

图8-11 法国莱扎尔德里厄公铁两用桥,来源于:http://www.skyscrapercity.com/showthread.php? t=1541580&page=13.

图8-12 法国栋泽尔-蒙德拉贡公路桥,来源于:https://www.emile-bollaert.fr/chapitre-10-a-la-compagnie-nationale-du-rhone/.

图8-13 瑞典斯特伦松德公路桥,来源于:https://de.wikipedia.org/wiki/Strömsundsbron.

第 9 篇 古今中外开启桥

绝大部分的桥梁，在建成后是固定不移的。但在特殊情况下，对一些跨越河流的桥梁，却需要让其一部分桥跨结构可以开合。这就是本篇介绍的开启桥（movable bridge，也叫活动桥或开合桥）。

开启桥简史

人类建桥，大概始于开启桥。为了防范野兽或外族侵袭，古人需要把桥做成可移动的。那些在中国半坡村遗址以及欧洲"水边桩屋"可能存在过的桥梁，就是如此（参见第1篇）。

当古人开始筑城而居时，情况也大抵相同。考古学家发现，公元前1860年前后，古埃及人在努比亚建造了布亨要塞（后因阿斯旺大坝的建设而被淹没在纳尔湖中），其防御工事包括护城河、吊桥（drawbridge，指吊住桥面一端、通过绳索开合的桥）、城墙、城垛等[1,2]。公元前5世纪（一说7世纪末）新巴比伦王国在幼发拉底河上建造的一座石墩木梁桥，如图9-1所示（图中桥面的颜色不同）。其中的一跨（颜色深的一跨）需要在晚上移除或在过船时开启[3]。

图9-1 新巴比伦王国的活动桥示意

古代中国的城市，大多有城墙，墙外有护城河或城壕。为方便出入，需在护城河或城壕上建桥；为阻外敌侵犯，就把桥做成可开合的浮桥、板桥和吊桥[4]。吊桥用木梁制成，一端固定在一根可转动的木销轴上，另一端通过铁链或绳索牵引到城楼上的绞盘上；通过人力绞动，即可让桥板开合。

《墨子》第五十二篇（备城门）中记载了古代守城之法，其中的"断城以板桥"，似乎就有拉起桥板以断交通之意。战国《六韬》中记载了如何攻城："渡沟堑，飞桥一间，……。"所说的"飞桥"，大致就是今天的制式军用桥。在《魏书（列传第四十一）》中，记载有"杜门绝桥"（紧闭城门，收起吊桥）。在宋《武经总要》中，记载了守城时如何制作吊桥（史籍中也有称其为吊桥或钓桥），也描绘了攻城时如何使用壕桥（指在城壕中快速架桥）和折叠桥（当城壕较宽时采用），如图9-2所示。

由此可见，古代开启桥主要就是吊桥，而吊桥是因城池或要塞防御而发展起来的。据此也

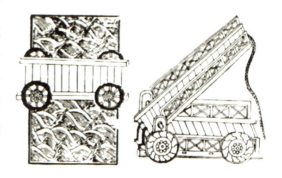

图9-2 《武经总要》中描绘的壕桥和折叠桥

可判断,中国最早在春秋战国时期,就已开始应用吊桥(以及攻城所用的活动桥)。

在中世纪的欧洲,封建势力割据,大小战争频发。在公元9世纪后的数百年间,欧洲大量兴建具备军事防御性质的城堡,并在入口处设置吊桥。由于石砌城堡坚固耐久,一部分城堡得以保留至今,吊桥也因此维系下来。这样的例子比比皆是,如图9-3所示。到15世纪,就已创造出了不同的吊桥开启方式,包括:用滑轮绞盘控制起落,让桥板在滑轮上水平滑动,配置有平衡重的开合机构等。

第一次工业革命给世界带来了翻天覆地的变化。军事科技的发展,让带有防御性质的吊桥变得无用;而内河(包括运河)船舶航行与跨河桥梁建造之间的矛盾,却给吊桥开辟了一席新的天地。图9-4所示的迪尔伯恩(Dearborn)街桥,1834年建成,是美国芝加哥的第一座开启桥[5],采用传统的木结构和开合方式,带有明显的古代吊桥特征。

图9-3　英格兰赫弗城堡的吊桥(始建于13世纪)　　　图9-4　芝加哥的迪尔伯恩街桥

尽管早在15世纪的威尼斯,就曾建造过非防御目的的吊桥(参见第10篇),但现代开启桥却主要是在19世纪下半叶和20世纪上半叶修建的。

建造现代开启桥的目的,是为了让桥下可通过较大的船舶。与不影响通航的固定式桥梁相比,开启桥的桥面可压低(除了开启跨),这样桥长缩短,规模减小,投资节省;但是,桥上交通会受到一定影响,且需要长期承担桥梁开合的管养费用。可以这样理解,现代开启桥是为了满足通航和通车要求,而在跨河桥梁上做出的妥协。

主要的开启方式

开启桥的活动部分,是跨越主航道的桥跨结构。为减小开合重量,便于制造,活动部分多采用钢梁结构。主要的开合方式有立转、升降和平转三种。

1. 立转(bascule)

立转是指桥跨结构在立面上转动开合。从一端开合桥跨结构的称为单叶式,从两端开合者则为双叶式。英国伦敦的塔桥,就是一座双叶立转式桥,1894年建成,如图9-5所示。单叶式跨度最大的是乌克兰尼古拉耶夫的因古尔河桥,跨度76.25m,1980年建成(图9-6);双叶式跨度最大者是2000年建成的西班牙巴塞罗那港"欧洲之门"桥,跨度106m,(参见图9-14)。

图9-5　伦敦塔桥

图9-6　尼古拉耶夫因古尔河桥

2. 升降(vertical lift)

升降是指桥跨结构垂直升降开合。这类开启桥需在活动桥跨结构的两端设置塔架和提升设备。跨度最大的升降桥是美国纽约州斯塔滕岛和新泽西州伊丽莎白之间的奥瑟基尔(Arthur Kill)单线铁路桥,跨度170m,建于1959年,如图9-7所示。

3. 平转(swing)

平转是指桥跨结构绕一根或两根(桥墩处的)竖轴水平旋转,只绕一轴即完成开合的称为单叶式,绕两轴者为双叶式。世界上跨度最大的双叶式平转桥是埃及跨越苏伊士运河的艾尔法丹(El Ferdan)桥,其为一座三跨悬臂钢桁梁铁路桥,分跨150m+340m+150m,全桥沿主跨跨中分为两部分,各自绕一竖轴水平转动,2001年建成,如图9-8所示。

图9-7　奥瑟基尔单线铁路桥

图9-8　埃及艾尔法丹铁路桥

设有活动通航孔的永久性浮桥,是浮在水面上的开启桥,多采用伸缩(retractable)的开合方式。这样的实例很少,图9-9所示为美国西雅图的老长青点(Evergreen Point,1963—2016年)浮桥的伸缩跨。不过,新建的长青点浮桥,采用抬高的边孔将其取而代之了。

其他极少用到的开合方式,如侧转(tilt,英国纽卡斯尔的盖茨亥德千禧桥)、折叠(folding,德国基尔的号角桥)、潜入(submersible,希腊科林斯运河入口处的漫水桥)、卷曲(curling,英国伦敦的卷桥)、开扇(fan,英国伦敦的扇桥)等,均为建筑师在人行开启桥上的奇思妙想,恐怕难以用于交通干线上的桥梁。

无论采用哪种方式,活动桥均需设置一套适宜的开合系统。开合系统通常包括:平衡重机构、机械转动系统(铰、齿轮、滑轮等)、动力系统、控制系统等。近年来建造的一些开启桥采用液压驱动代替传统的齿轮驱动。

图9-9　西雅图老长青点浮桥的通航孔

开启桥适于建在何处?

从历史的情况看,需要建设开启桥的地方,通常是在地势低平处的通航水道(包括运河)之上,比如,江河下游的城区河道,入海口的港湾地区等。举例如下。

荷兰阿姆斯特丹的地势不高,水网交错,河道纵横。全城数千座桥梁中,有90多座规模不大的开启桥,排名世界第一。瘦桥(Skinny Bridge,图9-10)是位于市中心的一座吊桥,也是现存唯一的木制吊桥,其始建于1691年,最晚一次重建是在1934年。

图9-10　阿姆斯特丹的瘦桥

美国伊利诺伊州的芝加哥,位于芝加哥河河口,东临密歇根湖,号称开启桥之城。全城仅公路、铁路开启桥就有64座,其中41座仍在使用。最老的开启桥建于1834年,而最新的也是30余年前建造的。为了满足芝加哥河与密歇根湖之间的帆船及其他船舶的航行,每年从4月到11月,需开启桥梁大约40次,这已成为城市旅游和桥梁文化活动一景,如图9-11所示。

我国天津位于海河下游,境内有海河、子牙河等多条河流穿流入海,是我国建造开启桥最多的城市。第一座开启桥是1888年在南运河上架设的金华桥(双叶立转式,早已不存)。接下来是1906年建成的跨越海河的金汤桥(平转式,1970年拆除设备,2005年改建后恢复),1927年建成的跨越海河的万国桥(今解放桥,双叶立转式,1973年停用,2008年改造后恢复),1937年建成的位于子牙河下游的大红桥(平转式,1965年停用开启功能)。

1985年建成的跨越海河河口的塘沽海门大桥,是中国跨度最大的升降桥(温州瓯南开启桥的钢桁升降梁长75.46m,但已暂停开启)。正桥总长550m,钢桁升降梁长64m,如图9-12所示。2012年建成的天津响螺湾海河开启桥,主跨76m,为亚洲跨度最大的双叶立转式开启桥。

图9-11 芝加哥的开启桥　　　　　　　　　图9-12 天津海门大桥

今天的开启桥

一般而言,开启桥难以适应繁忙的水陆交通。不过,在某些特殊情况下,仍可建造开启桥。这些特殊情况大致包括:无法提供足够的桥下净空,或水陆交通量都不大且可大幅节省建桥费用,或桥位附近已有开启桥等。

图9-13所示为美国华盛顿西雅图的斯波坎街(Spokane Street)桥,也叫西雅图开合桥。这是一座双叶式平转桥,结构为三跨预应力混凝土梁,主跨146.3m,1991年建成。每叶的转动重量6800t,由设置在粗大桥墩内部的液压系统承担。2015年该桥的每天开启次数约3次,每次开启的平均用时约12min。

图9-14为2000年建成的欧洲之门(Porta d'Europa)桥,位于西班牙巴塞罗那港内。结构采用造型简洁的双叶立转式,两转轴之间的距离109m,桥宽35.6m,液压驱动。不开启时的桥下净空22m,以供常规船舶通行并减少开启次数。

日本的梦舞大桥是一座可开启的永久性公路浮桥,连接大阪港内的梦洲、舞洲两座人工岛。主桥为三跨钢拱结构,主跨长280m,置于两个大型浮筒上,2002年建成,如图9-15所示。必要时,可用拖船将浮桥绕一端的旋转轴整体平转,提供超过200m的航道宽度。

图9-16所示的古斯塔夫·福楼拜(Gustav Flaubert)桥,是位于法国鲁昂的一座升降桥,横跨塞纳河。桥全长670m,双幅,每幅桥宽18m;升降梁长120m,塔高86m,桥下净空7~55m,全开启后可通过4万吨级船舶。采用置于塔顶的一个蝶状滑动系统及塔内其他机构来升降桥面,开启时间12min。

图9-13　西雅图斯波坎街桥

图9-14　巴塞罗那港的欧洲之门桥

图9-15　大阪梦舞大桥

图9-16　鲁昂的古斯塔夫·福楼拜桥

图9-17所示的英国双帆桥（Twin Sails Bridge），位于连接英格兰普尔港（Poole Harbour）和孔湾（Holes Bay）的一条运河上，建成于2012年。桥长约139m，宽约16m，5跨；中间可立转的跨度23.4m，由两个象征船帆的三角形叶片组成。采用液压驱动，开启时间只需2min。

法国波尔多的雅克·沙邦-戴尔马（Jacques Chaban-Delmas）开启桥，其建筑造型表现出浓厚的当代科技气息，如图9-18所示。该桥跨越加

图9-17　普尔港双帆桥

龙河，桥长433m，宽45m；升降塔高87m，升降梁长110m，采用滑轮系统提升；2013年建成。

图9-19所示的Rethe开启桥，位于德国汉堡港内，完成于2017年，用以替换1934年建成的一座升降式开启桥。新桥跨度104m，采用双叶双幅的形式，一幅用作14m宽的公路桥，一幅用作10m宽的铁路桥。开启时间约4min。

图 9-18　波尔图雅克·沙邦—戴尔马开启桥　　　图 9-19　汉堡港内的 Rethe 开启桥

结　　语

（1）总体而言，开启桥是桥梁领域一定历史阶段的产物，其主要是为了缓和通航与通车的矛盾。过去经常是以牺牲通车为前提，现在应能更合理地组织协调水陆交通。

（2）在水陆交通繁忙之处，自然不宜建开启桥。在不那么繁忙之处，也建议能不修则不修。一来"各行其道"是最简单的交通方式，二来得慎重考虑开启桥长期的管养费用。

（3）开启桥的设计建造，不仅仅是桥梁工程的事，还与机械工程、电气工程等有密切关系。

（4）开启桥更容易吸引社会大众的关注。进入 21 世纪后，开启桥的开合技术更为先进，建筑造型也更为讲究。

（5）今天桥梁施工中广泛采用的转体技术，得益于开启桥。

参考文献

［1］ David P. Silverman. Ancient Egypt［M］. Oxford University Press，1997.
［2］ https：//en.wikipedia.org/wiki/Buhen.
［3］ Terry L. Koglin. Movable Bridge Engineering［M］. John Wiley & Sons，Inc.，2003.
［4］ 张驭寰. 中国城池史［M］. 天津：百花文艺出版社，2003.
［5］ Patrick T. McBriarty. Chicago River Bridges［M］. University of Illinois Press，2013.

图片来源

图 9-1　新巴比伦王国的活动桥示意，来源于：http：//www.museumofthecity.org/project/historical-city-entrances-and-their-purposes/.

图 9-2　《武经总要》中描绘的壕桥和折叠桥，来源于：宋《武经总要》.

图 9-3　英格兰赫弗城堡的吊桥,来源于:http://www.pbase.com/deanby7/image/112874296.

图 9-4　芝加哥的迪尔伯恩街桥,来源于:文献[5].

图 9-5　伦敦塔桥,来源于:https://wallscover.com/tower-bridge.html.

图 9-6　尼古拉耶夫因古尔河桥,来源于:https://mkrada.gov.ua/content/putivnik-po-mistu.html.

图 9-7　奥瑟基尔单线铁路桥,来源于:https://www.flickr.com/photos/stevensiegel/7118741653.

图 9-8　埃及艾尔法丹铁路桥,来源于:https://en.wikipedia.org/wiki/El_Ferdan_Railway_Bridge.

图 9-9　西雅图老长青点浮桥的通航孔,来源于:http://historicbridges.org/bridges/browser/?bridgebrowser=washington/evergreenpointfloatingbridge520/.

图 9-10　阿姆斯特丹的瘦桥,来源于:https://en.wikipedia.org/wiki/Magere_Brug.

图 9-11　芝加哥的开启桥,来源于:https://www.chicagoriver.org/events/public-bridge-lift-viewing.

图 9-12　天津海门大桥,来源于:http://www.sohu.com/a/193931504_697399.

图 9-13　西雅图斯波坎街桥,来源于:http://www.bridgeofweek.com/2010/04/.

图 9-14　巴塞罗那港的欧洲之门桥,来源于:http://www.travelphotos.pro/es/Espana/Catalunya/Barcelona-Puerta-de-Europa.html.

图 9-15　大阪梦舞大桥,来源于:https://en.wikipedia.org/wiki/Yumemai_Bridge.

图 9-16　鲁昂的古斯塔夫·福楼拜桥,来源于:http://shipshop.pk/10-highest-stunning-bridges-in-the-world/.

图 9-17　普尔港双帆桥,来源于:http://www.wilkinsoneyre.com/projects/twin-sails-bridge.

图 9-18　波尔图雅克·沙邦-戴尔马开启桥,来源于:http://jcn54.unblog.fr/2013/03/17/le-pont-jacques-chaban-delmas-a-bordeaux-33/.

图 9-19　汉堡港内的 Rethe 开启桥,来源于:https://structurae.net/structures/rethe-bascule-bridge.

第10篇

千年风雨话廊桥（上）

廊桥是桥与廊屋建筑的结合。它丰富了桥梁的建筑造型,拓展了桥梁的审美空间,拉近了人与桥的心理距离。无论中外,古代廊桥均是蕴含桥梁历史文化最为丰富的载体之一。该篇与大家说说中外廊桥的起源、发展和现状。

什么是廊桥?

廊桥就是指设有顶棚或廊的桥。传统廊桥,除提供行人通行外,还可供人们休憩、游玩、社交、交易、祭祀等,成为带有浓郁地域特色的公共建筑。现代廊桥,或为城市建筑之间架空的人行通道,或为跨河跨线的人行桥或天桥。

中国的传统廊桥是桥与廊的结合,均为木石结构。桥的结构形式主要是木梁、石拱和木拱(中国独有),廊的建筑形式则各具特色,式样不一。现代廊桥采用钢材和混凝土等建造,多为梁结构,也有拱结构,偶见索和斜拉结构的应用;其建筑造型丰富多样,时常在结构上把"廊"与"桥"合为一体。

廊桥可为行者遮风避雨,因此,在中国一些地区,也称其为风雨桥。

那些只在桥头或桥上局部建亭、阁、塔、门、屋者,与廊桥不同。

中国廊桥的起源与发展

中国廊桥大部分位于南方山区,历史十分悠久,它是如何起源的呢?

依笔者拙见,中国廊桥源自于干栏(阑)式建筑。所谓干栏式建筑,一般指古代先民为了避免潮湿,采用木、竹、茅草等建造的悬空的房屋。这样的房屋采用木桩构成高出地面的底架,底架上置梁并铺板,板上再搭建房屋及前廊。中国最早的干栏式建筑,在20世纪70年代浙江余姚河姆渡遗址(公元前5000年—公元前3300年)的考古中得以发现,如图10-1所示。可见,这种"上有屋盖、中有廊道、下面悬空"的建筑,把"廊"的模样粗略地勾勒出来了。

图10-2所示为上海博物馆收藏的战国早期的宴乐画像杯(公元前475年—公元前4世纪中叶)以及杯上的画像。可见,早在战国时期,人们就知道建造架空的台榭建筑了。所谓台榭,按《说文》的解释:积土四方为台,台上建屋而无四壁者为榭。这样的建筑,若是置于河上,大致就有点廊桥的模样了。

《史记·秦始皇本纪》中记载,公元前212年,秦始皇新修皇宫,"前殿阿房东西五百步,南北五十丈,……,周驰为阁道,自殿下直抵南山,表南山之巅以为阙,为复道,……"。"阁道"指有室有窗的架空木构,"复道"指有上下两重通道的楼阁,如此看来,"阁道"、"复道"似乎就与木梁廊桥类同了。但比较遗憾的是,根据2007年发布的阿房宫遗址考古结论[1],阿房宫前殿遗址没有发现秦代文化层和秦代宫殿建筑遗迹,也没有"火烧阿房宫"的痕迹。秦代的"阁道"、"复道"是否存在，还需要考古证据。

a) 河姆渡建筑遗址　　　　　　　　　　　　b) 干栏式房屋示意

图 10-1　河姆渡干栏式建筑遗址及房屋构造示意

图 10-2　战国早期的宴乐画像杯及画像

2001年，在成都金沙遗址的考古中，发现了一座建于西汉时期的木梁廊桥遗骸[2]，如图 10-3 所示。这座古桥由桥台、木墩、梁板及瓦廊组成，桥长 42m，宽 7～8.8m。无独有偶，2009年，在成都市中心又发掘出一座西汉木梁廊桥，桥长约 27m，宽 3m 余。可见，到西汉时，木梁廊桥已不算是稀罕事了。

既然能在河上架廊桥，那也完全可在建筑之间架设廊道（类似于今天封闭或半封闭的过街天桥）。1993年，在河南焦作的东汉陵墓中，出土了七层连阁式陶仓楼（图 10-4）。这件建筑明器（死者生前居住的房屋模型随葬

图 10-3　成都金沙遗址西汉廊桥遗址

品)的主楼高1.92m,共7层,各层有彩绘图案;副楼为4层,是储藏粮食的仓楼。最吸睛之处,就是主楼与副楼之间的一条架空廊道。这件出土文物,实乃中国汉代建筑与桥梁技艺的完美体现。

图10-4 东汉七层连阁式陶仓楼

著名建筑学家刘敦桢曾提出:"故疑廊桥之诞生,或在西汉之前,春秋战国之际"[3]。现代考古成果表明,中国在西汉时期出现廊桥,采用木梁木柱式结构。至于廊桥问世的确切年代,没人知道,笔者以为,廊桥诞生于战国时期(公元前475年—公元前221年)的可能性还是存在的,但再延伸到春秋时期(公元前770年—公元前476年),依据就嫌不足。有理由认为,廊桥是伴随着社会稳定、人口增加和商业繁荣而发展起来的,难以想象其会诞生于社会动荡、混战不休的年代。当生产力水平极为低下、生产资料严重不足时,建一座桥比建一座廊桥显得更加重要。

接下来的数百年间,应该都曾建过廊桥,只不过史籍中没有明确记载。至唐代,白居易为已去世的好友元稹捐献功德用于修复洛阳香山寺,并撰有《修香山寺记》一文。其中的"登寺桥一所,连桥廊七间",大概是史料中关于廊桥的最早记载了。

唐宋时期,经济发达,文化繁荣,技术进步,这也反映在廊桥的普及和营造技艺上。今天,从宋代的绘画作品中,我们还可一睹当时的廊桥风采,图10-5a)为南宋李嵩的《水殿招凉图》(现藏台北故宫博物院),图10-5b)截取自南宋赵伯驹的《江山秋色图》(现藏北京故宫博物院)。

图 10-5 南宋绘画作品中的廊桥

a) 南宋李嵩《水殿招凉图》(局部)　　　　　　　　b) 南宋赵伯驹《江山秋色图》(局部)

虽然廊的出现，早先是为了保护木梁桥免受雨水侵蚀，但当修建的廊桥多了以后，人们就开始赋予其更丰富的文化、美学、社会和宗教的意义，应用也就更趋广泛。如此，不仅修建木梁廊桥，也会修建石拱廊桥；不仅搭设简易的廊，也会建造复杂的楼台亭阁。河北井陉县苍岩山景区的大小桥楼殿（图 10-6，全国重点文物），先后建于金代和明代，就是这样的典型实例。

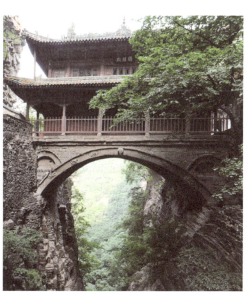

a) 小桥楼殿（始建于1161—1189年）　　　　　　b) 大桥楼殿（始建于1506—1521年）

图 10-6　河北井陉县苍岩山景区的大小桥楼殿

明清时期，中国的廊桥建设达到鼎盛。廊桥的结构形式，主要有石墩木梁廊桥、石拱廊桥和中国独有的木拱廊桥。木拱廊桥分布在浙南闽北山区（包括浙江的泰顺、庆元、景宁和福建的寿宁、屏南等地），其结构构造与北宋画家张择端所绘《清明上河图》中表现的汴京"虹桥"几乎如出一辙[4]，如图10-7所示。所谓"虹桥"，就是采用两套短木系统通过纵横相贯、交错搭置而形成的一个稳定的拱形结构。这与民间流传的"筷子搭桥"游戏有点相似。最早的"虹桥"出自山东青州，是当时的青州太守请一个聪明的狱卒建造的，这在北宋王辟之所著《渑水燕谈录》中有记载。到了明代，"虹桥"结构得到发展，在拱上增加立柱和面板，以利通行；在桥面之上设置瓦廊，以遮风雨。

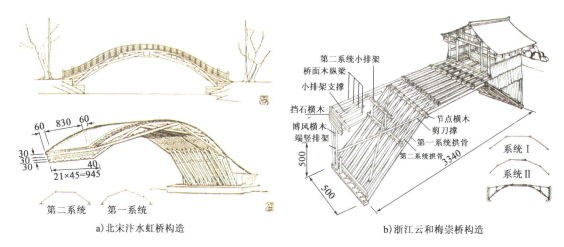

a) 北宋汴水虹桥构造　　　　　　　　b) 浙江云和梅崇桥构造

图10-7　从北宋"虹桥"到明清木拱廊桥（尺寸单位：cm）

明清时代的廊桥精品，举不胜举。其中的经典代表，是位于浙江省庆元县的如龙桥（图10-8，全国重点文物）。该桥修建于明天启五年（1625年），全长28.2m，净跨19.5m，矢高6.8m，桥宽6m；桥上楼、亭、廊三位一体，造型讲究，构造合理，是全国迄今有确切纪年、寿命最长的木拱廊桥。

图10-8　浙江庆元如龙桥

广西三江的程阳桥(图10-9,全国重点文物)是中国侗族地区建筑规模最大的一座风雨桥。该桥始建于1924年,结构为四跨木梁,桥长77.76m,宽3.75m,净跨约14.8 m。该桥吸收了侗家鼓楼建筑的元素,在墩台之上分建5座多角形亭阁,集亭、廊、楼、阁建筑特点于一身,凿木榫接,浑然天成,宏伟壮观、特色鲜明。

图10-9　广西三江程阳桥

清末以降,伴随着现代交通的兴起,传统廊桥就慢慢衰落了。今天,我国还保留有数百座各式各样的廊桥,对这些记载着桥梁历史和铭刻着文化印记的传统建筑,值得用心保护。

中世纪欧洲的石拱屋桥和木廊桥

古代欧洲(以古罗马为代表)善用石材做拱桥(参见第5篇)。因石桥经久耐用,无惧风雨,故也无须在桥上做廊。笔者判断,欧洲大致是在公元12世纪之后,才开始建造廊桥。

不过,从很早开始,古罗马人就喜欢在桥上添点东西,比如在桥上筑一个石门(如西班牙境内的阿尔坎特拉桥,建于公元2世纪初),或在桥头立几个纪念石柱(如土耳其境内的赛佛鲁桥,建于公元3世纪)等。后来曾风行一时的桥头堡建筑,可能就来源于此。

在中世纪的欧洲,主要是教会来主导桥梁建设。这个时期建造的一些石拱桥,有两个特点:一个是开始采用尖拱构造(可能来源于伊斯兰建筑),一个是开始在桥上建造关卡、碉楼、小教堂、房屋等,这种现象一直持续到16世纪—17世纪才逐步停止[5]。

为何要把建筑做到桥上去呢?一个原因是,河流通常作为划分封建领地的边界,跨河的桥梁则是要道,出于安全考虑,于是在桥上设置关卡、碉楼。另一个原因是,教会主持造桥,顺便也建小教堂和圣人雕像等,以服务教众。还有一个原因是,桥梁会汇聚流动人口,便于贸易,这会吸引商家把店铺设在桥上,教会也可收取租金用于其他基础设施的建设。

不管原因是什么,把房子建在石拱桥上,是中世纪欧洲桥梁的一大特色。对这类有人居住的桥梁,姑且称之为"石拱屋桥"。欧洲历史上有名的石拱屋桥较少,留存至今的也寥寥无几。尽管桥上的房屋并不都形成了有遮盖的"廊",但石拱屋桥所提供的交流、休闲和商业作用,却与廊桥的功能特征并无二致。

历史上最著名的石拱屋桥,是跨越泰晤士河的伦敦老桥[6](图10-10)。今天伦敦桥所在的位置,2000年以来一直有桥。第一座桥是木桥,由古罗马人在公元50年左右搭建,之后随坏随修(也曾遭受战争和暴风雨毁坏),直至1136年烧毁。1176—1209年间,由教会主持改建为石拱桥(称为伦敦老桥)。桥长240~270m,宽约8m,采用19孔跨径不一的尖拱,木围堰基础。因当时允许在桥上建房,桥上挤满木屋(包括教堂),最多时超过二百家商户营业,交通拥挤不堪,卫生安全条件极差。1212年和1633年曾发生严重火灾,损失极为惨重。

到18世纪末,伦敦老桥已不堪使用,于是在1824—1831年间建了一座新桥(5孔石拱桥,桥长284m,拱跨39~46m)。老桥在为社会服务600余年后终于谢幕,实属罕见。新桥用了100余年,在1968年废弃,取而代之的是1972年建成的三跨预应力混凝土箱梁桥。

享誉世界的佛罗伦萨老桥(Ponte Vecchio,图10-11),也是一座石拱屋桥。据文献记载,从公元996年开始,这里开始建桥,屡坏屡修。今天大家看到的三跨石拱桥,是1345年重建完成的。桥长约84m,中间的拱跨30m,两边的27m,矢高3.5~4.4m。从15世纪中期起,就在桥上开设各类店铺。

图10-10 伦敦老桥(1630年前后)

图10-11 佛罗伦萨老桥

克雷默桥(Krämerbrücke,图10-12)是位于德国爱尔福特的一座石拱屋桥。该桥始建于1117年,最初是一座木桥,在历史上曾多次遭遇火灾。1472年重建为一座6孔石拱桥,桥长79m,宽26m桥,拱跨4.8~7.8m。桥面两侧建有60余座三层木质建筑,底层开店,上面住人,中间留有5.5m宽的人行通道。

在法国巴黎,在连接西岱岛(巴黎圣母院所在地)及塞纳河北岸的河面上,也曾有过一座石拱屋桥。在15世纪,人们开始把房子建在两座临近的木桥上,这两座桥其中一座叫作磨坊桥(Pont aux Meuniers,利用水流动力加工谷物),一座叫作兑换桥(Pont au Change,从事钱币兑换的商人集中在此),1621年,这两座木桥遭火灾。1639—1674年间,重建兑换桥,再把房子建在石拱上,如图 10-13 所示。后拆除房屋,1860 年改建为一座三跨石拱桥,沿用至今。

图 10-12　爱尔福特克雷默桥

图 10-13　巴黎兑换桥(1674 年)

除了石拱屋桥外,欧洲也建造木廊桥。这些桥大致分布在中欧的瑞士、德国等国家,始建于 13 世纪—14 世纪,数量极少。

建造年代最早的一座木廊桥是巴特塞京根木桥(Holzbrücke Bad Säckingen)。该桥跨越莱茵河,连接德国和瑞士的两个城市。桥长 204m,据说始建于 1272 年,后多次重建,最后一次重建完成于 1700 年。

名气最大的木廊桥是瑞士卢塞恩的教堂桥(Kapellbrücke),如图 10-14 所示。该桥建于 1333 年,长 204m,是欧洲现存最古老的木桥,也是瑞士的著名旅游景点。1993 年,教堂桥的大部分在火灾中烧毁,灾后重建。

威尼斯的里亚托(Rialto)石拱廊桥,其前身也是一座木梁廊桥,如图 10-15 所示。1255 年,这里开始建造木桥。从意大利画家卡巴乔(1465—1525 年)在 1494 年创作的绘画作品中

图 10-14　卢塞恩教堂桥

可见,为满足通航,让桥面在中间抬高并设置一跨可开启的吊桥。自 15 世纪初起,桥上两侧开始设店。从 14 世纪初到 16 世纪初,木桥几次被毁坏,于是在 1591 年改建成一座单孔石拱桥(拱跨 28.8m,矢高 6.4m,桥宽 22.9m),桥上再建两条分离的廊屋(店铺),成为威尼斯的著名景点。

顺便提及,威尼斯的另一个著名桥景,就是叹息桥(Bridge of Sighs)。该桥建于 1600 年,是一条连接两座建筑的石拱封闭廊道。后来世界上其他国家(英国,德国,美国等)建造的叹息桥,取名均与此相关。

a)卡巴乔的绘画作品(局部)(1494年)

b)里亚托桥(1591年后)

图10-15 威尼斯里亚托桥

参考文献

[1] 刘庆柱.秦阿房宫遗址考古及其对历史研究的启示[EB/OL].http://www.kaogu.cn/cn/kaogurenwu/renwuzhuanfang/2013/1026/41304.html 2018-02-03.

[2] 卢引科,曹桂梅,唐飞.成都考古发现[M].北京:科学出版社,2010.

[3] 刘敦桢.刘敦桢全集(第四卷)[M].北京:中国建筑工业出版社,2007.

[4] 唐寰澄.中国科学技术史——桥梁卷[M].北京:科学出版社,1999.

[5] D. Bennett. "The history and aesthetic development of bridges". in G. Parke and N. Hewson (Ed):Manual of Bridge Engineering[M]. Thomas Telford,2008.

[6] John Schofield. London,1100-1600:The Archaeology of the Capital City[M]. Equinox Publishing,2011.

图片来源

图10-1 河姆渡干栏式建筑遗址及房屋构造示意,来源于:https://zh.wikipedia.org/wiki/河姆渡遗址(a);http://tech.hexun.com/2016-04-09/183205582.html(b).

图10-2 战国早期的宴乐画像杯及画像,来源于:http://blog.sina.com.cn/s/blog_55a5d65101016ib2.html;http://travel.cnr.cn/list/20160331/t20160331_521751644.shtml.

图10-3 成都金沙遗址西汉廊桥遗骸,来源于:文献[2].

图10-4 东汉七层连阁式陶仓楼,来源于:https://archive.archaeology.org/1101/departments/artifact.html.

图10-5 南宋绘画作品中的廊桥,来源于:http://www.people.com.cn/GB/198221/198819/198860/12713248.html(a);
http://www.pwq4129.com/shufa/aritcle522.html(b).

图10-6 河北井陉县苍岩山景区的大小桥楼殿,来源于:http://travel.sina.com.cn/china/

2014-07-18/1410269951_2.shtml(a);

http://www.yododo.com/photo/0137992AAA2126CBFF8080813794C10E(b).

图10-7　从北宋"虹桥"到明清木拱廊桥,来源于:文献[4].

图10-8　浙江庆元如龙桥,来源于:http://qynews.zjol.com.cn/qynews/system/2011/12/12/014559207.shtml.

图10-9　广西三江程阳桥,来源于:https://wallscover.com/chengyang-bridge.html.

图10-10　伦敦老桥,来源于:文献[6].

图10-11　佛罗伦萨老桥,来源于:https://blog.eurail.com/unesco-sites-tuscany-italy/.

图10-12　爱尔福特克雷默桥,来源于:http://www.mngoodage.com/tag/germany/.

图10-13　巴黎兑换桥,来源于:http://www.unav.es/ha/008-TIPO/paris-seine.htm.

图10-14　卢塞恩教堂桥,来源于:https://en.wikipedia.org/wiki/Kapellbrücke.

图10-15　威尼斯里亚托桥,来源于:https://commons.wikimedia.org/wiki/Category:Miracle_of_the_Holy_Cross_at_Rialto(a);https://venicewiki.org/wiki/Rialto Bridge(b).

第11篇

千年风雨话廊桥（下）

在第10篇中，简要介绍了中国古代廊桥的起源与发展，以及中世纪欧洲的石拱屋桥和木廊桥。本篇接着介绍19世纪北美的木梁廊桥，以及当代廊桥的分类及实例。

19世纪北美的木梁廊桥

在北美，木材资源十分丰富，这为北美早期的公路木桥建造提供了条件（参见第34篇），也为后来的一些铁路桥建设（美国和加拿大的第一条铁路分别于1830年和1836年开通）提供了条件。从一开始，公路木桥就多采用廊桥形式，早期的铁路桥常采用木排架及桁架。

在19世纪，美国盛行建造各式木廊桥，最多时全国的木桥总数达到1.2万～1.4万座，今天剩下不足900座[1]。在1900年，加拿大魁北克的木廊桥大约有1000座，到20世纪90年代只剩下98座[2]。今天，这些木廊桥已成为北美乡村公路上充满历史情怀的传统建筑，得到了较好的保护。

自古至今，无论中外，建造木廊桥的基本出发点都相同，即保护桥的木结构并延长其使用寿命，也为过往行人提供遮风避雨之处。自然，北美的木廊桥也是如此。有文献指出，木廊桥的预期寿命比无廊保护者至少长3倍[3]。

大体说来，与中国传统木廊桥相比，北美木廊桥的建筑外观更为朴实无华，结构形式和功能上也有较大区别。主要表现在：

第一，北美的木廊桥采用各式桁架结构。在桁架周边加装的面板和倾斜盖板，可使"廊"与"桥"连为一体，这对提升桁架结构的跨越能力和承载能力起到一定作用。

图11-1所示为美国的Cornish-Windsor木廊桥，位于新罕布什尔州与佛蒙特州之间的康涅狄格河上。这桥始建于1866年，几经修复，1988年重建。结构为格构式桁架，最大跨度62.2m，桥宽7.3m，桥长137m，可通行载重10t的车。这桥是美国现存跨度最大的木廊桥，被列入美国国家史迹名录。

第二，从桥宽及构造可知，北美的木廊桥基本上以走车为主，行人为辅。不仅走马车、汽车，还曾用于火车。这得益于桁架结构的承载能力。

图11-2所示为印第安纳州的Ramp Creek桥，始建于1838年，桥长约34m，单跨，双车道。为避免废弃的命运，20世纪30年代把桥从原位移到一个公园内。

美国的铁路木廊桥始于19世纪中期，记载的第一座铁路木廊桥是新罕布什尔州的Contoocook桥，跨度约20m，始建于1849年。图11-3所示是美国新罕布什尔州的另外两座铁路木廊桥。图11-3a）所示的是本宁顿（Bennington）桥建于1877年，1965遭火灾损毁。图11-3b）所示的是克拉克（Clark）桥，始建于1904年，跨度32.6m，净空6.25m，20世纪60年代，该桥从其他废弃的铁路线上搬移到现在的桥位，仍用于小型蒸汽机车观光旅游。

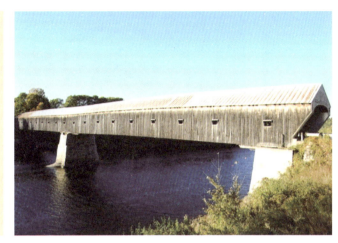

图11-1 美国 Cornish-Windsor 木廊桥

a) 桥梁外观　　　　　　　　　　　　　　　　b) 桁架构造

图11-2 美国 Ramp Creek 木廊桥

第三，木廊桥的建设，为后来钢铁桁架铁路桥的发展，起到了明显的促进作用(参见第1篇)。

目前规模最大的木廊桥是加拿大的哈特兰(Hartland)廊桥，如图11-4 所示。该桥位于新不伦瑞克省，始建于1901年，1920年重修时改成廊桥，可通车(单车道，限载10t)和行人(设独立的单侧通道，北美的不少木廊桥如此处理)。桥全长391m，6墩7跨，最大跨度约53m，是世界上现存最长的廊桥。1980年被列入加拿大历史文物。

a)本宁顿桥

b)克拉克桥

图 11-3 美国的铁路木廊桥

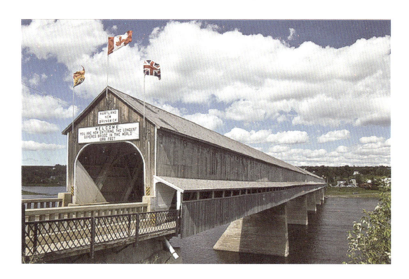

图 11-4 加拿大哈特兰木廊桥

千姿百态的当代廊桥

历史发展到 21 世纪。今天我们见到的廊桥,仍保留了传统廊桥的行人通行、交流、休憩、游玩等功能,但在建筑形式、建筑材料、建筑选址等方面,已与过去大相径庭。今天的廊桥,尽管规模有限,但却千姿百态,五彩纷呈,成为城市环境与交通中的亮彩之处。

当代廊桥还可细分为跨河廊桥、跨线廊桥、空中廊道和建筑连廊四类。各类的特点有所不同,分述并举例如下。

1. 跨河廊桥

这类廊桥跨越河流,需考虑水文、地质、通航等对桥梁的影响。因桥位周边相对空旷,建筑造型的空间较大。试举几例。

加拿大卡尔加里的和平桥(图11-5),跨度126m,桥宽6.2m,是2012年建成的一座人行及自行车桥。该桥为一座半封闭廊桥,造型独特,色彩夺目,是螺旋形桥(Helical bridge)的一个典型代表。

"螺旋形桥"是一个形象的称谓,实际上就是指造型变异的一类桁架梁。这类桁架梁的弦杆由布置在上、下缘的顺直构件组成,腹板则由若干根杆件(钢管或型钢)沿桥纵向呈螺旋状布置。这一类人行桥始于21世纪初,目前至少已建成8座。

另一座"和平桥"位于格鲁吉亚首都第比利斯(图11-6)。这桥采用钢管和玻璃(白天遮阳挡雨,晚上发光照明)构成一个弓状的双曲面天棚,下吊人行步道。桥长150m,跨度约73m,2010年建成。

图11-5　卡尔加里和平桥　　　　　　　图11-6　第比利斯和平桥

西班牙马德里的阿尔甘苏埃拉(Arganzuela)桥(图11-7),也是一座螺旋形半封闭人行廊桥。全桥分为独立的两座,其中跨河桥的桥长150m,跨度117m。顺桥方向观看到的建筑造型,表现出较强烈的科技感和韵律美。

中国上海青浦人行桥(图11-8),建筑创意来源于苏州园林里曲折起伏的小桥。主体结构为一有折角的非对称空间钢桁架,并根据结构受力情况来确定桁架杆件的布置方式。桁架上布置木质屋顶和桥面,河面宽约50m,2008年建成。

莫斯科的巴格拉季昂(Bagration)桥是一座功能齐全的廊桥,1997年建成,如图11-9所示。该桥在莫斯科国际商业中心附近跨越莫斯科河,采用钢桁架结构(横向呈三角形),桥长214m,宽16m,主跨147m。廊桥划分为互通的上下两层,下层封闭,上层半封闭,桥上设有商店、休闲场所、观景平台、自动步道等。

图11-7 马德里阿尔甘苏埃拉桥

图11-8 上海青浦人行桥

图11-9 莫斯科巴格拉季昂桥

顺便提及，在对桥梁造型及景观不作要求时，在合适的桥位处，也不妨采用废旧的集装箱或火车车厢做成简易的跨河廊桥，这样既节约，又环保，架设拆除废弃也算方便。

2. 跨线廊桥

指全封闭或半封闭（只带顶棚）的过街（或跨越公路、铁路的）天桥，是目前应用最为广泛的一类廊桥。这类桥多设在城市中行人较多之处，跨度通常有限，主要目的是为了人车分流、疏导交通。

加拿大多伦多的伊顿中心（Eaton Centre）桥，两端搭建在市中心的两栋商场大楼之间，如图11-10所示。该桥的跨度约37m，结构为在变厚度钢梁之上布置多排变高度、多折角、沿纵向扭转的钢框架，用玻璃和黄铜外包。桥梁造型表现出现代雕塑感，2017年建成。

图11-11所示的是西班牙2006年在洛格罗尼奥（Logroño）建成的一座跨线人行桥。该桥跨越一条城市环线，立面上采用变高度的格构式桁架，跨度61m，如图11-11a)所示；在横截面上，曲形腹杆呈尖拱状，隐喻传统尖拱的延续，桁架外敷玻璃，以遮挡风雨和阻隔车辆噪声，如图11-11b)所示。

卢森堡的阿尔泽特河畔埃施（Esch-sur-Alzette）桥，是一座跨越8条铁路线的人行廊桥，桥长110m，桥宽5～7m，跨度约95m，2009年建成，如图11-12所示。该桥的最大特点，是在一端设置电梯和楼梯以克服桥两端的地面高差，全桥结构（包括桥面、顶棚及其之间的连接构件）

均采用曲面薄钢板制成。

图 11-10　多伦多伊顿中心跨线桥

a) 桥全景

b) 横向构造

图 11-11　西班牙 La Cava 跨线人行桥

中国深圳 2011 建成的深圳春花天桥，是在一个十字路口设置的环形半封闭廊桥。环的内缘呈圆形，直径约 70m，外缘布置 6 个突出的弧形，鸟瞰时呈花瓣状，如图 11-13 所示。在环形钢梁之上，通过外缘的网状钢结构和内缘的立柱，支撑起钢制顶棚。

法国巴黎北郊的维尔塔纳斯（Villetaneuse）人行桥，是一座采用仿生造型的半封闭跨线廊桥，如图 11-14 所示。结构采用结合梁，横向两侧连接长短不一的弧形钢构件，在梁顶面及钢构件外侧贴上木板，形成如同一片卷曲长叶的建筑造型。桥长 156m，桥宽 8m，跨度约 65m，2012 年建成。

另外,在建筑密集的大都市,借助建筑把多座过街天桥互相连通,为行人提供一种不受天气影响的、可长距离穿行的交通方式。

图11-12　阿尔泽特河畔埃施跨线桥

图11-13　深圳春花天桥

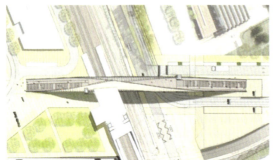

图11-14　巴黎维尔塔纳斯桥

在北美的一些城市,已有规模较大的人行通道系统(Skyway System)[4]。图11-15中的红线表示美国明尼阿波利斯市中心的人行通道系统。该系统长18km,包含近百座跨线廊桥,连接了80个街区。另一个例子是加拿大卡尔加里的"+15"(意即高出地面至少15英尺)人行通道系统,长达18km,包含60余座跨线廊桥。

3. 空中廊道

指搭设在高层建筑之间的、离地面较高处的廊道。这样的廊道,支撑在建筑物上,造型简洁朴素,多为全封闭(免受天气影响),是高层建筑群的共享设施,主要目的是为了方便建筑群内的人员流动。

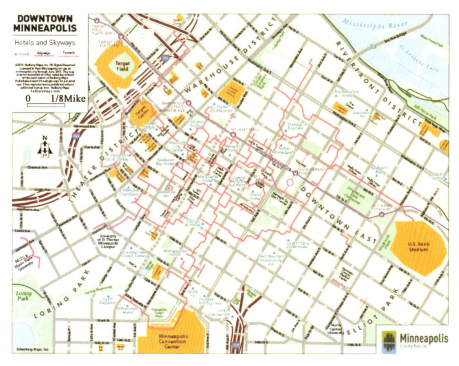

图 11-15　明尼阿波利斯市中心的人行通道系统

马来西亚吉隆坡的双子星塔,建成于 1996 年。在其第 41 和 42 层处,建有一条长 58.4m、距地面 170m 高的廊道,如图 11-16 所示。

图 11-16　吉隆坡双子星塔的空中廊道

在伦敦皇家歌剧院与皇家芭蕾舞学院两栋楼的顶部之间,2002 年建成一座精巧别致的空中廊道,称为"渴望之桥"(图 11-17)。承重结构为一变截面铝材箱梁,支撑多个尺寸相同、但沿纵向扭转布置的方形框架,框架之间安设玻璃。

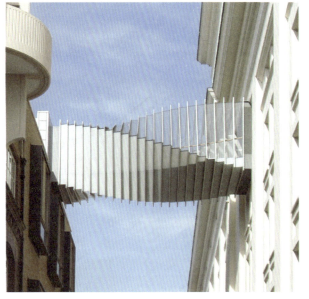

图 11-17　伦敦"渴望之桥"

高层建筑群之间的人行通道,就如同架在空中的"街道",正在成为一种时尚的建筑理念[5]。从图 11-17、图 11-18 可以清晰看出,空中廊道的主要作用,不在于避开繁忙的地面交通,而在于建立建筑群之间的人行通道。

a) 新加坡启奥城街景　　　　　　　　b) 北京当代万国城

图 11-18　建筑之间的空中廊道

4. 建筑连廊

指在楼群的顶部或高处建造的连廊式建筑。这是近年来建筑领域的新尝试,其主要目的是为了创造出更为独特的建筑外观,开辟出更大的公共建筑空间,提供使用者非凡的视觉感受和环境体验,连廊的通行功能则相对次要。

2010年开始营业的新加坡滨海湾金沙酒店(图11-19),其三座塔楼的顶部,由长约340m的船形连廊组合在一起。连廊处设有空中花园、游泳池、餐厅、观景台等。

2017年投入使用的深圳腾讯滨海大厦(图11-20),在其3~5层、22~25层和35~37层之间,设置三道建筑连廊,把南北两座大厦连为一体。连廊内配置的共享设施,包括餐厅、健身场馆、会议室、多功能厅等。

图11-19 新加坡滨海湾金沙

图11-20 深圳腾讯滨海大厦

重庆来福士广场(在建,图11-21),在其4栋250m高的塔楼顶部,设置了长300m,宽30m,高约22.5m的建筑连廊。连廊内布置观景台、空中俱乐部和餐饮区等。

图11-21 重庆来福士广场

几 点 感 想

(1)古代中国人在世界上首创廊桥,值得骄傲。

(2)在桥梁领域,最能体现出"以人为本"精神的桥式,就是廊桥。今天的桥梁设计(不管是不是廊桥),值得为此投入更多精力。

(3)绝大部分的人行廊桥,应以满足舒适的通行为主。在环境条件适宜处,可适当拓展其他功能。

(4) 中国大城市人口众多,人车混行造成相当严重的交通拥挤。在解决人口流动密集区的交通方面,北美城市的"人行通道系统"值得借鉴。

(5) 从文中介绍的若干当代廊桥实例,可以看出,好的创新理念以及结构工程师与建筑师的密切合作,是做出优美廊桥的基础。

参考文献

[1] Phillip Pierce et al. Covered Bridge Manual[R]. FWHA, 2005.
[2] Covered bridge. at:https://en.wikipedia.org/wiki/Covered_bridge.
[3] Brent Phares et al. Covered Bridge Security Manual[R]. USDA, 2013.
[4] Bashar Kayali et al. Sky bridges-pedestrian circulation through the urban fabric. CTBUH 2014 Shanghai Conference.
[5] Richard Balling. A car-free, polycentric city, with multi-level skybridges and inter-building atria. CTBUH Journal, Issue III, 2016.

图片来源

图 11-1　美国 Cornish-Windsor 木廊桥,来源于:https://www.tripadvisor.cn/Attraction_Review-g60953-d105451-Reviews-Cornish_Windsor_Bridge-Cornish_New_Hampshire.html(a);http://s tbackgrounds.blogspot.hk/2011/09/the-world-most-incredible-bridges.html(b).

图 11-2　美国 Ramp Creek 木廊桥,来源于:https://bridgehunter.com/in/brown/ramp-creek/.

图 11-3　美国的铁路木廊桥,来源于:http://transpressnz.blogspot.hk/2012/02/bennington-railroad-bridge-new.html(a);https://de.wikipedia.org/wiki/White_Mountain_Central_Railroad(b).

图 11-4　加拿大哈特兰木廊桥,来源于:http://www.canada-photos.com/picture/longest-covered-bridge-hartland-new-brunswick-2278.htm.

图 11-5　卡尔加里和平桥,来源于:http://luckycalgary.com/node/9324.

图 11-6　第比利斯和平桥,来源于:https://en.wikipedia.org/wiki/Bridge_of_Peace.

图 11-7　马德里阿尔甘苏埃拉桥,来源于:https://es.wikiarquitectura.com/edificio/pasarela-arganzuela/.

图 11-8　上海青浦人行桥,来源于:http://qynews.zjol.com.cn/qynews/system/2011/12/12/014559207.shtml.

图 11-9　莫斯科巴格拉季昂桥,来源于:https://www.moscowmap.ru/dostoprimechatelnosti-moskvy/most-bagration.html.

图 11-10　多伦多伊顿中心跨线桥,来源于:http://urbantoronto.ca/news/2017/11/new-pedestrian-bridge-opens-cadillac-fairviews-eaton-centre.

图 11-11　西班牙 La Cava 人行桥，来源于：http：//www.arenasing.com/en/projects/footbridges/la-cava-pedestrian-bridge.

图 11-12　阿尔泽特河畔埃施跨线桥，来源于：https：//www.scia.net/en/company/references/projects/footbridge-esch-sur-alzette-luxemburg.

图 11-13　深圳春花天桥，来源于：https：//baike.baidu.com/item/深圳春花天桥/1416522.

图 11-14　巴黎维尔塔纳斯桥，来源于：https：//www.archdaily.com/308723/footbridge-over-the-railways-dvvd-architectes-designers.

图 11-15　明尼阿波利斯市中心的人行通道系统，来源于：http：//usamaps.bid/mpls-skyway-map/27/skyway-map-minneapolis-my-blog.html.

图 11-16　吉隆坡双子星塔的空中廊道，来源于：http：//pcparch.com/project/petronas-towers/detail.

图 11-17　伦敦"渴望之桥"，来源于：http：//www.archello.com/en/project/royal-ballet-school-bridge-aspiration.

图 11-18　建筑之间的空中廊道，来源于：http：//mapio.net/pic/p-31793275/（a）；https：//www.ft.com/content/8f2bab62-2b32-11e7-bc4b-5528796fe35c（b）.

图 11-19　新加坡滨海湾金沙，来源于：http：//blog.sina.com.cn/s/blog_643f173b0100uw74.html.

图 11-20　深圳腾讯滨海大厦，来源于：http：//news.hexun.com/2017-11-28/191792124.html.

图 11-21　重庆来福士广场，来源于：https：//uat-arup.wearethink.com/zh-cn/projects/raffles-city-chongqing.

第 12 篇

悬臂梁桥的百年兴衰

采用钢或混凝土建造的悬臂梁桥,在现代桥梁工程中占有重要的一席之地。百年前,采用这种桥式的钢桁架梁桥曾经辉煌一时;在预应力混凝土梁桥向大跨度方向的发展历程中,悬臂梁桥也起到过重要的作用。今天,由于种种原因,这一桥式已很少修建了。本篇介绍它是如何起源和发展的。

中国古代的伸臂木梁桥

在古代中国,造桥以木居多,常用的就是将木头(圆木或方木)架在石墩或木墩上,形成木梁桥。不过,若想用较短的木头搭建起一座跨度较大的桥,那就得花费一点心思了。为此,中国古代先民在长期的生产实践中创造出了形式多样的木桥,其中就包括独创的伸臂木梁桥。

中国的伸臂木梁桥,主要分布在甘肃、西藏、云南、四川等地,可能最早出现在西北地区。相传在公元263年,曹魏大将军邓艾与其子邓忠率部从临洮南下攻蜀,在花石峡口(甘肃陇南宕昌县官亭镇)修造了一座伸臂木梁桥。因该桥为邓艾父子所造,故名邓邓桥。在清光绪十一年(1885年),将该桥进行过最后一次修葺,后改建为钢筋混凝土梁桥。图12-1所示为今天在原桥位附近的仿制者,桥跨23m。

关于伸臂木梁桥的确切文字记载,出现在南朝宋(公元420—479年)新亭侯段国撰写的《沙洲记》中,其说"吐谷浑于河上作桥,谓之河厉。长百五十步,两岸累石作基陛,节节相次,大木纵横,更相镇压,两边俱平,相去三丈,并大材,以板横次之,施勾栏,甚严饰。"普遍认同的说法是:这桥修建于南北朝初期,在今青海循化撒拉族自治县古什群口处跨越黄河。

结合图12-1来理解《沙洲记》中对"河厉"的描述,可以看出伸臂木梁桥的构造特点是:按由短到长、由下至上的次序,将木头沿桥纵向水平摆放(或向上斜置),层层向河心挑出,形成伸臂叠梁;伸臂的岸侧端,需采用不同方式(如压重)固定于岩体或台座;两伸臂的河侧端之间,再搭建长木相连。这样的构造,除了材料不同之外,与后来带挂孔的悬臂梁桥相差无几。

历史上名气很大的几座伸臂木梁桥,都在甘肃,如阴平古道上的文县阴平桥、兰州握桥、渭源灞陵桥等。阴平桥位于文县玉垒乡冉家村关头坝,桥一端是素有"陇蜀咽喉"之称的玉垒关。该桥的始建年代可能早于邓邓桥,清代重修时仍为单孔伸臂木梁形式。20世纪70年代,随着碧口水库的修建,当年的古桥、雄关和栈道遗址统统没入了水底。1988年,在此处建成关头坝大桥(跨径180m的双链式钢桁梁悬索桥)。

兰州握桥(图12-2),相传始建于唐代,仿吐谷浑的"河厉"而建,跨度约22.5m。明永乐年间及清代多次重建。该桥在1952年拆除,现兰州水车博览园内有仿建者。渭源灞陵桥

(图12-3)始建于明洪武初年,1919年仿兰州握桥再建,1934年重建,跨度约29.5m。历史上不少名人(左宗棠、蒋介石等)曾为此留下墨宝,现为全国重点文物保护单位。握桥和灞陵桥易被误以为是木拱桥,大概是因为其伸臂为斜置(好似木制的叠涩拱)且在桥外侧设置了拱状的挡板所致。

图12-1　仿制的邓邓桥　　　　　　　图12-2　兰州握桥(张佐周摄于1934年)

除西北地区以外,在西南藏区(包括四川的阿坝、甘孜等地),现也还保存有不少伸臂木梁桥。这些"藏式"伸臂木梁桥与西北地区者的最大不同是,不设置廊道[1]。最为有名的,是在甘孜藏族自治州新龙县乐安乡境内横跨雅砻江的波日桥,如图12-4所示。该桥建于元末明初,1844年重建,1933年之后多次进行维修,是目前保存年代最久、跨度最大(主跨35.6m)的伸臂木梁桥。波日桥的建造没用一铁一钉,造型粗犷古朴、地域特色浓郁,是全国重点文物保护单位。

图12-3　渭源灞陵桥　　　　　　　　图12-4　新龙县波日桥

随着建桥技术的发展扩散,伸臂木梁桥也从青藏高原走向平原丘陵地区,从单向伸臂发展为双向伸臂。湖南醴陵渌江桥,曾经就是一个典型的多孔伸臂木梁桥。渌江桥始建于南乾道年间(1165—1173年),初为木墩木梁,后改石墩木梁桥,屡毁屡建。从清末留下的照片(图12-5)可见,当时是一座多跨的伸臂木梁桥。到1925年,民间集资改建成一座9墩10孔的石拱桥,长177m,最大跨径16m,康有为题写桥名,为全国重点文物保护单位。

需要提及,在南亚的不丹、尼泊尔、巴基斯坦和印度北部的部分地区,也存在有一些伸臂木梁桥。图 12-6 所示为不丹普纳卡堡(Punakha Dzong)的伸臂木梁廊桥,始建于 17 世纪,2008 年重建。这些国家或地区的伸臂木梁桥发展,应该与我国西藏的伸臂木梁桥存在着密切关联。

图 12-5　醴陵渌江桥(恩斯特·柏石曼摄于 1906—1909 年)　　　　图 12-6　不丹普纳卡堡桥

格柏的贡献及钢桁悬臂梁桥

1866 年,德国工程师海因里希·格柏(Heinrich Gerber)获得一项与铰接梁相关的专利[2]。1867 年,采用这一专利,格柏主持设计了世界上第一座桁架悬臂梁桥,如图 12-7 所示。该桥是一座用熟铁制成的下承式公路桁架桥,分跨 29.9m + 37.9m + 29.9m,挂孔长 23.1m,在德国哈斯富尔特跨越美茵河(Mainbrücke Haßfurt)。

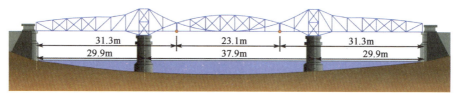

a) 立面布置

b) 成桥照片

图 12-7　哈斯富尔特美茵河桥

很快,这种桥式(称为 Gerber Beam)就获得桥梁工程界青睐并在铁路桥梁建设中推广开来。1877 年美国建成的肯塔基高桥(High Bridge,美国第一座悬臂梁桥,3×114.3m,1911 年改建),1883 年建成的尼亚加拉悬臂桥(Niagara Cantilever,主跨 151m,1925 年弃用)和 1889 年建成的波基普西桥(Poughkeepsie,主跨 5×160m,2009 年改为人行桥)等,均是早期熟铁或钢桁架悬臂梁桥的例子。

1882—1890 年,英国采用该桥式,建成了规模空前的福斯湾铁路桥,如图 12-8 所示。该桥为铆接钢桥,主桥总长 1620m,主跨达 521.3m,主跨内悬臂部分长 207.3m,挂孔 106.7m,支承处的桁架高度达 110m。这桥结构高大,杆件粗壮,刚度和承载能力足够,但外观稍逊。

接下来的百年内,加拿大、美国和日本等国家建造了一批大跨度钢桁悬臂梁桥,包括:加拿大 Quebec 桥(主跨 549m,1919 年建成,架设中曾发生过两次惨烈事故,为钢梁桥跨度纪录保持者)、日本 Minato 桥(主跨 510m,1973 年,1991 年开通下层桥面)、美国 Commodore Barry 桥(主跨 501.1m,1974 年)和 Greater New Orleans 桥(主跨 480.4m,1958 年;1988 年在附近再建一座,跨度 486.2m)、印度的 Howrah 桥(主跨 457.5m,1943 年)、美国 Gramercy 桥(主跨 445m,1995 年)和 Pulaski 桥(主跨 381.2m,1932 年)等。

我国建造的钢桁悬臂梁桥极少,济南泺口黄河铁路桥[3]是一个特例,如图 12-9 所示。这桥位于原津浦铁路(现京沪铁路的一部分)上,在济南市区北部跨越黄河。大桥由德国人负责设计施工,1912 年建成。全桥长 1255.2m,共 12 孔,其中第 9~11 孔采用三跨一联的钢桁悬臂梁结构,分跨 128.1m+164.7m+128.1m,中跨挂孔 109.8m,是当时中国跨度最大的钢桥。这桥命运多舛,先后经历过北伐战争、抗日战争和解放战争的战火洗礼,四毁四修。1991 年全桥封闭,2000 年经修复加固后又恢复通车使用至今,现为全国重点文物保护单位。

图 12-8　英国福思湾铁路桥

图 12-9　济南泺口黄河铁路桥

预应力混凝土悬臂梁桥

从 20 世纪 50 年代起,随着预应力和悬臂施工技术的进步,大跨度预应力混凝土悬臂梁桥开始得到发展。这类桥大多是 T 形刚构桥,"T 形"是指施工时梁部从各墩顶对称悬臂伸出,形同英文字母 T;"刚构"则指墩梁固结,以增加施工阶段结构的稳定性。各 T 构之间,设置剪力铰或挂孔。当然,带铰或挂孔的多跨预应力混凝土梁桥,也可划归于此类。

1. T 构桥的第一种构造形式

T 构桥的第一种构造形式是让相邻两 T 构在跨中合龙处(边跨则在 T 构端部)设置剪力铰,这样主梁的弯矩值同号而便于配筋,但活载会导致铰处产生转角,对行车不利。1953 年建成的德国沃尔姆斯的尼伯龙根桥(Niebelungen,分跨 101m + 114.2m + 101m),1965 年建成的荷兰泽兰大桥(Zeeland,桥长 5022m,含 50 孔 95m 长的梁跨),其在各跨中间均设铰,如图 12-10 所示。

图 12-10　荷兰泽兰大桥

对边跨较短、中跨较长的桥,可只在中跨中央设铰,而在其余各跨不设铰,形成整体刚度较大的单铰连续 T 构桥。典型的桥例有:1965 年德国建成的本多夫桥(Bendorf,分跨 43.0m + 44.4m + 70.5m + 208.0m + 70.5m + 44.4m + 43.0m)、1976 年日本建成的滨名大桥(Hamana,主桥分跨 55m + 140m + 240m + 140m + 55m)等。我国成昆铁路上的旧庄河 1 号桥(1966 年,分跨 24m + 48m + 24m,悬臂拼装施工)和孙水河 5 号桥(1970 年,分跨 32.3m + 64.6m + 32.3m,悬臂浇筑施工),尽管没有采用 T 构形式,但均是在主跨中央设铰的预应力混凝土悬臂梁桥[4],如图 12-11 所示(两桥后来均进行过加固,其中孙水河 5 号桥在主跨跨中增加了支墩)。

a) 旧庄河 1 号桥　　　　　　　　　b) 孙水河 5 号桥

图 12-11　成昆铁路上的预应力混凝土悬臂梁桥

对于多跨长桥,可将若干跨按一联连续布置,再将各联之间的伸缩缝,设置在某一跨内的反弯点附近,以铰相连,这样可使梁的活载挠度及转折角小于在跨中设铰者。1966 年建成的法国奥莱龙(Oléron)桥,由 46 跨预应力混凝土梁组成,对其中的 26 × 79m 部分,每 4 孔组合为一联,在反弯点处设铰,如图 12-12 所示。

2. T 构桥的第二种构造形式

T 构桥的第二种构造形式就是在跨中布置挂孔（或挂梁）来代替铰。这类 T 构桥可避免铰的复杂构造和受力问题，但在徐变作用下主梁悬臂端下挠和桥面不平顺依然存在。澳大利亚布里斯班库克船长（Captain Cook）桥，1972 年建成，分跨 73.2m + 109.2m + 146.3m + 182.9m + 42.7m，其第 2、4 跨内各设有 25m 的挂孔。我国较早修建的大跨预应力混凝土梁桥，多采用这种形式，如柳州柳江大桥（1968 年建成，主跨 124m，挂孔 25m，图 12-13）、福建乌龙江大桥（1971 年，主跨 144m，挂孔 33m）、重庆长江公路桥（1980 年，主跨 174m，挂孔 35m）、泸州长江大桥（现名泸州长江四桥，1982 年，主跨 170m，挂孔 40m）等。

图 12-12　法国奥莱龙桥　　　　　　　图 12-13　柳州柳江大桥

也曾建造过带挂孔的预应力混凝土悬臂桁架梁桥（注意，不是桁架拱桥）。俄罗斯的萨拉托夫桥（Saratov，1965 年，主桥分跨 106m + 3 × 166m + 106m，挂孔长 46m，图 12-14）、澳大利亚的里普桥（Rip，1974 年，73.6m + 182.9m + 73.6m，挂孔长 37m）和中国湖北的黄陵矶桥（1979 年，主桥分跨 53m + 90m + 53m，挂孔长 16m）等，是少有的几个桥例。

图 12-14　俄罗斯萨拉托夫桥

悬臂梁桥的未来

不论是钢桁悬臂梁桥还是预应力混凝土悬臂梁桥，其在桥梁工程的发展历程中均占据着重要的历史地位。但是,因铰或挂孔会导致结构变形较大且桥面不平顺,也因桥梁结构计算分析能力的提升,自 20 世纪 80 年代起,就几乎不再建悬臂梁桥了。既有的悬臂梁桥,尤其是预应力混凝土悬臂梁桥,有相当一部分进行过加固改造。取而代之的,是钢和混凝土的连续结构,如钢桁或钢箱连续梁、预应力混凝土连续梁和连续刚构等。

在近年来的桥梁建设中,还可偶见悬臂梁桥和 T 构的身影。2002 年,法国在留尼汪岛上建造了 Bras de la Plaine 桥,其为一座跨度 280.77m 的悬臂梁公路桥,如图 12-15 所示。该桥为组合结构,顶板为预应力混凝土(板底布置体外筋),底板为钢筋混凝土并在跨中断开,其间布置钢管斜腹杆。这座单跨组合式桁架桥,因其创新构造形成的优雅轻盈的结构造型,获得国际桥协 2003 年度卓越结构奖[5]。

图 12-15 法国 Bras de la Plaine 桥

还有用单 T 构(没有铰或挂孔)构成的预应力混凝土梁桥,其脱胎于传统的 T 形刚构悬臂梁桥,但严格地讲已不是悬臂梁了。对山区坡度较大、谷宽有限、无水或少水的沟谷,采用单 T 构,可在沟心设墩,一墩两跨。这既可避免在斜坡上布置桥墩,又可起到保护环境的作用,还可减少边坡防护,降低地质灾害风险。日本大井川铁道(建于 20 世纪 30 年代)线上,有一座这样的桥梁(具体构造信息不详)。我国雅泸高速上的唐家湾大桥(主跨 2×114m)和宜万铁路上的马水河大桥(主跨2×116m)等,均采用这种桥式,如图12-16所示。

图12-16 单T构混凝土梁桥

a)马水河大桥　　　　　　　　　　　b)唐家湾大桥

悬臂梁桥的未来如何?对这个问题,就留给读者自行判断吧。

参考文献

[1] 彭毛卓玛,刘铁程.藏式伸臂桥考[J].青海社会科学,2013(2):148-150.
[2] Leonardo F. Troyano. Bridge Engineering-A Global Perspective [M]. Thomas Telford Ltd, 2003.
[3] 《中国铁路桥梁史》编委会.中国铁路桥梁史[M].北京:中国铁道出版社,2009.
[4] 成昆铁路技术总结委员会.成昆铁路(第四册)桥梁[M].北京:人民铁道出版社,1980.
[5] IABSE. Bras de la Plaine Bridge, Reunion Island. in:http://www.iabse.org/IABSE/association/Award_files/Outstanding_Structure_Award/Bras_de_la_Plaine_Bridge_Reunion_Island.aspx.

图片来源

图12-1　仿制的邓邓桥,来源于:http://you.ctrip.com/travels/reergai3165/2560441.html.

图12-2　兰州握桥,来源于:http://blog.sina.com.cn/s/blog_560a17e20102e46s.html.

图12-3　渭源灞陵桥,来源于:Ronald G. Knapp, et al. Chinese Bridges:Living Architecture from China's Past. Tuttle Publishing, 2013.

图12-4　新龙县波日桥,来源于:http://waishu.blog.163.com/blog/static/11653516201202502118 76?suggestedreading.

图12-5　醴陵渌江桥,来源于:https://www.icswb.com/h/160/20150131/1254.html.

图12-6　不丹普纳卡堡桥,来源于:http://lvyou168.cn/bhutan/punakha.html.

图12-7 哈斯富尔特美茵河桥,来源于:https://structurae.net/structures/mainbrucke-hassfurt-1867(a);http://historicbridges.org/bridges/browser/?bridgebrowser=britishcolumbia/niagaracanyon/(b).

图12-8 英国福思湾铁路桥,来源于:http://bridgeworld.net/asce-2011-bridges-calendar/.

图12-9 济南泺口黄河铁路桥,来源于:http://yx.iqilu.com/2017/0221/3401834.shtml#3.

图12-10 荷兰泽兰大桥,来源于:https://hiveminer.com/Tags/kats,oosterschelde.

图12-11 成昆铁路上的预应力混凝土悬臂梁桥,来源于:http://wenda.chinabaike.com/z/shenghuo/20131021/510279.html(a);https://www.meipian.cn/ebbam6?from=appview(b).

图12-12 法国奥莱龙桥,来源于:https://fr.vikidia.org/wiki/Pont_de_l'île_d'Oléron.

图12-13 柳州柳江大桥,来源于:作者供图.

图12-14 俄罗斯萨拉托夫桥,来源于:http://www.volgadream.com/about/ma-saratov/.

图12-15 法国Bras de la Plaine桥,来源于:http://www.highestbridges.com/wiki/index.php?title=Bras_de_la_Plaine_Bridge;https://commons.wikimedia.org/wiki/File:Pont_du_Bras_de_la_Plaine_-_Précontrainte_extérieure_-11.jpg;https://commons.wikimedia.org/wiki/File:Pont_du_Bras_de_la_Plaine_-_Clé_de_la_travée_−5.jpg.

图12-16 单T构混凝土梁桥,来源于:http://www.gov.cn/jrzg/2009-06/25/content_1350131.htm(a);庄卫林供图(b).

第13篇

何谓 viaduct?

估计有些读者一看到本篇的题目,心里就会想:viaduct 不就是高架桥嘛!这有什么好讨论的?可是,我们在阅读英文文献时,会发现有些桥被称为 bridge,而有些桥却被称为 viaduct,这是什么原因呢?

viaduct 词的来源

一般认为,viaduct 的词意源自于拉丁文 via(取道)和 ducere(引导),前一个词还在英文中使用,后一个词根逐步演变成了 duct(输送管,导管)。在古罗马时代,建造了许多专门输水的通道(架在空中,或位于地下),称为 Aqueduct。囿于当时的技术水平,当 Aqueduct 需要架空跨越时,就只能做成跨度不大、孔跨较多的石拱结构;同时,为输水方便,结构需架得较高,也得保持顶部基本平顺。这样的 Aqueduct,就称为水道桥,或高架渠,或渡槽。

今天广泛使用的 viaduct 一词,脱胎于 aqueduct,用来特指具备某些构造特点的桥梁,且词意也有一定扩展。

古罗马时代的 aqueduct

在古罗马帝国疆域内,曾建造过众多的水道,仅为古罗马城供水的水道就有 11 条[1]。最早的 aqueduct,是罗马城的阿皮亚水道(Aqua Appia)[2]。这条水道长 16.4km,建于公元前 312 年,其绝大部分位于地下,现已不存。另一条年代久远的 aqueduct 是玛西亚水道(Aqua Marcia),建成于公元前 140 年,全长 91.3km,其中有 11km 位于地面之上,见图 13-1。从照片中看,玛西亚水道的拱上部分相当厚实,这是因为在公元前 33 年以及在公元 1586 年,在其上增建了其他水道所致。

图 13-1 古罗马玛西亚水道

世人最为熟知的 Aqueduct,应该就是法国南部的加尔(Gard)水道桥了,如图 13-2 所示。该桥建于公元 40—60 年,高 49m,分三层,顶层渡槽 47 个拱,275m 长;中间层 11 个拱,242m 长;底层 6 个拱,142m 长。1740 年,在底层的一侧拓建出一座供马车和行人通行的石拱桥。

另一座世界著名的 aqueduct,是位于西班牙古镇塞戈维亚(Segovia)的古罗马水道桥,如图 13-3 所示。塞戈维亚水道桥全长 728m,高约 28.5m,大部分为双层石拱,共有 167 个拱洞。

该桥共用了两万多块花岗岩巨石,不用任何黏合剂干砌而成。该桥一直到 19 世纪中期才停止使用,至今保存完好[3]。

图 13-2 法国加尔水道桥

图 13-3 西班牙塞戈维亚水道桥

补充一点。aqueduct 的建造技术并不是古罗马人的原创,其继承于伊特鲁里亚(Etruscan)文明。这一文明(约公元前 900 年—公元前 100 年,全盛时期为前 6 世纪)产生的城市建设(包括城市规划、拱券结构、供水及排水系统等)对古罗马建筑的影响很大。也有考古文献记载,在公元前 700 年左右,古代亚述王西拿基立(Sennacherib)曾建过一条 50km 长的水道,其中就有一座跨越河流的水道桥(就是今天所说的运河桥,参见第 5 篇)。最早建造在地下的 Aqueduct,出现在地中海克里特(Crete)岛上的米诺斯文明(Minoan,公元前 2850 年—公元前 1450 年)期间。米诺斯文明源于古埃及和小亚细亚,比古希腊文明大约早一千年。

铁路发展初期的 viaduct

1825 年,铁路在英国诞生。在铁路发展初期,建造了大量的铁路石拱桥。例如,统计资料表明,英国约有 4 万座铁路桥,其中石拱桥就占到一半,且石拱桥的桥龄超过 100 年的占比达到 64%[4]。这些早期建造的铁路石拱桥,在相当程度上体现出古代水道桥小跨、多跨、高架、平顺的构造特点。这样的桥,就称之为 viaduct,并沿用至今。

试举几例。图 13-4 所示为英国的阿辛顿(Arthington)高架桥。这桥建成于 1849 年,桥长 460.2m,由 20 孔半圆拱组成,拱跨 18.2m。图 13-5 所示为法国的西兹-博洛宗(Cize-Bolozon)公铁两用高架桥,建于 1875 年;桥长 273m,共计 11 跨;第二次世界大战后毁坏,1950 年重建。图 13-6 所示为德国的阿尔滕贝肯(Altenbeken)高架桥,建成于 1853 年;桥长 482m,20 孔,拱跨 15.69m。

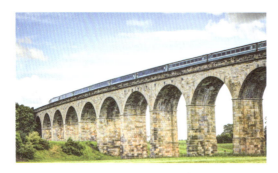

图13-4　英国阿辛顿铁路高架桥

图13-5　法国西兹—博洛宗铁路高架桥

图13-6　德国阿尔滕贝肯铁路高架桥

viaduct 词意的扩展

随着桥梁工程的发展，出现了采用不同材料（不仅仅是石料）、不同桥式（不仅仅是石拱）的铁路桥。但是，只要具备多跨、高架的特点，也还是被称为 viaduct。

图13-7　英国贝内尼铁路高架桥

图13-7所示为英国的贝内尼(Bennerley)铁路高架桥。该桥建成于1877年，墩和梁均采用熟铁制成的格构式桁架（现代桁架桥的早期形式）；桥长443m，16跨，跨长23.3m，桥高约19m。

智利的 Malleco 铁路高架桥，也是一例，如图13-8所示。该桥1890年开通，桥长347.5m，桥面高102m；采用格构式钢桁连续梁，5等跨结构，每跨长69.5m。后来，在边跨增设了支墩，在墩梁结合处增设了桁式支撑。

今天，viaduct 一词主要指那些高架的、多跨的公路或铁路桥，而对桥梁类型、跨度大小则没有什么限制。这样的桥梁，多半是具备"两高一大"（高墩、高桥面、大跨）特征的山区跨谷桥（参见第14篇）。

试举几例。瑞士1969年建成的西墉（Chillon）高架桥，如图13-9所示，该桥两幅并列，桥长2210m，跨度92～104m。德国1978年建成的6号高速公路上的科赫塔尔（Kochertal）高架桥，如图13-10所示，该桥长1128m，最大跨度138m，桥面高度185m。法国2004年建成的米约（Millau）高架桥，如图13-11所示。该桥长2460m，最大跨度342m，桥面高度270m。

图13-8　智利Malleco铁路高架桥

图13-9　瑞士石墉高架桥

图13-10　德国科赫塔尔高架桥

图13-11　法国米约高架桥

另外，随着城市的交通发展，出现了城市高架桥。这样的桥，大都架设在既有道路上方。除了跨越交叉路口或河流的大跨结构外，城市高架桥同样体现出小跨、多跨、高架、平顺的特征。不同的是，其主要目的不是为了跨越障碍，而是为了增加道路的通行能力。因此，也称其为高架路，或简称为高架。

结　语

viaduct来自于aqueduct，早期用于铁路桥梁，今天多用来称呼山区跨谷桥和城市高架。当然，从工程结构的角度看，viaduct和bridge都指桥梁，没有什么差异；但从工程历史的角度看，探讨viaduct的起源和应用，有助于我们从某一角度了解桥梁工程的发展轨迹。

参考文献

[1] Peter J. Aicher. Guide to the Aqueducts of Ancient Rome [M]. Bolchazy-Carducci

　　Publishers,1995.
［2］Wikipedia. Roman aqueduct. in：https：//en. wikipedia. org/wiki/Roman_aqueduct.
［3］Aqueduct of Segovia. in：https：//www. wmf. org/project/aqueduct-segovia.
［4］Jan Bień, Lennart Elfgren, Jan Olofsson(Ed.). Sustainable Bridges-Assessment for Future Traffic Demands and Longer Lives［M］. Dolnośląskie Wydawnictwo Edukacyjne, Wrocław, Poland,2007

图片来源

图 13-1　古罗马玛西亚水道,来源于：https：//alchetron. com/Aqua-Marcia.

图 13-2　法国加尔水道桥,来源于：https：//www. tripsavvy. com/top-roman-cities-and-ancient-sites-1517715.

图 13-3　西班牙塞戈维亚水道桥,来源于：https：//commons. wikimedia. org/wiki/File：Aqueduct_of_Segovia_02. jpg.

图 13-4　英国阿辛顿铁路高架桥,来源于：http：//www. tokkoro. com/1972010-arthington-viaduct. html.

图 13-5　法国西兹—博洛宗铁路高架桥,来源于：https：//fr. wikipedia. org/wiki/Ligne_de_Bourg-en-Bresse_à_Bellegarde.

图 13-6　德国阿尔滕贝肯铁路高架桥,来源于：http：//www. baukunst-nrw. de/en/projects/Railway-viaduct-Altenbeken—426. htm.

图 13-7　英国贝内尼铁路高架桥,来源于：https：//en. wikipedia. org/wiki/Bennerley_Viaduct.

图 13-8　智利 Malleco 铁路高架桥,来源于：http：//highestbridges. com/wiki/index. php？title=Malleco_Viaduct.

图 13-9　瑞士石埔高架桥,来源于：http：//www. sbm-mp. at/en/news/news-press-detail/special-assignment-in-windy-heights. html.

图 13-10　德国科赫塔尔高架桥,来源于：https：//es. wikipedia. org/wiki/Puente_de_Kochertal.

图 13-11　法国米约高架桥,来源于：http：//www. survoldefrance. fr/affichage2. php？&lieu=Viaduc+de+Millau&f=20&img=15543&prev_suiv_link=1.

第14篇 漫谈跨谷桥

按所跨越的对象,桥梁可划分为跨河桥、跨线桥、跨海桥等。桥梁的设计和施工,应充分考虑其所跨越对象的特点。例如,对于跨河桥,就要尽量减少对河流功能的干扰;对跨线桥,就得满足对立交和互通功能的要求;对跨海桥,就需充分考虑复杂海洋环境下桥梁的设计、施工和运营问题。

那些在崇山峻岭之中跨越深沟峡谷的桥梁,就是跨谷桥[1]。它的桥式和构造、设计和施工有什么特点?本篇拟以此为题,谈谈跨谷桥。

什么是谷地?

要谈跨谷桥,先得从"谷地"说起。

我国的基本地貌类型多样,包括山地、高原、丘陵、盆地、平原等。习惯上所说的山区,包括山地、比较崎岖的高原和丘陵,这三者的面积之和占到国土总面积的2/3以上。山地由山岭和山谷(也就是谷地)组成,丘陵则由高地和洼地组成。

从地貌学上说,谷地就是两侧正地形夹峙的狭长的负地形[2]。谷地的形成与流水作用有密切关系,也与地质构造和构造运动有关。谷地分为河谷和沟谷两大类,其共同特点是:地形变化大、水流变化大、地质变化大。

先说说河谷。河谷是指由于经常性流水的长期侵蚀作用而在地表形成的线状延伸的凹地。河流的不同地段,河谷发育及其形态有所不同。在高山地区(河流的上游),河流的坡降大,下蚀作用强烈,往往形成深切谷地。若按照断面形态细分,山区河谷还可再分为隘谷、嶂谷和峡谷。常见者为峡谷,其横剖面呈明显的"V"字形,称为V形谷。例如,2016年建成的沪昆客运专线北盘江大桥,采用一跨445m的拱结构跨越北盘江V形峡谷,如图14-1所示。

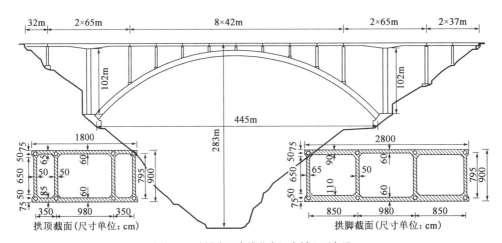

图14-1 沪昆客运专线北盘江大桥立面布置

在低山和丘陵地区(河流的中游),河流侧向侵蚀加强,并形成河曲。河曲的摆动发育出河漫滩和阶地,使河谷加宽,河漫滩扩大,形成了河漫滩河谷或宽谷。河谷的横剖面呈现出谷底较宽、较平坦的 V 形、U 形或槽型,河床宽度只占谷底的一小部分。一个典型的例子是法国的米约(Millau)高架桥,其横跨较宽较深的塔恩(Tarn)河谷,如图 14-2 所示。

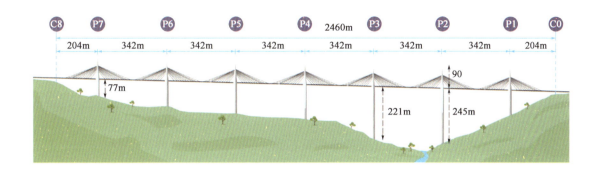

图 14-2　米勒高架桥立面布置

再说说沟谷。沟谷是指由于地表间歇性流水侵蚀所成的槽形凹地。在基岩山地或干旱和半干旱地区(如黄土高原),沟谷的发育速度不同,形态不一。按照沟谷的发育阶段,可以把沟谷分为切沟、坳沟和冲沟。跨谷桥设计中需要考虑的,主要是冲沟。冲沟是指宽、深尺寸较大的沟槽,其深度和宽度与当地气候、地形、岩石、构造和植被等有关,可从数十米到数百米。在横剖面上,冲沟一般呈宽底 V 形或深倒梯形。

一般而言,在冲沟发育的过程中,若沟谷水流得到地下水的不断补给,则间歇性水流就转变为经常性水流,冲沟就逐步演变成河谷。

河流出山进入浅丘和平原地区后,河床变宽,水流减慢,谷地开阔平坦。这类河谷不在本义讨论之列。

跨谷桥的"两高一大"

过去在山区修建公路或铁路,需要采用较大的展线系数来减缓纵坡、克服高程障碍;当时的桥隧施工技术水平较低,为避免大跨桥和长隧道,线路需顺应地形,依山傍水延伸。随着桥梁科技的发展,目前在山区建造(高速)公路或铁路,通常较少采用过去的展线方式来避开高山深谷。于是,遇谷地就架设桥梁,遇高山则开挖隧道,因此,山区线路的桥隧比通常较高。

为满足线路设计要求,且为避免修建过长的隧道,需要合理抬高线路高程。这样,大多数跨谷桥就成为"高桥"。这里的"高",是指桥面至谷底地面或水面的垂直落差,称为"桥面高度"。这是跨谷桥的显著特点之一。

由于线路高程与谷底的垂直距离大,若需在谷地中设立桥墩,则多半是"高墩"。这里的"高",是指从墩顶到墩底(承台顶面)的距离,称为"桥墩高度"。这是跨谷桥的另一个显著特点。

若桥梁的跨度不大,高墩的数量就多,这样就不经济;为减少高墩数量,就必须增加跨度。跨谷桥的主桥,通常采用大跨连续结构,这是跨谷桥的第三个显著特点。

与平原和浅丘地区的桥梁相比,跨谷桥的普遍外观特征是:对采用一跨跨越山区险峻峡谷的桥,桥面高度大;对采用多跨跨越深沟宽谷的桥,桥墩高度大;不论是一跨跨越还是多跨跨越,桥梁跨径普遍较大,从数百米到上千米。简而言之,跨谷桥具有"两高一大"的显著特征[1]。

尽管桥梁主跨的大小一直是体现桥梁技术水平的一个重要指标,但在艰险山区建造具备"两高"特征的跨谷桥,同样是对设计和施工的强力挑战。

跨谷桥的合理桥型

各种桥式均可用于跨谷桥。合理的桥型,须结合具体桥位处的地形地貌、地质、水文、气象等因素加以确定。

对于两岸陡峭的 V 形谷或 U 形谷,因无法在谷中设置高墩,需采用一跨结构作为正桥越过。一般而言,在线路高程处,谷宽(或跨度)大致在 200m 左右者,可选用连续刚构桥、拱桥或斜腿刚架;谷宽(或跨度)大致在 400m 左右者,可选用拱桥或斜拉桥;谷宽(或跨度)大致在 600m 左右者,可选用斜拉桥或悬索桥;谷宽(或跨度)更大者,则多选用悬索桥。

对于较为开阔平坦的宽谷,若桥面位置较高,则比较适于采用高墩大跨的连续结构形式,尽量减少高墩数量。可选用的桥型有多跨连续梁桥,或连续刚构桥,或多塔斜拉桥等。所选桥型的跨度,不仅与桥墩高度有关,也与桥梁用途、结构体系和结构材料有关。从我国的工程实践看,无论是对铁路桥还是公路桥,较多采用连续刚构桥。

另外,进入山区的线路高程通常需逐渐抬高或降低,且桥下净空不受限制,跨谷桥多为纵坡较大的上承式桥。为服从山区高速公路和高速铁路选线要求,山区跨谷桥中的斜桥和弯桥也会较为普遍。

图 14-3 ~ 图 14-6 是几座已建成的跨谷桥的实例[3-5]。

图 14-3 所示为我国的龙潭河大桥,2009 年建成。对于较为平坦的河谷或沟谷,选用与高墩协调的大跨连续结构,能较好地满足地形要求。高墩往往采用变截面构造。目前,大跨预应力混凝土连续刚构桥已成为我国山区跨谷桥中最为普遍采用的桥型。

a) 成桥照片

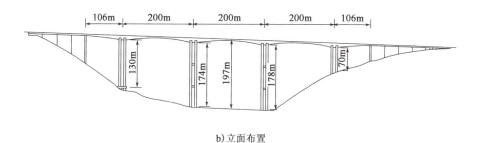

b) 立面布置

图 14-3　龙潭河大桥

图 14-4 所示为我国的支井河大桥，2009 年建成。一般而言，只要地质条件良好，跨度合适，不同构造的拱桥（钢筋混凝土拱，钢管混凝土拱，钢桁拱等）往往是跨越 V 形沟谷的经济桥型。比较而言，钢管混凝土拱桥的投入最少。当跨度偏大时，为节省材料，拱圈或拱肋可做成变高度和变宽度形式（参见图 14-1 和图 14-4）。

a) 成桥照片

图 14-4　支井河大桥

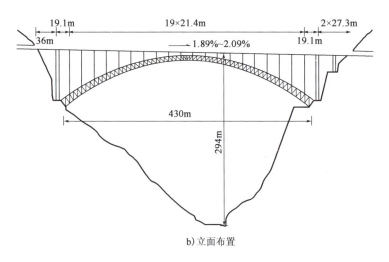

b) 立面布置

图 14-4 支井河大桥

图 14-5 所示为我国的四渡河大桥，2009 年建成。对于跨越宽达千米左右的峡谷，大多采用悬索桥。因山区运输和施工场地受限，其加劲梁多采用便于构件运输的钢桁架梁，其架设也需选择适于场地要求的拼装方法（如轨索滑移法等）。

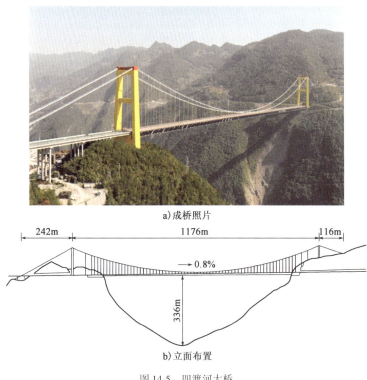

a) 成桥照片

b) 立面布置

图 14-5 四渡河大桥

图 14-6 为墨西哥的巴鲁阿特（Baluarte）大桥，2012 年建成。斜拉桥的跨越能力大，分跨布置灵活，跨度适用范围广。在立面布置上，可结合地形条件，调整分跨及梁体构造（如跨度

较小的边跨采用较重的混凝土梁,跨度较大的中跨采用较轻的钢梁或结合梁),把边跨长度适度压缩,并配合单悬臂施工。

a) 成桥照片

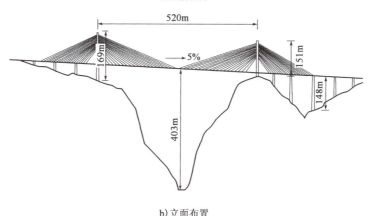

b) 立面布置

图 14-6 巴鲁阿特大桥

除上述四种桥式外,自然也可采用其他桥式。例如,斜腿刚架桥的受力行为与拱桥有些接近,可用来跨越相对较窄的 V 形沟谷。对坡度陡、谷宽不大、无水或少水的沟谷,可采用沟心设墩、一墩两跨的设计思路(见第 12 篇),采用预应力混凝土 T 梁桥或独塔斜拉桥,以减少地质风险并有利于环保。

跨谷桥的环境特点

在山区修建跨谷桥,影响设计和施工的主要因素是由桥位处的环境引起的,归纳为如下几点。

地形条件险峻:主要表现为地貌复杂,地形变化大,山坡陡,河谷深,山水相间。桥位处多为 V 形或 U 形的峭壁峡谷或地形起伏较大的沟谷,深沟峡谷距桥面的高度可达百米到数百米。

地质结构复杂：主要表现为桥址处可能存在崩塌、落石、泥石流、滑坡、岩溶、不稳定斜坡、断层等不良地质现象。而且，我国西南部山区是地震频发区，地震震级高、强度大，由此导致的不良地质问题更为突出。

气候条件多变：主要表现为桥位处环境的气候差异大，变化大。例如，在高山寒冷地区，需要考虑低温、冻融、冰雪灾害；在深切峡谷或沟谷，需要考虑风的狭管效应以及大攻角风场特性；在低山和丘陵地区，需要考虑洪灾及其诱发的滑坡、泥石流等灾害；在干热河谷，需要注意温度、湿度的影响等。

生态环境脆弱：在我国西部山区，生态系统组成结构的稳定性较差，抵抗外在干扰和维持自身稳定的能力较弱，易于发生生态退化且难以自我修复。因此，在跨谷桥的设计施工中，须遵循环保要求，尽量减少对自然环境的干扰或破坏。

跨谷桥的设计与施工

建设跨谷桥，需打破传统的工程建设思维，应以理念创新为先导，树立并实践以人为本、安全和谐、资源节约、环境友好的可持续设计新理念。

当前，桥梁设计的基本原则是安全、耐久、适用、环保、经济、美观，并视"安全、耐久"为基本要求，"适用"为功能要求，"环保、经济、美观"为其他要求。在跨谷桥的设计、施工与管养中，上述基本原则被赋予了更多不同的内涵。

在"安全"方面，除了要消除或控制施工阶段的各种地质灾害外，主要是针对今后长期使用阶段可能发生的地震、洪水、滑坡、泥石流、强风等灾害，明确所设计桥梁的设防要求和技术措施，提高桥梁抵御自然灾害的能力。

在"耐久"方面，要充分考虑人烟稀少地区的桥梁长期养护维修的难度，选用适用可靠的材料和构造。对混凝土结构的开裂、钢结构的疲劳等，要尤为注意。

在"适用"方面，除满足交通功能外，需考虑到跨谷桥的施工条件较为艰难（施工便道坡陡弯急，大件设备和机具运输困难；施工场地狭小，制造架设条件受限；桥隧交替相连，施工干扰较大等），桥型选择及具体构造须与施工条件、施工方法和施工工艺密切配合，同时也要兼顾今后养护维修的便利。

在"环保"方面，应尽量减少桥梁施工对自然环境的破坏，尽量减少地表扰动、弃石弃土、植被压埋和径流阻隔等对生态环境的不利影响。

在"经济"方面，是指在安全、耐久的前提下，基于全寿命设计方法，确定合理的造价及工期；在有条件的地方，尽可能采用节段或结构的标准化、预制化。

在"美观"方面，条件允许时，可借助桥型、色彩、材料等来体现桥梁与山区自然环境和特殊人文景观的协调。

结　　语

近10多年来,我国在中西部山区建造了许多跨谷桥,发展速度十分迅猛。2016年建成通车的杭瑞高速公路北盘江大桥(图14-7),在云贵边界跨越尼珠河大峡谷。这桥以565m的桥面高度,成为世界第一高桥;以720m的主跨,成为世界上跨度最大的钢桁梁斜拉桥。可以预见,随着国家公路网与铁路网在西部地区的进一步延伸和扩张,我国还需要修建更多的跨谷桥。

图14-7　杭瑞高速公路北盘江大桥

跨谷桥是山区桥梁的关键组成部分,具有"两高一大"的显著特征。跨谷桥的设计、施工与管养,需紧密结合山区桥址处的地形、地貌、地质、水文、气候、植被等自然环境以及人文环境特点,按照结构安全、构造耐久、功能适用、建造环保、投资经济、造型美观的基本原则进行。

参考文献

[1] 万明坤,等.桥梁漫笔[M].2版.北京:中国铁道出版社,2015.
[2] 张根寿.现代地貌学[M].北京:科学出版社,2010.
[3] 彭元诚,廖朝华,罗玉科,等.重庆大宁河400m跨上承式钢桁拱桥设计[C]//中国交通建设股份有限公司现场技术交流会论文集[A].2010.
[4] http://highestbridges.com/wiki/.
[5] Gomez, Roberto et al. Analysis of a Cable-Stayed Bridge:The Case of "The Baluarte Bridge". at:IABSE Symposium, Large Structures and Infrastructures for Environmentally Constrained and Urbanised Areas, Venice, 2010.

图片来源

图 14-1 沪昆客运专线北盘江大桥立面布置,来源于:谢海清供图.

图 14-2 米勒高架桥立面布置,来源于:http://www.leviaducdemillau.com/en/understand/key-figures.

图 14-3 龙潭河大桥,来源于:http://www.highestbridges.com/wiki/index.php? title = Longtanhe_Bridge.

图 14-4 支井河大桥,来源于:https://en.wikipedia.org/wiki/Zhijing_River_Bridge.

图 14-5 四渡河大桥,来源于:http://www.highestbridges.com/wiki/index.php? title = Siduhe_Bridge.

图 14-6 巴鲁阿特大桥,来源于:https://www.roadtraffic-technology.com/projects/baluarte-bridge/.

图 14-7 杭瑞高速公路北盘江大桥,来源于:http://www.highestbridges.com/wiki/index.php? title = Beipanjiang_Bridge_Duge.

第15篇 网状吊杆拱桥

2014年，俄罗斯在新西伯利亚建成跨越鄂毕河的布格林斯克（Bugrinsky）桥，如图15-1所示。这是一座公路系杆拱桥，桥宽36.9m（双向6车道），主跨达380m，跨度位于世界系杆拱桥之首。

图15-1　俄罗斯新西伯利亚布格林斯克桥

一座看似常规的系杆拱桥，为何有如此可观的跨度能力？若再仔细观察图15-1，就可发现该桥的吊杆布置方式与常见的系杆拱桥者有所不同。这就是本篇要介绍的网状吊杆拱桥（Network Arch Bridge）。

从传统的系杆拱到网状吊杆拱

这个话题，就得从系杆拱说起。众所周知，拱的水平推力得依靠坚实的地基承担。当地基不适于抵抗水平力时，可以在同一拱的两拱趾（拱脚）之间增设水平柔性拉杆（称为系杆），形成系杆拱；或者，借用能承受拉弯作用的梁（称为系梁或刚性梁）来承受水平力。这样，拱的水平力就不用墩台承受了。

按现在的分法，对布置竖吊杆的系杆拱，根据其拱肋和系杆（梁）的相对刚度大小，可分为柔性系杆刚性拱[图15-2a），即系杆拱]、刚性系杆柔性拱[图15-2b)]和刚性系杆刚性拱[图15-2c)]。后两种，实际上是拱—梁组合结构。

系杆拱桥的构思，由来已久。早在1482年，达·芬奇就曾绘制过系杆拱桥的草图[1]。至于系杆拱桥的工程应用，依笔者拙见，始于19世纪上半叶。

1849年，英国工程师布鲁内尔采用熟铁建造过跨度62m的系杆拱铁路桥，其构造与图15-2c)相近（参见第32篇）。1841年，美国工程师斯夸尔·惠普尔（Squire Whipple，1804—1888年）获得弓弦式桁架桥的专利。所谓弓弦式桁架（Bowstring truss），就是指上弦杆呈弧形，下弦柔性杆水平布置，其间布置若干竖杆及节间交叉斜杆的桁架。1869年建成的惠普尔铁拱桁桥

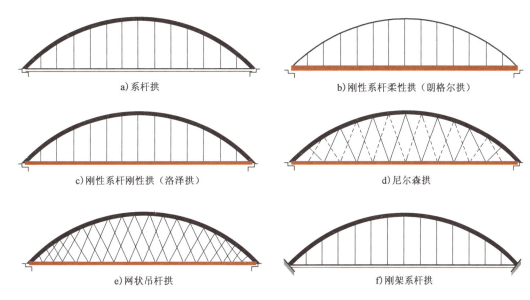

图 15-2　各类系杆拱桥（红线表示系杆或系梁）

（图 15-3），跨度 33.5m，桥宽 7m；采用锻铁做下弦拉杆，铸铁做上弦压杆，另设木桥面[2]。可以看出，把这桥稍加改造（去掉交叉斜杆），就是一座现代系杆拱桥了。19 世纪下半叶，美国采用惠普尔的专利，建造了不少系杆拱桥。

　　　　　　　　　　a)

　　　　b)

图 15-3　美国惠普尔铁拱桁桥

刚性系杆柔性拱也称为朗格尔拱，这是以奥地利工程师约瑟夫·朗格尔（Josef Langer）的名字命名的。1858 年，朗格尔提出在等高钢板梁顶面增设柔性拱（只设置铰接竖吊杆，让拱只承受轴向力）；因柔性拱是被用来加劲钢梁的，故这样的构造也叫朗格尔梁。1883 年，建成第一座朗格尔桥。顺便提及，自锚式悬索桥也是朗格尔在1859年最早提出来的。

刚性系杆刚性拱也称为洛泽拱，这是以德国工程师赫尔曼·洛泽（Hermann Lohse，1815—1893年）的名字命名的。19世纪下半叶，德国出现了上下弦杆均为弧形的桁架桥，称为双凸透镜式桁架或鱼腹梁，采用的是德国工程师冯·保利（von Paoli）在1865年提出的专利。洛泽将透镜式桁架改为上下布置弓形桁架、中间布置竖杆的结构，并按此建成过数座桥梁，其中之一，如图15-4所示。这样的结构，看上去融合了鱼腹梁和系杆拱的构造特点。不过，后来它是如何变成"刚性系杆刚性拱"的，还不得而知。

除了竖吊杆，系杆拱桥的吊杆也可采用其他的布置方式（如扇形布置）。最有代表性的是丹麦工程师尼尔森（Octavius F. Nielsen）在1926年提出的斜吊杆布置[不设竖吊杆，见图15-2d)]，后来称之为尼尔森拱或尼尔森体系。斜吊杆的立面布置，可以不交叉[如图15-2d)中的斜实线所示]；或仅交叉一次[增加图15-2d)中的斜虚线]。

设想对系杆拱半跨均布加载，对竖吊杆拱，未加载侧靠拱趾的几根竖吊杆会因松弛而退出工作，这导致对应部位的拱和梁的弯矩增大；对尼尔森拱，未加载侧的半跨则只有部分斜吊杆（间隔分布）退出工作。可知，用斜吊杆代替竖吊杆，尽管拱肋和梁的轴向力不会有显著变化，但弯矩及竖向挠度却可减少。另外，斜吊杆也增强了系杆拱桥的整体刚度和动力稳定性。

1932年，尼尔森在法国建造的Castelmoron桥，是一座钢筋混凝土系杆拱桥（无交叉斜吊杆），跨径140m，为当时同类桥梁跨径最大者[3]，如图15-5所示。目前世界上的几座大跨度尼尔森拱，大都是20世纪70—80年代由日本建造的，如Onoura桥（跨度195m，1972年）、Utsumi桥（跨度219.6m，1988年）等。近年来，我国在高铁上创造性地发展了钢管混凝土尼尔森拱，建成了若干座跨度百米左右的桥梁，如京广高铁胡家湾桥、京沪高铁蕰藻浜桥等。

图15-4　德国汉堡北易北河桥

图15-5　法国Castelmoron桥

若把斜吊杆再加密，系杆拱的受力行为是否会更好？实际上，在尼尔森体系问世之前，德国人就尝试过了。1878年，在德国东部城市里萨，就曾建过一座这样的铁路桥（图15-6）。但可以想象，在那个年代，如此复杂的桥梁结构的计算设计困难、构造施工繁杂，难有竞争力。于是，这样的实践也只能浅尝辄止。

到1955年，挪威阿哥德大学的Per Tveit教授提出了网状吊杆拱桥[图15-2e)]的概念[4,5]，其主要是针对斜吊杆布置成网状的系杆拱桥而言的。这里所说的网状，定义为一部分斜吊杆与其他斜吊杆至少交叉二次。当然，也可以大致理解其为加密型尼尔森体系。

网状吊杆拱的显著受力特点，就是拱肋和系梁所承受的弯矩小，且分布更加均匀。图15-7所示为三种吊杆布置方式及其拱肋和系梁在 $L/2$、$L/4$ 处的影响线对比。相较而言，网状吊杆拱的拱肋和系梁的弯矩影响线幅值最小，而且减幅明显。这意味着网状吊杆可在很大程度上减少拱肋和系梁的弯矩，如此一来，拱肋和系梁就可更加纤细，材料也会少用一些，经济和美学效果就显现出来了。

图 15-6　德国里萨易北河铁路桥

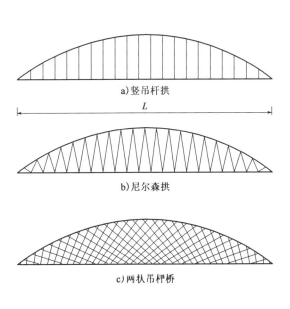

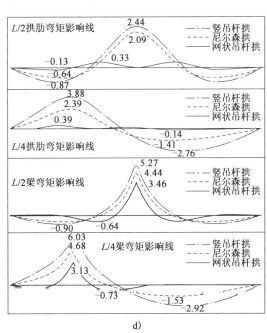

图 15-7　不同系杆拱桥的弯矩影响线对比

按笔者的理解，网状吊杆拱的显著结构特点，是可以把网状吊杆视为调整系杆拱力学行为（包括稳定、动力行为）的一种手段。网状吊杆不仅仅是单纯的传力构件，更是结构系统的重要组成部分。因此，对图15-2c)所示的一类拱桥，无论其是下承式拱或中承式拱，提篮拱或外倾式拱，规则拱或异形拱，单一材料拱或多种材料拱，都可通过网状吊杆的优化布置，取得良好的效果。

自20世纪60年代至今，世界上已建成网状吊杆拱桥近百座（含6座铁路桥）[5]。第一座网状系杆拱是Tveit教授参与设计的挪威Steinkjer公路桥，跨度约80m，1963年建成。同年建成的德国费马恩海峡大桥,跨度248m,公铁两用,是早期网状系杆拱桥的经典代表,如图15-8所示。

a) 挪威 Steinkjer 桥

b) 德国费马恩海峡桥

图15-8 早期网状系杆拱桥

从20世纪90年代起,挪威、日本、德国、美国等国家建造了若干网状吊杆拱桥,表15-1列出了部分有代表性的桥梁。

部分网状吊杆拱桥一览表　　　　表15-1

序号	桥　名	国家	跨度(m)	用途	年代
1	Bolstadstraumen 桥	挪威	84	公路	1963
2	费马恩桥	德国	248	公铁两用	1963
3	Steinkjer 桥	挪威	79.75	公路	1963
4	Ounoura 桥	日本	195	公路	1972
5	Shinhamadera 桥	日本	254	公路	1991
6	Kishiwada 桥	日本	255	公路	1993
7	Goshiki-sakura 桥	日本	143	公路	1995
8	Åkvik Sound 桥	挪威	135	公路	1998
9	Shonai-yunohira 桥	日本	162	公路	2001
10	Bechyně 桥	捷克	41	公路	2003
11	Deba bowstring 桥	西班牙	110	公路	2006
12	普罗维登斯河桥	美国	122.5	公路	2007
13	Blennerhassett 岛桥	美国	267.8	公路	2008
14	Palma del Río 桥	西班牙	130	公路	2008
15	Roudne 桥	捷克	34	公路	2008
16	芒阿马胡桥	新西兰	85	公路	2008
17	米德兰河铁路桥(Ⅰ)	德国	89	铁路	2008
18	Oder 河铁路桥	德国	104	铁路	2008
19	Baliny 桥	捷克	73.5	公路	2009

续上表

序号	桥　　名	国家	跨度(m)	用途	年代
20	米德兰河铁路桥(Ⅱ)	德国	132.6	铁路	2008
21	Brandangersundet 桥	挪威	220	公路	2010
22	怀卡托桥	新西兰	100	公路	2010
23	欢乐谷公园人行桥	美国	82.3	人行桥	2011
24	香普兰湖桥	美国	123	公路	2011
25	埃尔哈特桥	美国	160.6	公路	2012
26	新特洛伊桥	捷克	200.4	公轨两用	2014
27	布格林斯克桥	俄罗斯	380	公路	2014

图 15-2f)所示的刚架系杆拱，属于一种外部超静定的少推力组合体系，在近 30 年内得到一定发展。该类桥梁的构造特点是：拱趾与桥墩固结，墩顶不设支座；桥道系不参与结构整体受力；荷载产生的水平分力由布置在桥墩之间的系杆平衡。这类拱桥可用于单跨，也可用于多跨，我国已建成多座。

网状吊杆拱桥的构造及实例

1. 网状吊杆拱桥的主要构造特点

简要分述如下：

(1)拱肋：拱肋多为钢箱和钢管结构，很少使用钢筋混凝土拱肋。由于拱肋的弯矩很小，系梁的也不大，这在很大程度上减小了结构自重，拱的轴力也大幅降低，因此拱肋无须很大的抗弯刚度，其截面比常规拱桥者更为纤细。另外，拱轴线多采用圆弧形(与吊杆布置有关)，矢跨比大致在 1/7～1/5。

(2)系梁：有多种形式，可以是钢梁，或混凝土梁，或组合梁。因主梁的弯矩不大，梁高可远小于常规拱桥者。

(3)吊杆：通常采用由圆钢、条钢、高强钢丝(含密封钢索)、钢绞线等材料制成的柔性吊杆，其中圆钢居多(连接方便，易于检修)。根据吊杆类型，吊杆与拱肋及系梁的连接可采用铰接、焊接、锚固等方式。

2. 吊杆的数量和布置

吊杆的数量和布置在很大程度上会影响结构的受力。在网状吊杆拱桥发展初期，因计算能力受限，吊杆数量相对较少，形式相对简单；得益于有限元技术的发展，吊杆数量可增多，布置形式也较为多变。

(1)网状吊杆的数量：通常是其他系杆拱的 2～4 倍。若吊杆数量过多，不仅浪费材料，所起效果也大打折扣。根据现有的工程实践，吊杆下端点的间距一般在 2～5m 之间。有文献给出了单片拱的合理吊杆数量[6]：跨度100m时，吊杆数为36～46根；跨度150m时，吊杆数38～48根；跨度200m时，吊杆数为40～50根；等等。

（2）常见的几种吊杆布置方式：

①恒定倾角。吊杆下端点沿跨度等距分布，吊杆与主梁成恒定夹角α（$45°\leq\alpha\leq75°$）。

②递增（减）倾角。吊杆上端点沿拱轴线等距分布，吊杆与主梁夹角α逐渐增大（减小）。

③法线等夹角。吊杆上端点沿拱轴线等距分布，吊杆与拱轴线的法线成恒定角度α。

④下端点间距渐变。吊杆上端点沿拱轴线等距分布，吊杆下端点间距逐渐变化。

另外，车辆及横风等活载容易引起柔细吊杆的振动，可能导致各吊杆在相交处碰撞。根据动力分析结果，可视情况在吊杆相交处设置减振装置，以防止吊杆相互碰撞，减小吊杆振动，降低疲劳损伤。常见的减振装置见图15-9[7]。

a)

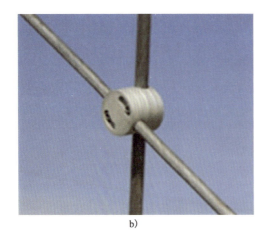

b)

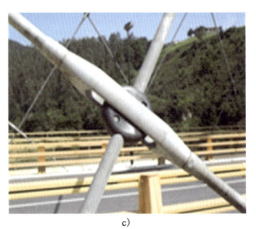

c)

图15-9　网状系杆交叉点处设置的减振装置

3. 施工

多采用先梁后拱的支架施工方法,也可采用斜拉扣挂方法按先拱后梁的次序施工(如德国费马恩桥)。顶推方法时有应用,包括系梁顶推、拱肋顶推(图 15-1 所示的俄罗斯新西伯利亚布格林斯克桥)或整跨顶推。条件允许时,采用大件拼装、整体浮吊的方法,较为便捷。

4. 实例

图 15-10 所示为 2010 年挪威建成的 Brandangersundet 公路桥[8]。该桥主跨 220m,桥宽 7.6m(行车道宽 5m,单车道);拱肋采用两根外径 711mm、壁厚 40mm(在拱趾附近增至 60mm)的空心钢管,矢高 33m;横撑也采用钢管,直径 250mm,壁厚 5mm;系梁为两道 0.4m 厚预应力混凝土梁,中间车道板厚 0.25m;主跨两端还分别设有 35m、30m 边跨,采用梁高 1.2m 预应力混凝土梁;每根拱肋竖面内,大致按"法线等夹角"方式布置 44 根直径 42mm 的密封钢索吊杆,铰接。具体布置见图 15-11。

图 15-10 挪威 Brandangersundet 桥

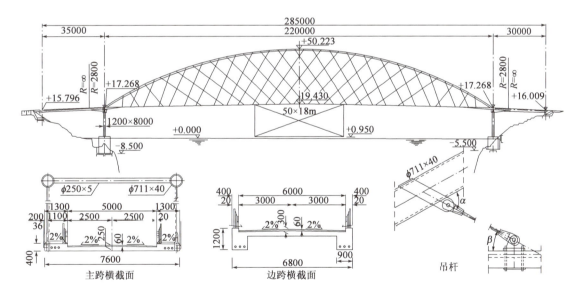

图 15-11 挪威 Brandangersundet 桥总体布置(尺寸单位:mm;高程单位:m)

该桥主跨结构仅重 1860t。先在岸边支架上浇筑混凝土梁并张拉预应力,5 个月后(以减少徐变影响)分三大段吊装拱肋并张拉吊杆;最后用 2 台浮吊运至桥位处架设就位(图 15-12)。

图 15-12 Brandangersundet 桥浮吊架设

网状吊杆拱可用于高铁桥梁吗?

网状吊杆拱桥早已应用于多座公路桥梁和一些常规铁路桥梁。高铁桥梁更注重结构的动力行为,动挠度等变形也直接关系到轨道平顺性和行车舒适度。因此,高速铁路桥梁必须具有足够的竖向、横向和扭转刚度。

为考察网状吊杆拱桥用于高速铁路桥梁的可行性,笔者曾指导开展过主跨128m的网状吊杆高铁系杆拱桥(双线)的试设计研究[9]。择要介绍如下。

图 15-13 所示为试设计桥的三维示意和吊杆立面布置。采用下承式全钢拱—梁组合结构,Q345q 钢,道砟桥面,跨度128m。拱肋采用提篮形式,倾角9°。拱轴线为圆弧线,矢高21.76m,矢跨比0.17。全桥设置 2×46 根直径80mm 的圆钢吊杆,吊杆下端沿跨径等距分布,倾角在 55°~80°之间取值。

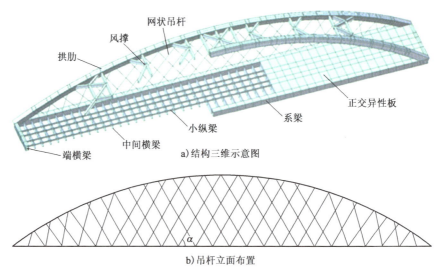

a) 结构三维示意图

b) 吊杆立面布置

图 15-13 试设计桥的三维示意和吊杆立面布置

截面布置上，两根拱肋和系梁均为箱形截面，其间设置箱形端横梁和 T 形中间横梁，横梁上布置带倒 T 形小纵梁的正交异性钢桥面板。主要尺寸如图 15-14 所示。需要指出，拱肋和系梁的截面高度仅为 2m，大约是目前国内高铁同等跨度钢系杆拱桥对应构件尺寸的 60% 弱。

基于《高速铁路设计规范》(TB 10621—2014)，采用 Midas/Civil 软件建模，按 ZK 活载和 13 种荷载组合进行了静力分析和验算。结果如下：

(1) 变形。梁体竖向挠度 21.6mm ≈ $L/6000$ ($L/1500$，为相应的规范限值，下同)，横向变位 7.3mm ≈ $L/17500$ ($L/4000$)，扭转变形量 0.8mm (1.5mm)，梁端转角 0.8‰ (2‰)。

(2) 应力。分析了拱肋、系梁、风撑、端横梁、中间横梁、小纵梁、桥面板和吊杆的应力情况，吊杆的最大拉应力不到 170MPa，拱肋的最大压应力不到 120MPa，其余构件的应力水平更低。

(3) 应力幅。吊杆的应力幅只有容许应力幅的 0.25～0.6 倍，梁构件的应力幅只有容许应力幅的 0.2～0.5 倍。可见，各项指标远小于规范限值。

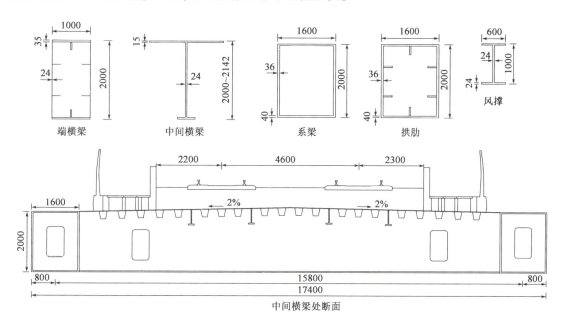

图 15-14　试设计桥的构件截面及尺寸图(尺寸单位：mm)

采用 Midas/Civil 软件及西南交通大学桥梁结构动力分析软件 BDAP 建模，进行动力行为分析和验算。结果如下：

(1) 结构自振频率。一阶对称横弯 f_1 = 1.615Hz (0.667Hz，为相应的规范限值，下同)，一阶对称竖弯 f_2 = 1.805Hz (1.334Hz，为跨度 96m 时的限值)。

(2) 车桥耦合分析。选取国产 CRH2 列车，速度等级 120～250km/h，采用德国低干扰轨道谱生成的轨道不平顺数据，验算时采用最不利值。对结构，跨中竖向振动位移 4.88mm，横向

0.26mm(7.6mm);跨中竖向振动加速度 0.35 m/s²(3.5 m/s²),横向 0.17 m/s²(1.4 m/s²);对车辆,脱轨系数 0.19(0.8),减载率 0.19(0.6),横向力 15.9kN(56.7kN);竖向加速度 0.63 m/s²(1.3 m/s²),横向 0.94 m/s²(1.0m/s²);舒适度竖向 1.96,横向 2.58(3)。可见,各项指标均满足规范限值。

以国内某客专线某钢系杆拱桥(采用刚性竖吊杆,跨度128m)为对象,对比了所设计的网状吊杆拱桥的用钢量。结果表明,后者比前者节省钢材约22%,达600余吨。

尽管还可进一步细化和优化,上述试设计结果已表明网状吊杆拱桥具有应用于客专及高铁桥梁的可观潜力。

结　　语

系杆拱桥的发展,已逾一个半世纪。观其发展脉络,可体会出桥梁工程师们为追求结构更合理、材料更节省、造型更美观的目标而付出的持续努力。

网状吊杆拱桥具有受力性能好、结构刚度大、节省材料、轻盈美观等优点,这得益于这类拱桥的力学行为可通过网状吊杆加以改进或优化。

网状吊杆拱桥不仅可用于公路和铁路桥,也有潜力在高铁桥梁领域内一试身手。

在中国,目前似乎还没有网状吊杆拱桥。感兴趣的业内同行,不妨找个机会,实践一下。

参考文献

[1] Alessio Pipinato (Editor). Innovative Bridge Design Handbook:Construction, Rehabilitation and Maintenance [M]. 1st edition. Elsevier Science, 2015.

[2] Frank Griggs. The Whipple Bowstring Truss. STRUCTURE Magazine, Jan. 2015, 46-48.

[3] Leonardo F. Troyano. Bridge Engineering – A Global Perspective [M]. Thomas Telford Ltd, 2005.

[4] Tveit, P. "Design of Network Arches" [J]. Structural Engineering, 44(7), 1966, 247-259.

[5] Tveit, P. The Network Arch. Findings on network arches during 54 years [EB/OL]. http://home.uia.no/pert/index.php/The_Network_Arch.

[6] Stephan Teich. Beitrag zur Optimierung von Netzwerkbogenbrücken [D]. Technischen Universität Dresden, 2012.

[7] T. J. M. Smit. Design and Construction of a Railway Arch Bridge with a Network Hanger Arrangement [D]. Delft University of Technology, 2013.

[8] Rolf Magne Larssen, Svein Erik Jakobsen. Brandangersundet Bridge-A slender and light network arch. 35th Annual Symposium of IABSE, London, 2011.

[9] 何波. 高速铁路网状吊杆系杆拱桥结构分析[D]. 成都:西南交通大学, 2016.

图片来源

图 15-1　俄罗斯新西伯利亚布格林斯克桥，来源于：http：//www.sdelanounas.ru/blogs/84237/.
图 15-2　各类系杆拱桥，来源于：作者自绘.
图 15-3　美国惠普尔铁拱桁桥，来源于：https：//en.wikipedia.org/wiki/Whipple_Cast_and_Wrought_Iron_Bowstring_Truss_Bridge.
图 15-4　德国汉堡北易北河桥，来源于：https：//de.wikipedia.org/wiki/Hamburger_Elbbrücken.
图 15-5　法国 Castelmoron 桥，来源于：https：//fr.wikipedia.org/wiki/Pont_sur_le_Lot_de_Castelmoron-sur-Lot.
图 15-6　德国里萨易北河铁路桥，来源于：http：//www.eisenbahn-postkarten-museum.de/seite/303996/sachsen.html.
图 15-7　不同系杆拱桥的弯矩影响线对比，来源于：作者自绘.
图 15-8　早期网状系杆拱桥，来源于：文献[4]（a）；http：//www.bahnbilder.de/bild/deutschland~dieselloks~br-218/747468/auch-50-jahre-nach-dem-bau.html（b）.
图 15-9　网状系杆交叉点处设置的减振装置，来源于：文献[7].
图 15-10　挪威 Brandangersundet 桥，来源于：https：//rijsoort.nl/en/projects/infrastructure/bridge-brandanger-fjord.
图 15-11　挪威 Brandangersundet 桥基本布置，来源于：文献[5].
图 15-12　Brandangersundet 桥浮吊架设，来源于：https：//www.nrk.no/sognogfjordane/opnar-spesiell-bru-1.7342965.
图 15-13　试设计桥的三维示意和吊杆立面布置，来源于：文献[9].
图 15-14　试设计桥的构件截面及尺寸图，来源于：文献[9].

第16篇

古今运河桥

在新闻媒体中，时常把跨越运河的桥称为"运河桥"。若从强调桥梁所在地的角度看，如此称谓未尝不可；但若从工程技术的角度看，这样的叫法就不算妥当。本篇试图为读者梳理一下"运河桥"的来龙去脉。

运河桥的概念

人类修建运河的历史，十分悠久。所谓运河，简单地讲，就是人工开凿的通航河道。修建运河的目的，主要是为了通航，还可用于灌溉、防洪等。

当运河需要跨越山谷，或道路，或另一条河流时，就需要建造一类可让运河跨越这些障碍的桥梁。这些既可载水又可通航的桥梁，就称为运河桥，也叫水桥。当运河桥跨越另一条河流时，就会形成并不多见的"河上河"景观。

在古罗马时代，欧洲曾修建了不少石拱渡槽，用于输水。运河桥与渡槽的主要区别，在于前者为了通航，携带和承受的水量比后者大很多。

从 17 世纪开始，世界上才出现运河桥[1]。最早的运河桥，出现在法国的米迪运河（Canal du Midi）中。米迪运河是法国南部一条联结加龙河与地中海的运河，建于 1667—1694 年，长 360km，整个航运水系涵盖了船闸、沟渠、桥梁、隧道等 300 多个大小不等的人工建筑。1997 年，米迪运河被列入世界遗产名录。

在 18 世纪—19 世纪，运河为货物运输发挥了重要作用。第一次工业革命之后，随着铁路的兴起，运河的运输功能就逐渐衰弱了。如今，一些有点名气的运河桥，都成了休闲观光之处。

早期运河桥

早期运河桥是指现存的建于 17—19 世纪的运河桥。这些桥多采用石拱结构，大多位于法国和英国的运河中。目前，仅在法国米迪运河中，就还遗留有大大小小 30 余座运河桥[2]，英国保存至今的运河桥，也至少超过 30 座[3]。美国曾在 19 世纪上半叶建过几座石拱运河桥，早已废弃。现根据年代次序，采撷几个桥例。

图 16-1 所示为法国米迪运河中的 Répudre 桥（单孔石拱），也是米迪运河中的第一座水桥，1676 年建成。在米迪运河中，规模较大的运河桥还包括 Cesse 桥（3 孔石拱桥，1690 年建成）等。

英国曼城布里奇沃特（Bridgewater）运河中的巴顿（Barton）桥，是英国最早的运河桥，1761 年开通，如图 16-2 所示。到 1894 年，将 3 孔石拱桥改为一座可水平开启的运河桥（图 16-3）。后建的运河桥采用桁架结构，长 100m，其间放置过水铁槽。开启前在桁梁两端封住水道，让桁梁(连带槽中的水)绕中间桥墩水平旋转90°,至今仍在使用。

图 16-1　法国 Répudre 桥(1676 年至今)

图 16-3 所示为英国兰卡斯特运河中的 Lune 河桥。该桥建于 1797,5 孔石拱结构,长 202m;结构整体造型美观,质量精良,为英国 I 级被保护建筑。

图 16-2　英国巴顿桥

a) 石拱桥(1761—1894 年)　　　　　　　　　b) 平转开启桥(1894 年至今)

图 16-4 所示是 1805 年在英国特尔福德建成的 Pontcysyllte 运河桥(世界文化遗产)。关于这桥的更多信息,参见第 2 篇。

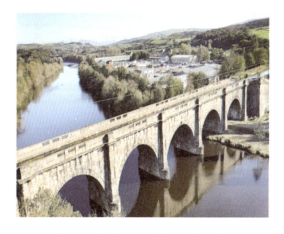

图 16-3　英国 Lune 河桥(1797 年至今)　　　　图 16-4　英国 Pontcysyllte 运河桥(1805 年至今)

法国中部运河中的迪古安(Digoin)桥,建于 1837 年,长 209m,由 11 孔跨度 16m 的石拱组成,如图 16-5 所示。

在英国西约克郡跨越考尔德河的斯坦利渡口(Stanley Ferry)桥,是 I 级保护建筑,如图 16-6 所示。图中右边的桥建成于 1839 年,采用铸铁材料,是世界上最早的中承式拱桥之一。桥长 50.3m,宽 7.3m,水深 2.6m。(1984 年,临近拱桥又建一座三跨混凝土梁水桥,分跨 16.25m + 42.75m + 16.25m。)

图 16-5　法国迪古安桥(1837 年至今)

图 16-6　英国斯坦利渡口桥(1839 年至今)

法国 1852 年建成的默尔特(Meurthe)河桥,由 7 孔石拱构成,长约 110m,如图 16-7 所示。该桥位于法国东北沟通马恩河和莱茵河的运河中,同期建造的巴黎—斯特拉斯堡双线铁路(仍在运行)也通过此桥。

1896 年法国建成的布里亚尔(Briare)运河桥,由 15 跨 40m 长的 U 形钢梁组成,总长 662.7m,占据世界上最长运河桥的位置达百年之久,如图 16-8 所示。

图 16-7　法国默尔特河桥(1852 年至今)

图 16-8　法国布里亚尔桥(1896 年至今)

当代运河桥

当代运河桥是指采用钢和混凝土、在 21 世纪建造的运河桥。总体情况是:规模较大,采用梁式结构,数量不多。

比利时的萨特(Sart)桥,跨越公路,2002年建成,如图16-9所示。该桥采用预应力混凝土U形梁,顶推施工(总重达6.5万t)。桥长498m,分跨13×36m+2×15m,桥宽46m,水道宽约32m,水深7.1m。

2003年德国建成的马格德堡(Magdeburg)水桥,跨越易北河,全桥长918m,居全球首位,如图16-10所示。主桥为三跨连续钢桁梁与加劲U形钢梁的组合,主跨106.2m,边跨57.1m,顶推法施工;引桥采用U形的钢梁及桥墩,分跨16×42.85m。桥宽43m,水道宽32m,水深4.25m。

荷兰是围海筑堤而成的地势低洼之国,运河密布。为更经济地解决陆地交通与航运交通的冲突,近年来也修建了一些运河桥。

图16-9 比利时萨特桥

图16-11所示的是世界上唯一带船闸的荷兰Krabbersgat运河桥,其连接两个湖泊,跨越一条公路。运河桥采用混凝土梁结构,桥长125m,两条水道各宽12.5m,水深4.5m,2003年开通。

图16-10 德国马格德堡水桥

图16-11 荷兰Krabbersgat运河桥

图16-12所示的费吕沃(Veluwemeer)湖桥,尽管规模不大,却是表现荷兰工程师创新精神的一座水桥。图中的公路连接荷兰主岛与人工岛屿弗莱福兰(Flevoland)。为避免水陆交通相互干扰,修建高架的桥或水下隧道,均是可行的方案,但为了节省投资和时间,采用了"水路在上、公路在下"的设计方案,2005年通车。类似的水桥,还包括哈勒默梅尔(Haarlemmermee)环形运河上的Ringvaart桥,如图16-13所示。

与常规的桥梁设计相比,运河桥的设计,尤其需要考虑以下几点:

(1)槽形水道的构造形式。
(2)水重荷载。
(3)船舶撞击(尽管在水槽两侧通常会布置充气防撞物)。

(4)水环境下的结构防腐。

(5)结冰引起的附加作用。

图12　荷兰费吕沃湖桥

图16-13　荷兰 Ringvaart 运河桥

我国的情况

我国开凿运河的历史十分悠久,但似乎还未见到运河桥的资料信息。不过,有些水利工程项目是与运河桥相似的。

20世纪60年代河南林县开凿的红旗渠中,就有一项有创造性的工程——桃园渡桥(图16-14)。这是一座7孔石拱桥,长100m,宽6m;渡槽两侧墙高2.7m,宽1~2m,槽顶现浇钢筋混凝土桥面板。这座桥可同时满足桥下排洪、槽中过水、桥上通车的多重需求,实属难得。

a)

b)

图16-14　红旗渠桃园渡桥

2003年竣工的淮安水利枢纽工程,位于淮安市淮安区城南,其中的淮河入海水道大运河立交工程(图16-15),采用上槽下洞形式;上部渡槽净宽80m,长约200m,用于京杭运河的通航;下部设15孔6.8m×8m的涵洞,用于淮河入海水道泄洪。

在世界上规模最大的南水北调工程中,有不少长大的渡槽工程,如中线工程[4]中的河南平顶山的沙河渡槽(图16-16),邓州的湍河渡槽,河北保定的漕河渡槽,邯郸的洺河渡槽等。这些渡槽均采用预应力钢筋混凝土U形槽结构,横向2~4槽并列,每槽顶面设置横向连接构件;U形槽的跨度30~40m,或采用架槽机预制吊装,或采用造槽机原位现浇。当然,若采用较宽的不遮挡水面的U形梁,增加人行辅道等设施,则这些渡槽今后不仅可以输水,还有可能实现休闲观光功能。

图16-15 淮河入海水道大运河立交工程

图16-16 南水北调中线工程中的沙河渡槽

参考文献

[1] Navigable aqueduct. at:https://en.wikipedia.org/wiki/Navigable_aqueduct.

[2] Aqueducts on the Canal du Midi. at:https://en.wikipedia.org/wiki/Aqueducts_on_the_Canal_du_Midi.

[3] List of canal aqueducts in the United Kingdom. at:https://en.wikipedia.org/wiki/List_of_canal_aqueducts_in_the_United_Kingdom.

[4] 南水北调中线干线工程建设管理局. http://www.nsbd.cn/.

图片来源

图16-1 法国Répudre桥,来源于:https://fr.wikipedia.org/wiki/Pont-canal_du_Repudre.

图16-2 英国巴顿桥,来源于:http://www.est1761.org/heritage-stories/history-bridgewater-canal(a);https://www.atlasobscura.com/places/barton-swing-aqueduct(b).

图16-3 英国Lune河桥,来源于:https://canalrivertrust.org.uk/enjoy-the-waterways/canoeing-and-kayaking/canoeing-and-kayaking-routes/tewitfield-to-lancaster-canoe-trail.

图 16-4　英国 Pontcysyllte 运河桥，来源于：http：//www.theworldgeography.com/2012/09/11-incredible-navigable-aqueducts.html.

图 16-5　法国迪古安桥，来源于：http：//es.france.fr/es/informacion/el-canal-los-dos-mares-y-el-rio-lot-barco.

图 16-6　英国斯坦利渡口桥，来源于：https：//www.webbaviation.co.uk/gallery/v/Yorkshire/wakefield/StanleyFerryAqueductic15539.jpg.html.

图 16-7　法国默尔特河桥，来源于：http：//www.skyscrapercity.com/showthread.php?t=1541580&page=16.

图 16-8　法国布里亚尔桥，来源于：http：//fracademic.com/dic.nsf/frwiki/1354837.

图 16-9　比利时萨特桥，来源于：http：//fresherschart.com/sart-canal-bridge-in-belgium-europe/.

图 16-10　德国马格德堡水桥，来源于：https：//www.youtube.com/watch?v=VCobapy7hiI.

图 16-11　荷兰 Krabbersgat 运河桥，来源于：https：//marinas.com/view/lock/e2hq9_Krabbersgat_Naviduct_Lock_Netherlands.

图 16-12　荷兰费吕沃湖桥，来源于：http：//palembang.tribunnews.com/2016/10/20/veluwemeer-aqueduct-jembatan-belanda-bawah-laut-menipu-mata-bisakah-dibangun-di-palembang.

图 16-13　荷兰 Ringvaart 运河桥，来源于：http：//www.theworldgeography.com/2012/09/11-incredible-navigable-aqueducts.html.

图 16-14　红旗渠桃园渡桥，来源于：http：//pic.people.com.cn/BIG5/n/2015/0403/c1016-26796448-8.html.

图 16-15　淮河入海水道大运河立交工程，来源于：http：//js.ifeng.com/a/20170914/5996196_0.shtml.

图 16-16　南水北调中线工程中的沙河渡槽，来源于：http：//www.nsbd.cn/special/2013HP.html.

第17篇 闲谈「姐妹桥」

若让你在一座老桥的边上再设计一座新桥，你会如何选择新桥的桥式？是与原桥一样，还是另寻他样？对此，尽管没有标准答案，但回顾桥梁历史的发展轨迹，可以发现，工程师们大多是选择同一桥式。对这样并排而立的两座桥，若给她们取一个通俗化的、带点生活味道的名字，就是"姐妹桥"。在国外，也称这样的桥为 Twin 桥，意即两桥的相似度很高，如同双胞胎。

"姐妹桥"回眸

在古代桥梁中，现存至今的"姐妹桥"，大概只在我国可见。

在我国浙江省湖州市南浔区双林镇的一条河流上，有三座相距不远、形制类同、体量相当、尺寸差异不大的三座古代石拱桥：万魁桥、化成桥和万元桥（图17-1），这大概就是世界上最早的"姐妹桥"了。

图17-1　湖州双林三桥（1762年，1793年，1834年）

三座桥均为三孔薄墩薄拱实腹石拱桥。照片最前面的是万奎桥，始建于1669年，重建于1762年；桥长49.4m，宽3.7m，中孔净跨11.9m，矢高6.7m。居中的是化成桥，其距万奎桥约122m；该桥历史悠久，始建于明嘉靖年间，1630年和1793年两度重建；桥长45.5m，宽3.4m，中孔净跨12.2m，矢高6.2m。最后面的是万元桥，其距化成桥约255m；始建于1730年，重建于1834年。桥长47.8m，宽3.5m，中孔净跨12.6m，矢高6.2m；桥上望柱顶凿有神态各异的狮子十对，是其突出特征。

咫尺之距，三桥并列，不仅壮观，也属罕见。按民间传说，这事与当地一对富家姐妹有关，故也称双林三桥为姐妹桥。2013年，双林三桥被评定为全国重点文物保护单位。

"姐妹桥"集锦

在现代桥梁中，不论桥型如何，均可看到"姐妹桥"的身影。现按时间顺序撷取一部分桥例，简要介绍如下。

图17-2所示为美国亚利桑那州跨越科罗拉多河的纳瓦霍（Navajo）桥。这是两座并列的

钢桁拱桥,一座建成于1929年,一座建成于1995年。两桥相距约57m(桥中轴线的横向间距,下同),老桥(第一座桥)的桥长254m,跨度188m,矢高27m,车行道宽5.5m;新桥(第二座桥)的尺寸根据地形条件有所调整,桥长277m,跨度221m,矢高保持为27m,车行道加宽到13m。新桥建成通车后,老桥就改为人行桥了。

美国纽约的格兰德岛南桥(South Grand Island Bridge),是一对分别建造于1935年和1963年的钢桁拱桥,主跨182m,桥长1036m,间距约38m,如图17-3所示。除少部分局部构造有差异外,这两座桥的大部分构造均相同。

图17-2 纳瓦霍桥(1929年,1995年)

图17-3 格兰德岛南桥(1935年,1963年)

图17-4所示为美国特拉华纪念大桥(Delaware Memorial Bridge)。这桥是传统的美国钢桁梁悬索桥,一座建于1951年,一座建于1968年。两桥间距约76m,除桥梁长度(3281,3291m)相差10m外,跨度(655m)、桥宽(18m)、桥下净空(53m)等均保持一致。

美国新月城连接线桥(Crescent City Connection),如图17-5所示。这是在新奥尔良跨越密西西比河的两座钢桁悬臂梁桥,一座建于1958年,一座建于1988年。两桥间距约114m,老桥的主跨480m,桥宽18m;新桥的主跨486m,桥宽28m;两桥的主跨跨度分别位列世界同类桥梁跨度排名第5、6位。

图17-4 特拉华纪念大桥(1951年,1968年)

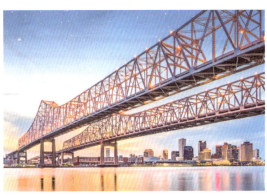

图17-5 新奥尔良连接线桥(1958年,1988年)

图17-6所示为日本爱知县名古屋市的名港西大桥。这是两座并列的双塔三跨钢箱梁斜拉桥,分别在1985年和1997年开通。两桥间距约52m,主跨跨度分别为405m和406m(分跨上有0.5~1m的调整),其余构造和尺寸几乎完全相同。

图17-7所示为位于澳大利亚布里斯班的门道桥(Gateway Bridges,现在的官方名称叫Sir Leo Hielscher Bridges)。这是两座在分跨布置上一致的预应力混凝土连续刚构桥,两桥间距约51m,主跨260m;一座开通于1986年,一座开通于2011年。

图17-6 名港西大桥(1985年,1997年)

图17-7 布里斯班门道桥(1986年,2011年)

还有一些特别的"姐妹桥",特别之处在于,并列的两座或三座桥是一次性设计、分阶段建造。

图17-8所示为美国匹兹堡的三姐妹桥(Three Sisters)。这是采用熟铁链杆作为主缆的自锚式悬索桥,也是美国最早建造的自锚式悬索桥,还是极为罕见地采用悬臂法施工主跨的悬索桥。其中,两座桥在1926年开通,一座桥在1928年开通。上、下游两座桥到中间一座桥的间距在140~170m之间,桥长在260~269m之间,主跨跨度在120~135m之间。

在俄罗斯圣彼得堡跨越涅瓦河的大奥布霍夫(Bolshoi Obukhovsky)桥,如图17-9所示。这是两座并列的钢箱斜拉桥,主跨382m,间距约36m,先后在2004年、2007年开通。

图17-8 匹兹堡三姐妹桥(1926年,1928年)

图17-9 圣彼得堡大奥布霍夫桥(2004年,2007年)

在我国,也建造了一些分离式双幅桥,也可视其为"姐妹桥"。图 17-10 所示为重庆鱼洞长江大桥,其是一座公轨两用的预应力混凝土连续刚构桥,布置六个车道和两个轻轨道。主桥的双主跨长 260m,桥面总宽 41.6m,单幅宽 20.3m,间距约 21m。大桥分期建设,上游幅在 2008 年建成通车,下游幅在 2011 年建成通车。

图 17-10　重庆鱼洞长江大桥(2008 年,2011 年)

"姐妹桥"缘由

为何会出现"姐妹桥"? 笔者的理解如下。

分成两种情况讨论。第一种情况是指那些建造年代相距十多年至几十年的"姐妹桥"。这主要是由于交通流量的增加促使了第二座桥的建设(也不排除第一座桥因年代久远而需更换用途)。从技术层面讲,若经过时间考验的第一座桥仍可正常使用,则说明其结构是可靠的;而且,桥位处的地形、地质、水文等条件也适于建造第二座同一式样的桥。另一方面,从桥梁审美的角度看,相邻不远的、同一桥式的两座桥,在形式上显得互为协调而不冲突、在审美心理上会产生秩序感、在视觉上会衍生出更丰富的造型景观;所有这些,均会起到进一步凸显桥梁建筑美的作用。

第二种情况是指那些一次性设计、分阶段建造的"姐妹桥"。通常,对那些桥面宽度尺寸很大的桥,就有条件做成两座独立的桥。从工程常识上理解,建造这样的"姐妹桥",因基础部分花费较多,似乎不合算。不过,其也会带来潜在的好处:第一,可降低建设过宽桥梁(连带过大的基础)的技术难度和风险,可间接提升桥梁的可靠性;第二,尽管分建两座桥的施工周期比建设一座宽桥有所延长,但让其中一座半宽的桥提前通车几年,也会带来巨大的社会效益;第三,从长远考虑,今后便于在不完全中断交通的情况下开展维修加固。

结　　　语

桥梁园地中,百花争妍,"姐妹桥"就像园中的荷莲,并蒂而立,显眼夺目。

"姐妹桥"的设计,与常规的桥梁设计没有区别,只是需要注意两点:一是需确定两桥之间的合理间距(因受两岸道路的制约,并考虑整体协调性,两桥相距不能过远或过近;取值可参考前述各桥例),二是两桥在构造尺寸上不要求绝对一样,可以存在些许差异;也就是说,形似(包括色彩)似乎更为重要。

　　两座并列的桥,桥型不同,或结构尺寸有明显差异,这样的桥也并不少见(这里就不举例了)。如此的设计,自然也有合理理由(如第一座桥过于陈旧而面临退役拆除,或第一座桥显现功能性缺陷而难以满足使用要求,等等)。可见,做不做"姐妹桥",也没有一定之规。

　　有没有机会建造"姐妹桥",主要与交通规划和环境条件有关,可遇而不可求。在某些不利条件下(如在场地受限的城市环境中),若强行建造"姐妹桥",反而可能会大费周章,得不偿失。

图片来源

图 17-1　湖州双林三桥,来源于:http://zt.hz66.com/system/content.asp?id=45688.

图 17-2　纳瓦霍桥,来源于:https://en.wikipedia.org/wiki/Navajo_Bridge.

图 17-3　格兰德岛南桥,来源于:http://bridge.bolegapakistan.com/grand-island-bridge/.

图 17-4　特拉华纪念大桥,来源于:https://excelscaffold.com/celebration-of-20-years/.

图 17-5　新奥尔良连接线桥,来源于:https://www.viamagazine.com/destinations/new-orleans-300th-anniversary.

图 17-6　名港西大桥,来源于:https://ja.wikipedia.org/wiki/名港西大桥.

图 17-7　布里斯班门道桥,来源于:https://www.portbris.com.au/news-media/item/?release=/News-and-Media/Gateway-project-reaches-practical-completion.

图 17-8　匹兹堡三姐妹桥,来源于:https://art.branipick.com/three-sister-bridges-in-the-city-of-bridges-1800-x-981/.

图 17-9　圣彼得堡大奥布霍夫桥,来源于:https://kudago.com/spb/place/bolshoj-obuhovskij-most/.

图 17-10　重庆鱼洞长江大桥,来源于:http://www.massmedia.cc/charm/zhibo/8844.html.

第18篇

谈谈钢管混凝土拱桥的起源

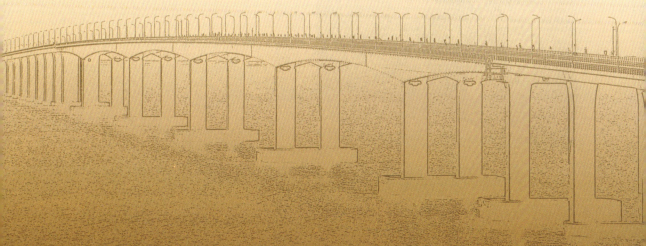

桥梁工程师为何想到用钢管混凝土做拱桥呢？若想弄清楚这个问题，需要"向后看"，考察一下铁管、钢管及钢管混凝土在桥梁领域的发展历程。

桥梁中的钢铁管件

先说说管构件或结构在桥梁工程中的应用。自钢桥问世至今，不论是实腹结构还是空腹结构，常用的杆件截面是I形（或H形）和箱形，因为这样的截面形式有利于充分利用材料，可提供较理想的受力性能，制造和连接也较方便。对一些特殊情况，或者出于节约材料，或者出于工程师的个人兴趣，历史上一些桥梁曾采用过铁管和钢管。

1852年，英国建造了切普斯托（Chepstow）双线铁路桥（1962年改建，仍沿用原铸铁桥墩至今），该桥结构采用熟铁桁架，主跨91.4m，上弦为直径2.74m的铁管[1,2]，如图18-1所示。1858年，在美国首都华盛顿地区的渡槽工程中，建造了一座"管桥"。该桥是一座跨度61m的拱桥，其主拱由两根直径1.22m的铸铁管构成[3]。1859年，英国建造了两主跨为138.7m的皇家阿尔伯特（Royal Albert）铁路桥，这桥主跨采用透镜状熟铁桁架，桁架上弦为拼接成形的椭圆形铁管拱，宽5.1m，高3.7m，如图18-2所示。

图18-1 英国切普斯托铁路桥（1852—1962年）

图18-2 英国皇家阿尔伯特桥（1859至今）

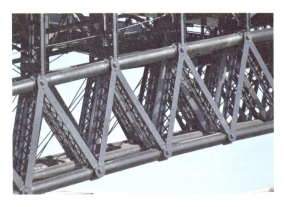

图18-3 美国伊兹桥的桁拱（1874年至今）

1874年，美国在密苏里州圣路易斯建成世界著名的钢拱桥——伊兹桥（Eads Bridge），其桁拱的上、下弦杆件采用的是由6块板件拼接的钢管，直径约46cm，如图18-3所示。据史料记载，该桥的设计理念就来自于华盛顿的"管桥"[4,5]。

在英国，1890年建成了举世闻名的福斯（Forth）铁路桥，该桥为钢悬臂桁架梁桥，跨度达到空前的521m。从当时的施工照片看，其桁架的一部分主要构件是由管片铆接而成的管状构件(图 18-4)。

还有一座建造年代较晚、但因事故而知名的钢管拱桥,那就是 1960 年瑞典建成的阿尔默(Almö)桥[6]。该桥主跨 278m,拱圈由为两根直径 3.8m 的钢管水平并列而成,采用缆索吊装法施工,如图 18-5 所示。1980 年,这桥被一艘货轮撞塌;1981 年改建为跨度 366m 的混合梁斜拉桥。

图 18-4 英国福斯铁路桥(1890 年至今)　　　图 18-5 瑞典阿尔默桥(1960—1980 年)

由上面的几个例子,可以认为,采用铁管或钢管做受压为主的拱结构,是可行的。但是,因为要保证钢铁管件的整体和局部稳定,就需在管内设置较多的纵向、径向加劲肋;因要便于管件与其他构件的连接,在管外就得布设较多的连接件。这样,所用材料就得增加,也就不怎么经济了。因此,尽管历史上采用铁管或钢管建造的桥梁的名气都很大,但数量却十分有限。

钢管混凝土构件的应用

早年的铁桥或钢桥,除了在桥跨结构中采用管构件以外,也在桥墩中采用,如前文提及的切普斯托桥和皇家阿尔伯特桥,后者的河中墩就是 4 根八边形铁管(图 18-2)。因桥墩是受压构件,且铁管可充当模板,于是就慢慢出现了铁管或钢管混凝土构件。

1870 年前后,在法国的一条铁路线上,建成四座熟铁桁梁高架桥。这些桥均采用桁式桥墩。其中,布布尔河(Bouble)高架桥的桥墩见图 18-6。该桥的主跨 50m,桥墩高约 56m,其由 4 根 5m 一个节段的铁管组成(外径 50cm,壁厚 3~4.5cm),管内填充混凝土[7]。这大概是世界上第一次采用的铁管混凝土构件。

图 18-6 法国布布尔河高架桥(1871 至今)

1879年建成的赛文(Severn)铁路桥,是一座分跨22孔、总长1269m的熟铁系杆拱桥,其桥墩也采用了铁管混凝土。不过,当时在管内灌注混凝土的原因,不是为了提高铁管的承载力,而主要是为了解决管内的防锈问题。1960年,这桥遭受船撞破坏,1970年废弃,如图18-7所示。

在19世纪末期的美国,一位叫约翰·拉里的人发明了在铸铁管或钢管内灌注混凝土的立柱构造专利,称为"拉里柱"(Lally Column),用于房屋和桥梁结构[8]。美国爱荷华州首府得梅因的Red桥,建于1891年,主跨为两孔钢桁梁结构,跨度47.2m,河中的三个桥墩均采用拉里柱,经改造成人行桥仍在使用[9]。另一座有代表性的桥是爱荷华州布恩县的Wagon Wheel桥,其也为多跨钢桁梁结构,主跨长61m,桥墩均采用拉里柱,1911年建成;2008因遭洪水冲击而关闭交通,2016年遭浮冰撞击彻底破坏[9],如图18-8所示。在美国和加拿大,从19世纪末期到20世纪初期,建造了一些采用拉里柱专利技术的钢桁梁桥,这里就不一一列举了。

图18-7 英国赛文铁路桥(1960年破坏后)

图18-8 美国Wagon Wheel桥(1911—2016年)

由此,似乎可以说,钢管混凝土构件用于桥梁,是从桥墩开始的。

钢管混凝土拱桥的问世

把钢管混凝土用于拱桥的历史情况是怎样的呢?在图书和期刊文献中,说钢管混凝土应用于拱桥的时间始于20世纪30年代末,苏联建造了跨越列宁格勒(即现在的圣彼得堡)涅瓦河101m的下承式钢管混凝土公路拱桥,以及位于西伯利亚跨度达140m的上承式钢管混凝土拱桥。这说法有点笼统含混。现根据相关资料补充说明如下。

1936年,在列宁格勒涅瓦河上建成了一座公路桥(图18-9),取名沃洛达尔斯基(Volodarsky)桥(沃洛达尔斯基是一位革命者和政治家,1918年在该桥附近的街道上被暗杀)。该桥分三跨,两边跨为柔性拱刚性梁的下承式钢筋混凝土系杆拱,跨度101.1m;中间小跨为双叶式立转活动桥。施工上,系杆拱在岸上制造,采用浮运法整跨架设[10]。使用若干年后,拱桥出现变形加大、保护层脱落、拱肋内钢筋与混凝土剥离等问题。于是,在1988—1993年间,拆除旧桥,新建一座钢箱梁桥,如图 18-10 所示。新桥分 5 跨,两端各为一两跨连续梁,中间的活动跨也从双叶式改为单叶式。

图 18-9　俄罗斯沃洛达尔斯基老桥(1936—1988 年)　　　图 18-10　俄罗斯沃洛达尔斯基新桥(1993 年至今)

　　从图 18-9 上看,沃洛达尔斯基老桥似乎与钢管混凝土扯不上关系。其实,所谓的"钢管混凝土"隐藏在拱肋内。这桥的拱肋采用了一种特殊的配筋方式。先采用 4 根一组的小直径钢管混凝土(钢管尺寸不详,管壁似乎很薄),用钢筋绑扎在一起,形成集束式节段单元,如图 18-11 所示;再将各节段单元布设在拱肋内,纵向焊接起来,横向再用钢筋绑扎,形成拱肋内的配筋,如图 18-12 所示。设计者采用这样的配筋方式,应该是考虑到了小直径钢管对管内混凝土的"套箍"作用的,但从构造上讲,这样的方式难以使拱肋全断面混凝土受到"套箍"作用。可以认为,钢管主要起到钢筋的作用,这桥还是一座钢筋混凝土系杆拱桥。

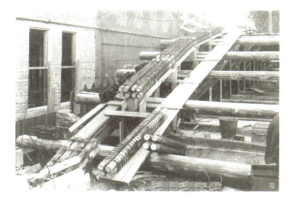

图 18-11　集束式小钢管混凝土节段单元　　　图 18-12　集束式小钢管混凝土拼接完成

　　苏联的另一座桥(图 18-13),应该是世界上第一座钢管混凝土拱桥。这桥位于现俄罗斯乌拉尔卡缅斯克(Kamensk)的一条单线铁路线上,跨越伊赛特河,姑且称其为卡缅斯克桥吧(图 18-14)。该桥主跨采用月牙形桁式两铰拱,跨度约 135m,矢高 21.91m;钢管螺栓连接,管径 830mm,壁厚 13mm;支架法施工,1939 年建成[11]。

图18-13 俄罗斯卡缅斯克桥(1939年至今)

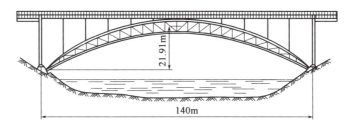

图18-14 俄罗斯卡缅斯克桥立面布置

第一座钢管混凝土拱桥为何会出现在乌拉尔卡缅斯克这个地方？不知道。知道的是，这个地方矿产丰富，18世纪初因建设炼铁厂和铸造厂而兴起；直到今天，钢管仍是其最主要产品。但自此桥之后，半个世纪内，世界上似乎再没有建造钢管混凝土拱桥(但钢管混凝土柱在工业与民用建筑中应用较多)。有人可能会问，为何50年内大家都不做钢管混凝土拱桥？作者的理解是，第一，卡缅斯克桥采用支架法施工，没有发挥出钢管桁架本身具备的支架优势，经济上不划算；第二，桥位处年均气温低，不利于管内混凝土灌注，施工可能较为麻烦；第三，也可能是最主要的，就是国际环境的变化(二战及东西方冷战等)，导致桥梁科技信息的交流传播不畅。

图18-15 中国旺苍东河桥(1990—2014年)

到了 1990 年,我国建成跨度 115m 的下承式系杆拱桥——四川旺苍东河桥(图 18-15),成为我国第一座钢管混凝土拱桥(因各种原因,在 2014 年拆除)。旺苍东河桥的建成,拉开了在中国建造钢管混凝土拱桥的帷幕。

结　　语

历史上,曾把空管构件用于桥跨结构,把混凝土管构件用于桥墩,这样的做法,并未延续下来。20 世纪 30 年代,出现了钢管混凝土拱,但并没推广开来。直到 20 世纪 90 年代,在中国桥梁工程师的手中,钢管混凝土拱桥才得以焕发出强大的生命力。

我国的钢管混凝土拱桥工程实践证明:借助无支架施工技术和先进的泵送混凝土工艺,采用钢管混凝土拱桥,可优化施工工艺,节省材料,提高结构整体性和耐久性,并可大幅提升跨越能力。从 20 世纪 90 年代伊始至今,中国修建的各式钢管混凝土拱桥超过了 400 座,其中跨度超过 200m 者 40 余座,跨度超过 300m 者 10 余座,跨度超过 400m 者 6 座(包括在建者),最大跨度者为 2013 年建成的跨度 530m 的四川合江波司登大桥,在建的广西平南三桥主跨达到 575m。中国已成为名副其实的钢管混凝土拱桥强国。

参考文献

[1] Chepstow Railway Bridge. in:http://www.engineering-timelines.com/scripts/engineering-Item.asp?id=1301.
[2] John Christopher. The Lost Works of Isambard Kingdom Brunel[M]. Amberley Publishing,2011.
[3] Historic American Engineering Record (HAER). "Pennsylvania Avenue Bridge", in:https://loc.gov/pictures/item/dc0758/.
[4] Miller, Howard S. and Quinta Scott. The Eads Bridge[M]. University of Missouri Press,1979.
[5] Frank Griggs. Eads Bridge at St. Louis[J]. STRUCTURE,Dec 2017, 18-20.
[6] Björn Åkesson. Understanding Bridge Collapses [M]. Taylor & Francis Group, London,2008.
[7] Viaduc de la Bouble. in:https://de.wikipedia.org/wiki/Viaduc_de_la_Bouble.
[8] Lally Column Companies. Lally Handbook of Lally Column Construction:Steel Columns—concrete Filled. Lally Column Companies,1926.
[9] Historic Bridges of the United States. in:https://bridgehunter.com/.
[10] Володарский мост. in:https://mostotrest-spb.ru/bridges/volodarskij.
[11] Могилевцева И. Н., Разумова О. В. Трубобетонный каркас-рациональный выбор при проектировании высотных зданий. in:http://elima.ru/articles/index.php?id=166.

图片来源

图 18-1　英国切普斯托铁路桥，来源于：https：//en.wikipedia.org/wiki/Chepstow_Railway_Bridge.

图 18-2　英国皇家阿尔伯特桥，来源于：http：//www.bridgemeister.com/pic.php？pid=30.

图 18-3　美国伊兹桥的桁拱，来源于：http：//historicbridges.org/bridges/browser/？bridgebrowser=missouri/eads/.

图 18-4　英国福斯铁路桥，来源于：http：//www.dailymail.co.uk/news/article-3149026/Forth-Bridge-set-Unesco-World-Heritage-site.html.

图 18-5　瑞典阿尔默桥，来源于：Wegbereiter der Bautechnik（ed.）. Herausragende Bauingenieure und technische Pionierleistungen in ihrer Zeit[M]，VDI Verlag，1990.

图 18-6　法国布布尔河高架桥，来源于：http：//echassieres.com/accueil.php？page=tourisme_viaducs.

图 18-7　英国赛文铁路桥，来源于：http：//news.bbc.co.uk/local/gloucestershire/hi/people_and_places/history/newsid_9106000/9106744.stm.

图 18-8　美国 Wagon Wheel 桥，来源于：https：//bridgehunter.com/ia/boone/wagon-wheel/.

图 18-9　俄罗斯沃洛达尔斯基老桥，来源于：http：//razvodmostov.spb.ru/volodarskiy-most.

图 18-10　俄罗斯沃洛达尔斯基新桥。来源于：http：//palytra.com/en/about_russia/information_saint-petersburg/bridges_info_pictures/volodarskiy_bridge.

图 18-11　集束式小钢管混凝土节段单元，来源于：文献[10].

图 18-12　集束式小钢管混凝土拼接完成，来源于：文献[10].

图 18-13　俄罗斯卡缅斯克桥，来源于：http：//strana.ru/places/21543503.

图 18-14　俄罗斯卡缅斯克桥立面布置，来源于：文献[11].

图 18-15　中国旺苍东河桥，来源于：作者供图.

第19篇 从米兰拱到钢管混凝土劲性骨架拱

在拱桥向大跨度发展的历史进程中,施工技术起到了非常重要的作用。对钢拱桥而言,由于材料强度高,结构自重相对较轻,采用悬臂架设技术,在20世纪30年代就建造出跨度超过500m的桥了(如澳大利亚悉尼港大桥,美国新泽西贝永桥)。对自重更大的混凝土拱桥,若跨度很大,或需跨越大江大河或深沟峡谷,就难以采用传统的落地支架的方法施工。因此,百多年来,桥梁工程师们一直在探索大跨度钢筋混凝土拱桥的施工方法。最早的且一直影响至今的一种施工方法,就是米兰法(Melan Method)。

米兰法的问世

米兰法的发明者是约瑟夫·米兰(Josef Melan,1854—1941年,图19-1),他是一位奥地利工程师,出版过与混凝土拱桥相关的专著,被业界视为19世纪末期钢筋混凝土桥梁建造的先驱。1892年,米兰提出了专利[图19-2a)],用来建造建筑结构中的拱形楼板,特点是:用型钢做拱架(用钢量偏高),施工便捷(无须落地支架),在非均匀荷载作用下板的承载力更高。很快,这一专利就被用来建造钢筋混凝土拱桥[1]。

 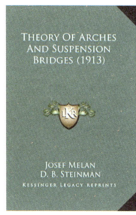 

图19-1　约瑟夫·米兰及其著作(1854—1941年)

基于米兰法的概念,奥地利工程师弗里茨·冯·恩裴查(Fritz von Emperger,1862—1942年)在1897年提出了用于钢筋混凝土拱桥的专利[2][图19-2b)]。恩裴查是米兰的学生,也是米兰派驻美国的代表。从图中可见,此时的拱架并不是仅仅布置在拱腹处的大尺寸型钢,而改为布置在拱圈内的由小尺寸型钢组成的拱形骨架。顺便提及,恩裴查也是提出部分预应力混凝土(PPC)概念的第一人。

另一件与米兰法相关的专利,是由西班牙的一位教授何塞·欧亨尼奥·里贝拉(José Eugenio Ribera,1864—1936年)在1902年提出的[3][图19-2c)]。这一专利与图19-2b)所示的专利相似但有所改进,可用于更大跨度的空腹式钢筋混凝土拱桥。至此,用于大跨度钢筋混凝土拱桥的米兰系统(指在拱圈或拱肋内用相对刚劲的钢骨架替代常规的钢筋布置,并由此实现拱桥的无落地支架施工)就形成了。

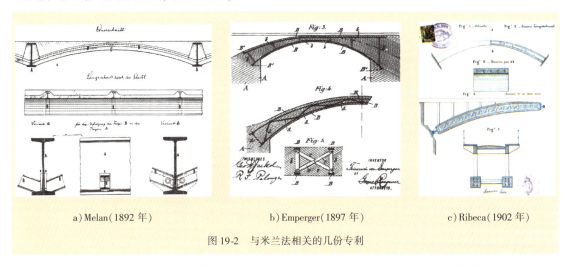

a) Melan(1892 年)　　b) Emperger(1897 年)　　c) Ribeca(1902 年)

图 19-2　与米兰法相关的几份专利

在我国,极少提及米兰法或米兰系统,取而代之的是劲性骨架拱或半刚性拱架。

米兰法的应用

一般认为,米兰法的应用,经历了以下三个阶段。

阶段 1:创新阶段。这一阶段大概只有 10 多年的时间,指从米兰提出专利(1892 年)到在桥梁工程中开始尝试应用(20 世纪初)。在这一阶段内,进行了模型荷载试验,建造了逾 10 万 m² 的米兰拱形楼面,以及在欧洲和美国建造了若干座跨度不大的拱桥。

1898 年,在奥地利斯太尔(Steyr)建成了泳校桥(Schwimmschulbrücke),如图 19-3 所示。这桥由米兰设计,拱跨 42.4m,矢高仅 2.67m,采用 6 片钢拱架[不知是图 19-2a)所示的型钢,还是图 19-2b)所示的桁架]作为劲性骨架,借助临时扣索来悬拼骨架。这是当时世界上跨度最大的钢筋混凝土桥,米兰本人也借此声名远扬。不过,这桥后来因地质问题导致明显挠曲(拱顶下挠 26cm),1959 年拆除。

图 19-3　米兰设计的泳校桥(1898—1959 年)

在美国,最早的米兰拱建于 1893 年,是由恩裴查主持设计的。图 19-4 所示为美国俄亥俄州的库克公路(Cooke Road)桥,跨度 15.9m,桥宽 4m,1896 年建成。图 19-5 为明尼苏达州的科摩公园(Como Park)人行桥,跨度 26.8m,桥宽 4.6m,1904 年建成;因该桥被列入美国"国家史迹名录",2015 开始修复。从这两图中的破损裸露部分,可看出早期钢拱架构造形式的变化。

图 19-4　美国库克公路桥(1896 年至今)

图 19-5　美国科摩公园人行桥(1904 年至今)

阶段 2:扩散阶段。这一阶段从 20 世纪初持续到 30 年代。30 年的工程实践,使米兰法在大跨度钢筋混凝土拱桥的施工中占据了一席之地。

在美国,米兰系统的应用曾经十分广泛。有文献说,仅仅美国纽约的一家工程公司在 1894—1904 年间就建造了 300 座米兰拱桥。到 1924 年,美国共建成了 5000 座米兰拱桥[1]。1923 年,美国在明尼阿波里斯市建成 Cappelen 纪念桥(也叫富兰克林大道桥)。该桥长 321.47m,分跨 16.8m + 60.7m + 121.9m + 60.7m + 16.8m,时为世界上跨度最大的钢筋混凝土拱桥,如图 19-6 所示。在 20 世纪 70 年代,曾对该桥进行过加宽改造,近年进行了全面维修。

欧洲,主要在德国、西班牙等国家建造了为数有限的米兰拱。1929 年,德国在巴伐利亚州山区建成 Echelsbacher 桥,如图 19-7 所示。这是一座两铰拱桥,跨度 130m,矢高 31.8m,采用悬臂桁架法拼装劲性拱架。在这桥的施工中,开始采用在拱顶配重的方式来控制混凝土浇筑过程中钢桁拱架的变形。

图 19-6　美国 Cappelen 纪念桥(1923 年至今)　　　图 19-7　德国 Echelsbacher 桥拱架拼装

1931 年西班牙建成的塞尔维亚圣特尔莫(San Telmo)桥,是由里贝拉设计的。主桥分跨 44m+50m+44m,边上两孔为拱结构,中间一孔为可开启的悬臂梁结构。钢桁拱架的架设,则采用悬臂扣挂与大件浮运吊装相结合的方法,如图 19-8 所示。

西班牙 1934 年开建的马丁吉尔(Martin Gil,该桥设计师的名字)铁路高架桥,也叫艾斯拉河桥,主跨达 210m;因西班牙内战中断了桥梁施工,直到 1942 年才得以完成。该桥的拱架采用悬臂方法拼装,并将拱架重量转移到缆索上。在施工中通过优化混凝土浇筑工序以尽可能节省钢材,原则是:前一施工阶段所形成的结构可安全承受下一施工阶段所增加的混凝土重量,如图 9-9 所示。

图 19-8　西班牙圣特尔莫桥拱架拼装　　　图 19-9　西班牙马丁吉尔铁路高架桥拱架拼装

前已述及,米兰法的不足就是钢材耗费偏多,远高于钢筋混凝土桥所需者。随着二战的临近,钢材物资十分紧张,于是,米兰拱的建造就慢慢停顿下来,偃旗息鼓了大约 40 年。

阶段 3:复兴阶段。这一阶段从 20 世纪 70—80 年代开始,持续至今。从 80 年代起,钢-混组合桥梁结构得到发展,这为重新认识、改造和应用米兰系统提供了新的视角和手段。

尽管 20 世纪 90 年代后欧洲重新使用米兰系统建造了一些钢筋混凝土拱桥,但日本在这一阶段所起到的作用更为突出。早在 19 世纪下半叶,日本政府就派遣工程师到欧洲和美国学习桥梁科技。1903年,在京都建造了第一座米兰拱桥。从20世纪70年代起,日本结合大跨度组合结构拱桥的施工应用米兰体系,迄今建造的跨度超过百米的钢筋混凝土拱桥不少于20座。

日本应用米兰体系建造钢筋混凝土拱桥,与施工方法密切相关。通常是采用悬臂法(悬臂扣挂法或悬臂桁架法)建造1/6~1/3跨长的拱段,再采用其他方法(如浮运架设,或悬臂拼装)安设主跨中间的一段劲性拱架,最后浇筑中间部分的混凝土。

图19-10所示的是日本冈山县的头岛(Kashirajima)大桥,跨度218m,2003年建成。这桥的施工方法是:先采用悬臂扣挂法浇筑一段混凝土拱段,再浮吊架设中间长约130m的劲性拱架,最后浇筑中间拱段的混凝土。图19-11所示的宫崎县天翔大桥(Tensho),跨度260m,2000年建成,采用悬臂桁架法浇筑+悬臂拼装劲性拱架(长约82m)的方法施工。

图19-10 日本头岛大桥施工

a)悬臂桁架法浇筑拱段

b)跨中钢拱架拼装

图19-11 日本天翔大桥施工

20世纪80年代末,日本推出了CLCA(Concrete Lapping with pre-erected Composite Arch)法,即采用钢箱和型钢构件组成钢拱架,并外包混凝土。其最大特点是:在外包混凝土之前,先往钢箱内灌注混凝土,以提高钢拱架的承载力和刚度。1988年建成的Joushi桥(跨度82m,三片钢箱),最早采用这样的构造形式。图19-12所示为日本冲绳县的Warumi-Ohashi大桥,跨度210m,拱架含两片钢箱,2010年建成[4]。

图 19-12 日本 Warumi-Ohashi 大桥施工

我国劲性骨架拱桥的创新发展

我国的劲性骨架(亦曾称埋入式拱架)钢筋混凝土拱桥的建设,始于20世纪80年代。这类拱桥的施工技术为:采用型钢拼制半刚性拱架,其也作为配置在拱结构内的(劲性)钢筋;将拱架整体或分段吊装就位,再在拱架上搭设吊架并支立模板,最后,按一定的工序浇筑混凝土。为节省钢材,拱架的刚度不足,故需采用配重或锚索加载的方式,来控制混凝土浇筑过程中拱结构(包括拱架)的应力和变形。可见,尽管我国早期的劲性骨架拱不叫米兰拱,但实际上与米兰拱有密切关联。

按此法,1983年建成辽宁丹东沙河口大桥(2006年拆除改建),跨度156m,是当时国内跨度最大的钢筋混凝土肋拱桥。另一座桥梁是辽宁阜新清河门桥,主跨120m,1986年建成(2002年拆除)。1990年,采用同样的构造,在四川宜宾建成跨度240m的小南门大桥(图19-13),使中国拱桥跨度第一次超过200m。

1990年,我国的钢管混凝土拱桥开始起步。钢管混凝土拱桥所具备的技术优势,使其得到迅猛发展(至今已建造了400余座),成为拱桥建设的主导桥型(参见第18篇)。也正是钢管混凝土拱桥的发展,促使我国的劲性骨架钢筋混凝土拱桥走出了一条创新的道路。

a) 桥梁现状

b) 吊装第一段劲性骨架

c) 劲性骨架合龙

d) 浇筑拱肋混凝土（配置水箱压重）

图 19-13　四川宜宾小南门大桥（1990 年）

依笔者拙见，可把我国的与钢管混凝土相关的拱桥大体分为三类。

第一类："骨架外置"的钢筋混凝土拱桥。指构造上采用单肢或双肢哑铃形的钢管混凝土拱，如最早建设的四川旺苍东河大桥。对这类跨度有限的钢管混凝土拱，可理解其是把传统的埋入式骨架置换成了外置式钢管拱。如此，不仅可节省吊架模板，简化施工，而且因钢管的约束效应，拱结构的极限承载能力也得到提升。需要关注的问题是：管内混凝土的脱空和管外的涂装防锈。尽管这类拱桥被称为钢管混凝土拱，但其本质上与埋入式劲性骨架拱一样，可看成是配筋率偏高的钢筋混凝土拱桥。

第二类：钢管混凝土劲性骨架拱桥。指采用钢管混凝土劲性拱架、外包混凝土的钢筋混凝土拱桥。这样的构造，可避免钢管的涂装防锈，增加拱的刚度，适用于大跨度拱桥。1996 年建成的南宁蒲庙大桥（即邕宁邕江大桥，跨度 312m），每根拱肋中的劲性骨架由 4 根钢管混凝土及型钢构件组成；1997 年建成的万县长江大桥（跨度 420m），箱形拱圈中的劲性骨架由 10 根钢管混凝土及型钢构件组成；2016 年建成的沪昆高铁北盘江特大桥（四线铁路，跨度 445m），变宽度箱形拱圈中的劲性骨架由 8 根钢管混凝土及型钢构件组成。成拱的次序，应遵循"让一部分材料先成拱"的原则。由图 19-14 可见，万县长江大桥的成拱施工工序是：劲性骨架成拱→灌注劲性骨架中的管内混凝土→分次浇筑中箱混凝土→分次浇筑边箱混凝土。

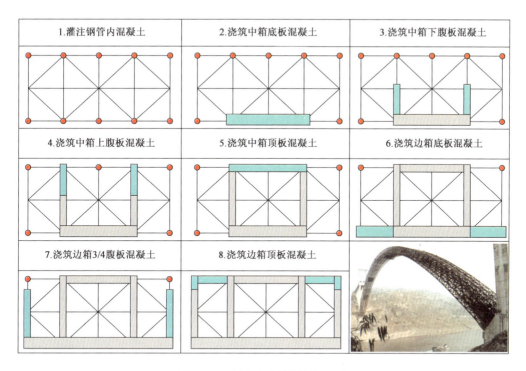

图 19-14 万县长江大桥拱圈施工工序

第三类：钢管混凝土桁架拱桥。指构造上采用桁架形式的钢管混凝土拱。这样的构造结合了钢管混凝土与（钢管）桁架的优点，可更有效地利用材料，降低工程造价，适用于大跨度结构。由于采用桁架结构，用钢量增加，这类拱桥可视为管桁与钢管混凝土拱的组合结构。我国大跨度钢管混凝土桁架拱桥的工程实例不胜枚举，目前跨度最大的公路桥是泸渝高速公路波司登长江大桥（跨度530m，2012年），铁路桥是准朔铁路黄河特大桥（跨度360m，双线，2016年完成主体结构），如图 19-15 所示。

图 19-15 大跨度钢管混凝土桁架拱桥

a）波司登长江大桥

b）准朔铁路黄河特大桥

结　语

从混凝土拱桥的发展历史看,影响拱桥在向大跨度发展的技术挑战,主要来自于施工技术。不论是早年国外的米兰拱,还是现在中国的钢管混凝土劲性骨架拱,都是为了避免采用落地支架而发展出来的钢筋混凝土拱桥构造和施工技术。这类拱桥施工的一个共同特点是:让一部分材料先行成拱,形成结构,使其具备承担后续材料自重的能力。

从跨度上看,欧洲采用米兰系统,在20世纪20—30年代建造了100~200m级的钢筋混凝土拱桥;日本结合悬臂施工、组合结构和米兰系统,在80年代后建造了200~300m级的拱桥;中国发展钢管混凝土劲性骨架,在20世纪90年代后建造了400~500m级的拱桥。

钢筋混凝土拱桥向更大跨度发展,取决于更科学的设计理论、更经济合理的构造形式及其施工技术。在设计方面,主要是应用精细化分析。在构造方面,主要是研发不同形式的钢-混组合结构拱(如钢桁劲性骨架混凝土与钢桁的组合,钢套箱混凝土与钢箱的组合等)。在施工方面,需采用各种无支架方法,让一部分材料先形成拱,以便减轻施工技术难度并降低建造成本。有望在不远的将来,使钢筋混凝土拱桥或钢-混组合结构拱桥的跨度突破600m。

参考文献

[1] Holger Eggemann, Karl-Eugen Kurrer. On the International Propagation of the Melan Arch System since 1892. Proceedings of the Third International Congress on Construction History, Cottbus, May 2009.

[2] Zlatko ŠAVOR, Jelena BLEIZIFFER. From Melan Patent to Arch Bridges of 400 m Spans. China-Croatian Joint Colloquium, Brijuni Islands, 2008, 349-356.

[3] Jorge Bernabeu Larena, et al. Concrete arch bridges with rigid reinforcement. Revista de Obras Públicas, Oct 2005, 47-56.

[4] Yutaka YAMAHANA, Susumu KAJIKAWA. Concrete Arch Bridge Constructed by Composite Arch- The Warumi-Ohashi Bridge. National Report of Japan on Prestressed Concrete Structures, in: http://www.jpci.or.jp/NR/pdf/41.pdf.

图片来源

图19-1　约瑟夫·米兰及其著作,来源于:https://alchetron.com/Josef-Melan.

图19-2　与米兰法相关的几份专利,来源于:文献[1](a);文献[2](b);文献[3](c)。

图19-3　米兰设计的泳校桥,来源于:https://de.wikipedia.org/wiki/Datei:Schwimmschulbrücke_1902.png.

图 19-4　美国库克公路桥,来源于:http://historicbridges.org/bridges/browser/?bridgebrowser=ohio/cooke4236580/.

图 19-5　美国科摩公园人行桥,来源于:http://historicbridges.org/bridges/browser/?bridgebrowser=minnesota/comoparkstreetcarmelan/.

图 19-6　美国 Cappelen 纪念桥,来源于:https://en.wikipedia.org/wiki/Franklin_Avenue_Bridge.

图 19-7　德国 Echelsbacher 桥拱架拼装,来源于:https://oldthing.de/Echelsbach-Ammerbruecke-Bad-Bayersoien-Garmisch-Partenkirchen-LKR-0022819637.

图 19-8　西班牙圣特尔莫桥拱架拼装,来源于:http://elforocofrade.es/index.php?threads/fotos-el-ayer-de-sevilla.4654/page-38.

图 19-9　西班牙马丁吉尔铁路高架桥拱架拼装,来源于:http://caminosdeferro.blogspot.hk/2013/12/el-viaducto-martin-gil.html.

图 19-10　日本头岛大桥施工,来源于:https://www.dsiunderground.com/projects/project-details/article/kashirajima-bridge-japan.html.

图 19-11　日本天翔大桥施工,来源于:http://www.kawadaken.co.jp/technologies/pc_bridge/30/c.html.

图 19-12　日本 Warumi-Ohashi 大桥施工,来源于:文献[4].

图 19-13　四川宜宾小南门大桥,来源于:张佐安供图.

图 19-14　万县长江大桥拱圈施工工序,来源于:作者自绘.

图 19-15　大跨度钢管混凝土桁架拱桥,来源于:http://gx.sina.com.cn/news/gx/2014-03-16/083311772.html(a);作者供图(b).

第20篇 从混凝土梁桥的悬臂浇筑施工说开去

现代桥梁发展到今天,大家对预应力混凝土梁桥采用悬臂浇筑施工早已司空见惯。不过,要说清楚悬臂施工的源头在哪里,世界上第一座悬臂浇筑的钢筋混凝土梁桥在哪里,以及预应力混凝土梁桥的起步,那还是需要花点笔墨的。

桥梁悬臂施工的起源

首先说说第一个问题。混凝土梁桥悬臂施工的源头,来自于钢铁桥梁的悬臂拼装架设方法(习惯称其为"伸臂法")。

钢桥均由若干预制的杆件连接(历史上先是铆接,然后是焊接和拴接)而成,因此适于悬臂拼装。架设钢铁桥梁时,用起重设备将杆件吊起就位,沿跨度方向拼接伸出直至合龙,就可以了。为保证架设阶段的结构稳定性,通常从河中墩处开始对称平衡拼装,也可从一端或拱脚处开始。对非对称平衡拼装的情况,就需要配置平衡跨或其他抗倾覆措施。

图 20-1　葡萄牙玛丽亚·皮娅桥伸臂架设

埃菲尔设计的玛丽亚·皮娅桥(Maria Pia Bridge,跨度 160m,建于 1876—1877 年),是一座铁路铸铁桁拱桥,采用斜拉扣挂的方式,使桁拱可悬臂拼装,如图 20-1 所示。

世界上的第一座钢拱桥(美国的 Eads 桥,主跨 158m,建于 1867—1874 年),就是采用伸臂法架设的,如图 20-2 所示。伸臂架设桁架拱时,需要配置一些临时传力构件以维持平衡。

英国的 Forth 铁路桥(主跨 521m,建于 1882—1889 年),尽管跨度空前,但采用平衡伸臂法拼装,只用一些小型德立克吊机,就可把这庞然大物建成,如图 20-3 所示。

图 20-2　美国 Eads 桥伸臂架设

图 20-3　英国 Forth 铁路桥伸臂架设

把钢桥的伸臂法移植到混凝土梁桥的悬臂浇筑施工上来,关键问题有两个:一是要用钢筋来解决混凝土梁段的"连接",当预应力钢筋出现之后,这事就相对可靠了。另一个是要在梁端设置一个可移动的钢结构,也就是挂篮,其能承受还未凝固的混凝土重量并将其传递到已形成的结构上,并为模板装拆、混凝土养护、预应力张拉等提供一个工作平台。

第一座悬臂浇筑施工的钢筋混凝土梁桥

说到这里,就可以讨论第二个问题了。第一座悬臂浇筑的混凝土梁桥在哪里?答案是:在巴西。这座桥位于巴西圣卡塔琳娜州,跨越位于若阿萨巴和西埃尔瓦尔两个镇子之间的佩奇(Peixe)河,称为佩奇河桥或鲍姆加特桥[1],1930年(一说1931年)建成,如图20-4所示。

该桥采用三跨钢筋混凝土结构,分跨23.67m+68.50m+26.76m;主梁由两片分置于桥面两侧的变高度矩形梁(梁高1.7~4.0m)组成,其间间隔3m布置多道横梁,其上设桥面板[1]。从图20-5可以看出,边跨没有分段,在支架上先行浇筑(作为平衡跨);中跨分段,采用单悬臂浇筑施工。为解决混凝土梁段的"连接",在中间支点的梁顶部布置了46根直径为38mm的钢筋(因是钢筋混凝土结构,底部也需布置一些;另外,钢筋需接长),其在梁体内沿纵向的布置方式与现在的预应力筋者大体相同。

图20-4 佩奇河桥

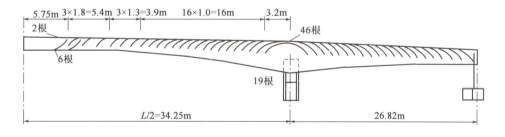

图20-5 主梁及钢筋立面布置

该桥的设计者是E. H. 鲍姆加特(Emílio Henrique Baumgart,1889—1943年)[2]。他是一位德裔巴西工程师,出生在巴西(父母均为德国移民),曾在里约热内卢联邦大学技术学校(现名)读书,后在一家德国工程师开设的工程公司做实习生,熟练掌握了钢筋混凝土建筑技术。他一生先后参与了大小500多项工程的设计,该桥(图20-4)就是他的最得意的作品之一。

建成佩奇桥的意义,在于其实现了大跨度混凝土梁桥的无支架施工。但不知为何,鲍姆加特并未就此申请专利。当时的技术能力有限,既没有预应力钢筋,也没有钢制挂篮,鲍姆加特采用看上去十分简陋的方式,完成了世界上第一座钢筋混凝土梁桥的悬臂浇筑施工,如

图20-6所示。也可能由于上述原因,这一创新性的施工方法当时并没有得到桥梁工程界的重视,即便在巴西,也没有继续如此造桥。

图20-6 悬臂浇筑时的佩奇桥

该桥一直使用了50余年。不幸的是,1983年的一场特大洪水,将这桥永远埋葬在了佩奇河底(图20-7),令人扼腕。后来人们在这桥位附近建造了一座人行梁桥,取名鲍姆加特桥,以此纪念。

图20-7 佩奇桥被洪水冲垮

a) 冲毁前　　　　b) 冲毁后

早期预应力混凝土梁桥及其施工技术

1937年,德国在奥厄(Aue)建成一座三跨预应力混凝土跨(铁路)线桥,主跨69m,其跨中31.5m长的T梁搁置在两端悬臂箱梁上,并布置体外无黏结预应力索,采用支架法施工,如图20-8。但是,这桥使用效果不佳,后增设支墩处理,1995年重建[3,4]。

1938年,采用弗雷西奈的专利,德国工程师建造了一座跨度33m的预应力混凝土简支梁桥,如图20-9所示。主梁由4片预制的I梁和现浇的桥面板组成,I梁采用纵向移动的方式就位。2012年后,这桥被转移到其他地方,改造成了公共纪念物[5]。

1946年,法国的弗雷西奈在吕藏西(Luzancy)用预应力钢筋将预制的混凝土箱梁段串联成整体,只用临时塔和扣索,在马恩(Marne)河上建成跨度55m的双铰刚架桥[3],如图20-10所示。

图 20-8　德国奥厄车站桥支架法施工　　　　图 20-9　德国最早的预制预应力简支梁

这些桥梁,尽管对悬臂浇筑施工没有直接贡献,但有力促进了预应力混凝土梁桥的发展。

预应力混凝土梁桥向大跨度发展,需要适用的无支架施工技术。1950 年,前联邦德国工程师乌尔里希·芬斯特沃尔德(Ulrich Finsterwalder,1897—1988 年)借鉴鲍姆加特发明的悬臂浇筑法,并采用他本人供职的迪克霍夫-魏德曼公司研发的挂篮,采用单悬臂浇筑,在巴尔杜因施泰因(Balduinstein)建成跨越兰河(Lahn)的预应力混凝土梁桥,跨度 62m,如图 20-11 所示[6]。该桥的主梁与佩奇河桥的主梁相似,由两片变高度矩形梁与桥面板组成[7]。

图 20-10　法国吕藏西桥无支架架设　　　　图 20-11　德国巴尔杜因施泰因桥悬臂浇筑

随后,在 1953 年,芬斯特沃尔德采用对称悬臂浇筑施工方法,在沃尔姆斯(Worms)建成尼伯龙根(Nibelungenbrücke)桥(即国内习称的沃尔姆斯桥)。这桥的分跨为 101.65m + 114.20m + 104.20m,截面为两片较窄的(2m 宽)箱形梁[7],跨越莱茵河,如图 20-12 所示。

接下来,20 世纪 50 年代德国建成迪辛格桥,主跨 114m;1960 年巴西建成里约托坎廷斯桥(Rio Tocantins),主跨 140m,1964 年德国建成本多夫桥(Bendorf),主跨 208m。自此,预应力混凝土梁桥的悬臂浇筑技术逐步成熟,并在全世界渐渐推广开来。

图 20-12　今天的尼伯龙根桥

闲话桥名翻译

对那些长长的国外桥名，记住不容易，写起来也麻烦，于是通常化繁就简，但稍不留意就容易出错。这里以本文最后提及的两座德国桥名的翻译为例，讨论一下。

在德国称为"巴尔杜因施泰因桥"的那座桥，在国内就习称其为"兰河桥"。这倒是简单好记，但不准确，这就如同国外同行称我国某桥为"长江桥"或"黄河桥"一样，让我们听起来不知所云。德国人把该桥称为巴尔杜因施泰因桥的原因，是因为离该桥十几公里远的同一条兰河上，有一座建于 13 世纪的著名石拱桥，当地人都称那座桥为"兰河桥"。

德国的尼伯龙根桥，在中国习称为沃尔姆斯桥。沃尔姆斯是德国历史最为悠久的城市之一，它也被称为"尼伯龙根之城"，城中有尼伯龙根博物馆。最早的尼伯龙根桥是一座拱桥，1900 年建成；跨河部分的主桥为三跨钢桁拱，最大跨度 105.6m；主桥两端设桥头堡，称为尼伯龙根塔，今只剩一座（图 20-12）；1945 年遭战争破坏而关闭。由此看来，德国人把 1953 年改建的桥称为尼伯龙根桥，是有历史和文化原因的。2008 年，紧挨这桥边上又建新桥，长度和分跨与老桥大体保持一致，称为尼伯龙根新桥。

总之，当桥梁多了以后，用一条河名或一个地名来称呼某桥，就很容易引起误解。对此，需予以关注。

参考文献

[1] Eduardo C. S. Thomaz. Primeira Ponte de Concreto, em Balanços Sucessivos, no mundo. in：http：//www.deecc.ufc.br/Download/TB803_Pontes%20I/Baumgart.pdf.

[2] Emílio Henrique Baumgart. in：https：//pt.wikipedia.org/wiki/Emílio_Henrique_Baumgart.

[3] Hans Wittfoht. Building Bridges: History, Technology, Construction [M]. Beton-Verlag, 1984.
[4] Bahnhofsbrücke Aue. in: https://de.wikipedia.org/wiki/Bahnhofsbrücke_Aue.
[5] Überführung Weg Hesseler. in: https://de.wikipedia.org/wiki/Überführung_Weg_Hesseler.
[6] Leonardo F. Troyano. Bridge Engineering-A Global Perspective [M]. Thomas Telford Ltd, 2003.
[7] Gerhard Mehlhorn, Manfred Curbach. Handbuch Brücken: Entwerfen, Konstruieren, Berechnen, Bauen und Erhalten [M]. Springer, 2010.

图片来源

图 20-1　葡萄牙玛丽亚·皮娅桥悬臂架设,来源于:https://pt.wikipedia.org/wiki/Ponte_de_D._Maria_Pia.

图 20-2　美国 Eads 桥悬臂架设,来源于:http://historicbridges.org/bridges/browser/?bridgebrowser=missouri/eads/#photosvideos.

图 20-3　英国 Forth 铁路桥悬臂架设,来源于:https://wallscover.com/forth-bridge.html.

图 20-4　佩奇桥,来源于:http://www.diariodovalesc.com.br/noticias.php?id=3966.

图 20-5　主梁及钢筋立面布置(图片来源于:文献[1]).

图 20-6　悬臂浇筑时的佩奇桥,来源于:文献[5].

图 20-7　佩奇桥被洪水冲垮,来源于:http://www.ederluiz.com.vc/cai-um-monumento-o-fim-da-ponte-emilio-baumgart/.

图 20-8　德国奥厄车站桥支架法施工,来源于:http://www.db-bauzeitung.de/allgemein/franz-dischinger/#slider-intro-7.

图 20-9　德国最早的预制预应力简支梁,来源于:https://structurae.net/structures/brucke-hesseler-weg.

图 20-10　法国吕藏西桥无支架架设,来源于:http://www.explorations-architecturales.com/data/new/fichePrint_44.htm.

图 20-11　德国巴尔杜因施泰因桥悬臂浇筑,来源于:文献[6].

图 20-12　今天的尼伯龙根桥,来源于:https://structurae.net/structures/nibelungenbrucke.

第21篇 桥梁发展『三段论』

世间万物,不管是天生的还是人造的,总有个从生到死或者从建成到废弃的过程。这一过程,可能是周期性的,也可能是一次性的;可能是漫长的,也可能是短暂的。

桥梁是人造的工程结构物。对一座具体的桥而言,建成之后,人们通常期望它能被用上几十年至百年。不过,若以一个国家(或地区)的现代化桥梁总体为考察对象,则会发现其形成过程中会呈现出一些有意思的特征。

何为桥梁发展"三段论"?

所谓"三段论",是指在一个国家(或地区)内,其桥梁发展过程中总体上呈现出来的阶段性特征[1],如图21-1所示。

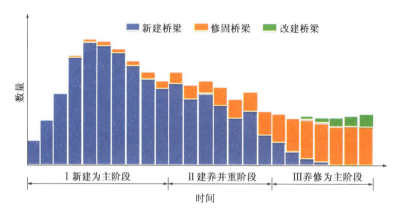

图21-1　桥梁发展"三段论"示意

把桥梁分为三类:一类是新建的桥,一类是需要修固(指维修加固,不是常规养护)的桥,一类是需要改建或更换的桥。把桥梁发展过程分为三个阶段,即:新建为主阶段、建养并重阶段和养修为主阶段。每个阶段的主要特征如下:

Ⅰ 新建为主阶段。随着一个国家的经济腾飞和持续发展(可参阅描述经济发展规律的罗斯托起飞理论),开始大量兴建道路桥梁等交通基础设施,这一时期内,新建桥梁的增量达到峰值;另外,因桥龄普遍较短,需要维修加固的桥梁也少。

Ⅱ 建养并重阶段。随着经济的持续发展,道路桥梁等交通基础设施的建设仍会随之发展,但力度相对减弱。另一方面,随着桥龄的增长以及交通运输的发展,具有结构缺陷或功能缺陷的桥梁数量逐步增加,需要维修加固的桥梁也开始多起来了。

Ⅲ 养修为主阶段。当路网密度能充分满足经济持续发展和社会交通需求时,新桥建设就逐步停滞了。这一阶段内,需要维修加固的桥梁数量达到峰值,也有一小部分桥梁因无法继续使用而需要改建或更换。

本文采用"费用"这一要素来粗略描述三个阶段,如图21-2所示。根据各阶段的特征,可以合理假设,"新建费用"曲线会在阶段Ⅰ达到峰值,在阶段Ⅱ逐渐降低,在阶段Ⅲ明显回落;"养修费用"曲线呈逐步上升之势,在阶段Ⅰ相对低位,在阶段Ⅱ持续爬升,在阶段Ⅲ明显上扬。

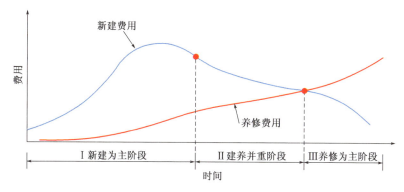

图 21-2　阶段划分的简单标志

阶段Ⅱ与阶段Ⅲ的分界点,可以确定为"养修费用"与"新建费用"交叉之处。阶段Ⅰ与阶段Ⅱ的分界点,可以确定为"养修费用"与"新建费用"之比大于某值(例如,0.3)之处,或者是某一年份维修加固的桥梁数量与桥梁总数之比大于某值(例如,0.1)之处,或者是"新建费用"曲线下降段上的某处。因缺乏历史数据支持,阶段Ⅰ与阶段Ⅱ的分界点相对难以确定。

需要说明的是,一个国家或地区的桥梁总体发展受制于多种因素的影响,图 21-1 和图 21-2 反映的仅是其大致规律,一些相关问题还有待探究。例如,各个阶段的时间跨度有多长?这样的规律是否具备周期性?等等。

美、日、中三国的桥梁建设概况

美国桥梁:根据美国联邦公路管理局(FHWA)网站上的资料[2],绘制了历年(以五年为一个时间单位)新建的公路桥梁数量(总数不足62万座,包括部分涵洞),如图21-3 所示。

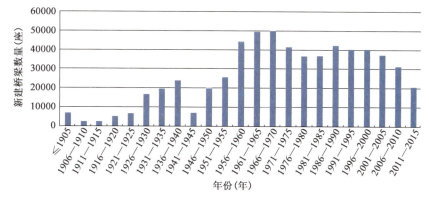

图 21-3　美国公路桥梁数量(截至2015年)

由图 21-3 可见:美国的公路桥梁建设起步较早(始于 19 世纪 20 年代),1905 年之前建造的桥梁数量约有 0.7 万座;从 20 世纪初到 20 世纪 30 年代,桥梁建设已呈持续发展之势,第二次世界大战前的桥梁数量已达 8.5 万座;接下来,第二次世界大战拖累了桥梁建设的脚步,使 1941—1945 年间的建设数量骤减;第二次世界大战后的 50—80 年代,桥梁建设迎来快速发展期,在 60 年代达到峰值(平均每年新建 1 万座);进入 90 年代后,桥梁建设仍保持相当的发展力度;从 21 世纪开始,桥梁建设速度才有所放缓。

另外,美国现拥有约 26 万 km 的铁路(始建于 19 世纪 30 年代),7.6 万座铁路桥[3]。

美国桥梁建设的跨越年代久远,但至今似乎也没有明显的完结迹象,给人一种不疾不徐的感觉。至于今后的桥梁发展,主要取决于联邦层面的经济决策。2015 年底,美国通过了 FAST 法案(Fixing America's Surface Transportation Act,即《修复美国地面运输法案》),其将为美国 2016—2020 年的交通基础设施建设提供 3050 亿美元投资,这会给美国较为陈旧的交通基础设施的修复和更新提供一定支持。

日本桥梁:截至 2010 年,日本的公路桥梁数量(桥长 2m 以上者)达到 70 万座[4]。若只统计桥长 15m 以上者,则只有 16.1 万座[5]。历年建造的桥梁数量见图 21-4。

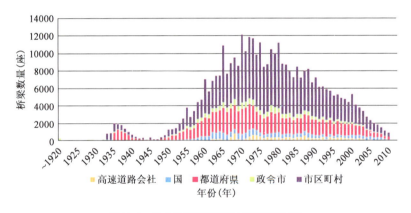

图 21-4　日本公路桥梁数量(截至 2010 年)

由图 21-4 可见:日本在 20 世纪 30 年代之前建造的桥梁很少,第二次世界大战前 10 年出现了一个建设小高潮,随后因战争原因而几乎停滞;从 50 年代起,桥梁建设逐渐恢复,到 70 年代达到高潮(年均新建 1 万余座);从 90 年代起,新建桥梁的数量逐年递减,2010 年后,每年的建造数量大概在千座以内。

对日本的铁路桥梁信息,还有待收集。

总体而言,日本的国土面积和人口有限,经过战后半个多世纪的建设,其路网已经成型,新桥建设应该接近尾声了。

中国桥梁:截至 2016 年,中国公路桥梁的总数已超过 80 万座,成绩显著。图 21-5 所示者,是根据《中国公路史》[6,7]中的数据绘制的历年桥梁总量。需要注意的是,图中的数据有两处明显跳跃,一处发生在2000年,这年的总量比1999年的增加4.8万座;另一处发生在2006年,这年的总量比2005年的增加19.7万座。据了解,这样级别的数字改变来自于统计源的变化,而不是真实的年度增量。

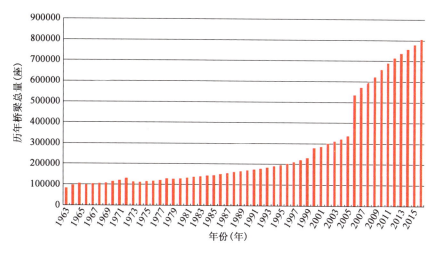

图21-5 中国历年公路桥梁总量(1963—2016年)

再来考察历年的桥梁增量。1964—1990年间的增量见图21-6。由图可见:第一,缺1964年之前的数据,这之前所建造的桥梁也十分有限。第二,在1966、1973、1974和1979年四个年份,桥梁增量出现负增长。这是因为统计源变化,还是数据统计有误?暂不清楚。第三,从1964—1990年的20余年间,桥梁发展速度时快时慢(年平均增量只有0.3万座左右),没有形成持续增长的趋势,这也间接反映出当时的动荡年代对公路交通基础设施建设的影响。

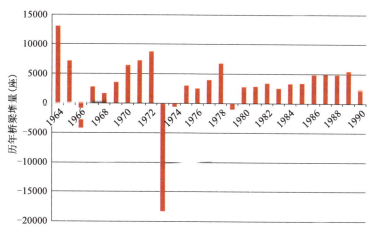

图21-6 中国历年公路桥梁增量(1964—1990年)

1991年至今的公路桥梁增量见图21-7。由图可见:第一,从90年代开始,经济步入正轨,桥梁建设也开始逐步提速。第二,在21世纪的第一个十年中,桥梁建设呈现出加速发展的趋势;在2007和2010两个年度,桥梁增量超过3.6万座(对比美、日的峰值数据,可以感受到我国空前的建设力度和速度!)。第三,接下来的几年内,桥梁增量有所减小,但仍维持在高位,进入了稳步推进的阶段。

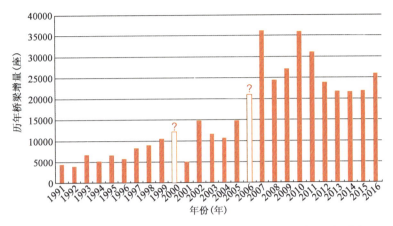

图21-7 中国历年公路桥梁增量(1991—2016年,缺2000、2006年的增量数据)

将图21-7与图21-3、图21-4进行对比,发现美、日、中三国都是花了20~25年的时间(美、日从战后50年代算起),使桥梁增量达到峰值。若根据美、日桥梁增量达到峰值后的发展趋势进行预测,我国的公路桥梁建设估计还会延续约30年。

再看看铁路桥的发展情况。根据《中国铁路桥梁史》(第二版)[8]提供的数据和笔者掌握的信息,整理出不同时期的新建铁路桥的情况,如图21-8所示。由于缺乏年度统计数据,且各时期的长度(图中括号内数字)也不一致,故只能粗略分析其大致趋势。

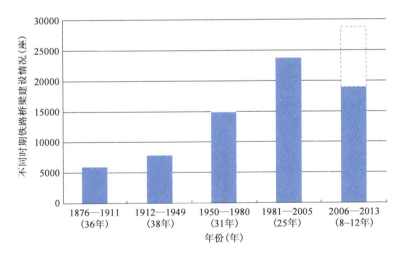

图21-8 中国不同时期的铁路桥梁增量

从图中可以看出,随着时间的推移,新建铁路桥的数量呈增长趋势;而且,年代跨度越来越短,但年增量却越来越大。在2006—2013年的8年间,新建铁路桥1.9万座,若取8年的平均值算至2017年,这一时期(按12年计)的桥梁增量会达到2.85万座(图中虚线所示)。由此可见,铁路桥建设还处于加速发展阶段或稳步推进阶段。

大体匡算,中国现有的铁路桥总量为 7.5 万座左右,与美国现有的铁路桥数量基本持平。根据国家《中长期铁路网规划》(2016—2030 年),铁路网规模将从 2016 年的 12.4 万 km 增加到 2025 年的 17.5 万 km(其中高铁将从 2016 年的 2.2 万 km 增加到 2025 年的 3.8 万 km),增幅大致为 2016 年数据的一半。若规划得以实施,有理由认为,中国的铁路桥梁总量有可能在 2030 年之前达到 11 万座左右。

笔者也曾选择美、日、欧盟和中国的桥梁总数、国土面积和人口数量,推算人均桥梁数和地均桥梁数。结果是:中国的地均数略大于美国,远小于欧盟和日本;在人均数上,中国的仅为其他国家或地区的三分之一弱。这也从另一个角度说明,中国桥梁的发展空间还很巨大。

基于"三段论"的几点认识

基于"三段论",并通过美、日、中三国桥梁发展的对比,得到如下几点认识。

(1)对使用寿命较长的土木及建筑工程公共产品,"三段论"具有一定的普适性,其不仅适于描述桥梁,也适于描述建筑、道路及铁道、房屋、港口、机场等。

(2)桥梁是服务于陆地交通的,而一个国家的陆地交通基础设施的建设和发展,与这个国家乃至世界范围内的政治(包括战争)环境和经济发展之间,存在着密切的关系。

(3)一个国家或地区的桥梁保有量,最终会趋于稳定,不会无休止地增大。根据工业化国家的情况看,从开始大规模兴建到趋于稳定的时间跨度,大致在百年左右。

(4)目前工业化国家已先后进入阶段Ⅲ(养修为主阶段);中国正在进入阶段Ⅱ(建养并重阶段)。

(5)桥梁在"新建为主阶段"的力度和速度,必然会在"养修为主阶段"再次展露出来;对此,需提前制订预防应对策略,做好技术储备。当然,桥梁在"新建为主阶段"的质量优劣,也必然会在后续两个阶段中得到体现。

(6)在"养修为主阶段",桥梁的寿命问题必然会凸显出来。如何延长桥梁寿命,以节省资金投入并保证交通运输安全,已成为工业化国家桥梁管理中的核心工作。

参考文献

[1] 李亚东. 既有桥梁结构的可靠性评估专题研究报告[R]. 成都:西南交通大学,1996.
[2] https://www.fhwa.dot.gov/bridge/britab.cfm.
[3] GAO (United States Government Accountability Office). Railroad Bridges and Tunnels[R]. Washington DC,2007.
[4] 国土交通省. 道路構造物の現状(橋梁). in:http://www.mlit.go.jp/road/sisaku/yobo-

hozen/yobo1_1.pdf.

[5] 日本橋梁建設協会. 100年橋梁. in：http：//www.jasbc.or.jp/panfuretto/panfu_100year_201505.pdf.

[6] 交通部中国公路交通史编审委员会. 中国公路史(第二册)[M]. 北京：人民交通出版社，1999.

[7] 中国公路学会. 中国公路史(第三册)[M]. 北京：人民交通出版社股份有限公司，2017.

[8] 《中国铁路桥梁史》编委会. 中国铁路桥梁史[M]. 北京：中国铁道出版社，2009.

图片来源

图21-1　桥梁发展"三段论"示意，来源于：作者自绘.
图21-2　阶段划分的简单标志，来源于：作者自绘.
图21-3　美国公路桥梁数量，来源于：根据文献[1]绘制.
图21-4　日本公路桥梁数量，来源于：文献[4].
图21-5　中国历年公路桥梁总量，来源于：根据文献[5]、[6]绘制.
图21-6　中国历年公路桥梁增量，来源于：根据文献[5]、[6]绘制.
图21-7　中国历年公路桥梁总量，来源于：根据文献[6]绘制.
图21-8　中国不同时期的铁路桥梁增量，来源于：根据文献[8]绘制.

第22篇 桥梁寿命有多长？

桥梁寿命到底指什么？一座按规范设计、施工和养护的桥梁，能用多久？目前桥梁的平均桥龄(或服役时长)有多少年？那些发生安全事故的桥梁寿命有多长？对诸如此类的问题，本篇拟提供一些参考信息，也阐述笔者的一些观点。

实际的与设计的桥梁寿命

如图 22-1。横轴表示时间，竖轴表示桥梁的耐久性指标或安全性指标。因桥梁的耐久或安全性能会随着时间的推移而逐渐减弱，其表现为一条下降曲线。预期的使用寿命，采用"设计使用年限"表示，其代表桥梁在正常设计、施工、使用和养护条件下(无需大修)满足设计功能的服役时长。

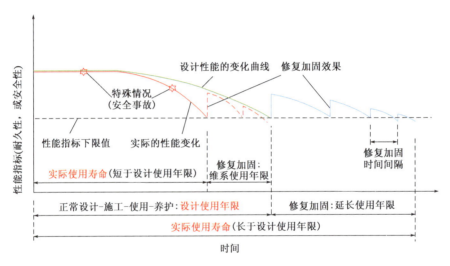

图 22-1 桥梁的使用寿命

图中的绿线代表一种理想化情况，即：性能降至下限值，时间上也刚好达到设计使用年限。事实上，一部分桥梁的实际使用寿命短于设计使用年限(图中红色实线所示)。为延长桥梁的使用寿命，或者说维系其达到设计使用年限，则需对桥梁进行修复加固(图中红色虚线所示)。

某些情况下，对那些达到设计使用年限的一部分旧桥，也可通过修复加固来延长其寿命，如图中蓝线所示。当修复加固的时间间隔越来越短、效果越来越差、费用越来越高时，桥就该废弃更换了。

短寿的桥，多半是因安全事故所致；事故发生的时间不定，或早或晚，在图中用红色的六角星示意。耐久性越差的桥，发生安全事故的概率越大。

综上所述，可以给出实际的"使用寿命"的定义，即：桥梁从投入使用到被迫终止或主动废弃的服役时长。影响使用寿命长短的主要因素，包括：(1)设计和施工阶段确定的材料耐久性水平和结构安全性水平；(2)服役过程中各种人为因素的正面或负面影响；(3)服役过程中各种自然环境因素的负面影响。

历史上,有一小部分桥梁具有很长的桥龄(长达数百年至上千年,参见第5篇),也有不少桥梁因各种原因而早早夭折(参见第26篇)。从图22-2所示的几个桥例,可以看出百多年前设计建造的各类桥梁,仍可服务于今天的现代交通。中国也有少量的百年钢桥,如济南泺口黄河铁路桥、上海外白渡桥、兰州中山桥等,经多次维修而沿用至今。

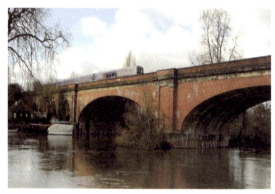

a) 英国Maidenhead铁路桥(砖拱,1838年至今)

b) 美国布鲁布林桥(悬索,1883年至今)

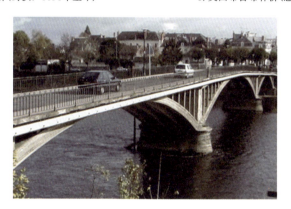

c) 法国Camille de Hogues桥(RC拱,1900年至今)

图22-2　长寿命桥梁实例

保证桥梁长寿命的一个或几个基本条件是:

(1) 没有或较少受到自然环境或人为风险的威胁。

(2) 便于维修,或维修量不大,或因重要性而必须维修。

(3) 可调整使用荷载或用途(如限载,公路桥改为人行桥等)。

再来看看在一些国家的桥梁设计规范中,是如何规定"寿命"的。

美国规范(AASHTO LRFD):一个是Design Life,指用于推演一部分可变荷载取值的时长参数,或叫设计基准期,规定为75年;另一个是Service Life,指期望结构运营的时长,未明确年限,但给出了构造规定,以及对材料、制造和施工质量的要求。

欧洲结构规范(EN 1990):只有一个 Design Working Life(设计工作寿命,也可译为设计使用年限),无设计基准期的规定。对桥梁结构,这值取 100 年;对可更换构件或部件,为 10～25 年。同时,规定了相关的耐久性要求。

澳大利亚规范(AS5100.1)与美国 AASHTO 规范类似。一个是 Design Life,指要求结构或结构构件(无须大修或构件更换)完成设计预定目标的时长,为 100 年;另一个是 Service Life,指期望结构或结构单元(无须较大的维修)完成使用功能的时长,无具体时间规定。

中国《公路桥涵设计通用规范》(JTG D60—2015)规定设计基准期为 100 年,并给出不同等级的公路中桥梁主体结构及可更换部件的设计使用年限,见表 22-1。

中国公路桥梁的设计使用年限(年)　　　　表 22-1

公路等级	主体结构			可更换部件	
	特大桥 大桥	中桥	小桥涵洞	斜拉索 吊索系杆等	栏杆伸缩装置 支座等
高速公路 一级公路	100	100	50	20	15
二级公路 三级公路	100	50	30		
四级公路	100	50	30		

中国《铁路桥涵设计规范》(TB 10002—2017)规定桥涵主体结构的设计使用年限为 100 年,无设计基准期的规定。

简单对比分析各国关于"寿命"的规定,可得到以下几点粗浅看法:

(1)各本规范对"寿命"的称谓、定义、内涵的描述不尽相同。

(2)Design Life 或设计基准期,是针对桥梁结构的安全性设定的;Service Life 和中国公路桥规中的设计使用年限,则是针对桥梁结构的耐久性设定的。

(3)将 Design Life 和 Service Life 合二为一,不失为一种简洁清晰的设计寿命表述方式,欧洲结构规范和中国铁路桥规就是这样做的。这也隐含着,对桥梁主体结构而言,若要规定设计基准期,则其数值不宜大于设计使用年限。

(4)对中国公路桥规而言,同一条线路上的桥梁主体结构,是否有必要采用不同的设计使用年限?若从桥梁个体的经济性分析看,兴许是合理的;但从保证公路交通网络功能的角度看,恐怕还值得商榷。

桥龄分析:欧盟、美国与中国

目前服役的桥梁,总体上桥龄几何?

1. 欧盟

为开展桥梁长寿命研究,曾对欧盟内的铁路桥梁现状进行了统计调查。统计数量接近 22

万座(铁路桥总数超 30 万座)。基本信息如下[1]。

主要的统计信息如下:

(1)按照材料划分,圬工拱桥占 41%,钢铁桥 22%,混凝土桥 23%,组合梁桥 14%。

(2)按照跨度划分,跨度小于 10m 的桥梁占比为 62%,大于 40m 的桥梁占比为 5%。

(3)按照桥龄划分,超过 100 年的桥梁占比超过 35%,短于 10 年的桥梁占比为 11%。

英国是第一次工业革命的发源地,铁路桥梁的建设起步最早,其调查结果也很有意思。

英国铁路桥梁总数约 4 万座,其中:

(1)圬工拱桥约 2 万座,桥龄 50～100 年的占 34%,大于 100 年的占 64%,大多数圬工拱桥的桥龄接近 150 年。

(2)钢铁桥约 1.6 万座,包括铸铁桥 680 座,熟铁桥 5600 座,钢桥 9700 座,桥龄短于 10 年者占 10%,20～50 年之间者占 10%,50～100 年之间者占 30%,大于 100 年者占 50%。

(3)混凝土桥约 0.4 万座,桥龄短于 20 年者占 25%,20～50 年之间者占 55%,50～100 年之间者占 16%。

(4)总体上,有 2 万座桥梁的桥龄超过 100 年。

可以看出:圬工拱桥占比高、桥龄长,是欧盟铁路桥梁的突出特点。

2. 美国

美国公路桥的桥龄分布(根据文献[2]的资料整理),如图 22-3 所示。加权平均桥龄为 43.2 年(截至 2015 年),这说明近几十年来美国桥梁建设还保持着相当的力度。美国有大约 62 万座公路桥,主要由数量较多(约占 65%)、桥龄偏短的混凝土桥和数量较少(约占 30%)、桥龄偏长的钢桥组成。早年建造的木桥,现存数量十分有限;圬工或砌体拱桥的数量极少,可忽略不计。

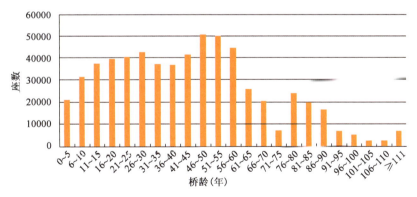

图 22-3 美国公路桥的桥龄

3. 中国

不同时期公路桥梁建设的相关数据估算,列在表 22-2 中。已知 1976 年、2000 年和 2016 年的桥梁总数(表中红色数字),则可知 1977—2000 年间、2001—2016 年间新增的桥梁总数、占比及平均桥龄。另外,借助 1949 年和 1976 年的公路通车里程数的比例关系,得到 1908—

1949年间、1950—1976年间修建的桥梁总数、占比及平均桥龄。

中国公路桥梁的桥龄估算 表22-2

年份区段(年)	桥梁数量(万座)	占比	平均桥龄(年)	备注
2001—2016	52.65	65.4%	~8	2016年的桥梁总数为80.53万座
1977—2000	16.18	20.15	~28	2000年的桥梁总数为27.88万座
1976之前	11.70	14.5%		《中国公路史》(第二册)中的数据
1950—1976	10.18	12.6%	~55	1949年公路里程7.5万km，1976年公路里程57.9万km，1949年之前的占比为13%
1908—1949	1.52	1.9%	~88	多改建或废弃

可见，1977年以来建造的公路桥梁占总数的85.5%，其平均桥龄为20年，最长的40年。需要说明的是，在2000年和2006年的桥梁总量中，新增了一大批先前未计入统计的桥梁（参见第21篇）；这批桥梁的建造时间不详，对表22-2中的数据会有一定影响。

将表22-2中的年份区段和相应的桥梁数量换一种方式表达，如图22-4所示；铁路桥的统计数据，如图22-5所示（源自第21篇）。据此得知，截至2016年，全部公路桥的加权平均桥龄为22.7年，1950年以后的加权平均桥龄为19.9年；截至2017年，全部铁路桥的加权平均桥龄为43.9年，1950年以后的加权平均桥龄为26.1年。

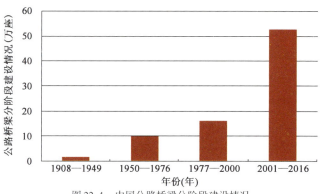

图22-4 中国公路桥梁分阶段建设情况

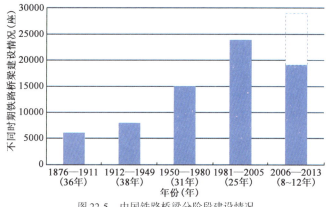

图22-5 中国铁路桥梁分阶段建设情况

对比欧盟、美国的情况，可以看出，我国的桥梁还相对"年轻"。不过，"年轻"不能等同于"健康"，桥龄短也不能保证寿命长！

从耐久性与安全性看桥梁寿命

桥如同人，逃脱不了"生老病死"的自然规律。不同的是，人老了，还可以歇着颐养天年；桥老旧了，却还得继续服务社会。因此，一般而言，桥龄越长，耐久性问题就越来越突出，安全性隐患就越来越大。

对比看看美国和中国的公路桥梁情况。

1. 耐久性

美国的公路桥梁，按问题性质分为存在"结构缺陷"的桥梁和存在"功能过时"的桥梁两种。所谓"结构缺陷"桥梁，就是指需要限载、监测和维修的桥梁，或按美国国家桥梁检验标准（National Bridge Inspection Standards，NBIS）评定为4级（共9级）及其以下者。所谓"功能过时"桥梁，指按照过去的标准建造的、某些功能（如车道宽度、桥下净空等）不符合现行标准的桥梁，但不代表其肯定有结构缺陷或不安全。两种有问题的桥梁在同一类桥梁中的占比，分别见图22-6和图22-7（根据文献［2］的资料整理）。平均下来，约12.5%的桥梁存在"结构缺陷"，约15.5%的桥梁存在"功能过时"。

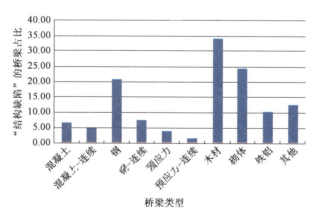

图22-6　美国存在"结构缺陷"的桥梁占比

图22-8所示为各类桥梁的座数，以及每类桥梁中的"结构缺陷"座数、"功能过时"座数与两者之和。结合图22-6、图22-7，可以看出，美国钢桥的问题最为突出，其"结构缺陷"桥梁的占比达到钢桥总数的17%左右，数量超过3万座；"功能过时"的占比约20%，数量超过3.5万座。

对中国公路危桥，还未找到较为详细的分类数据，其数量统计见图22-9。由图中可以看出：

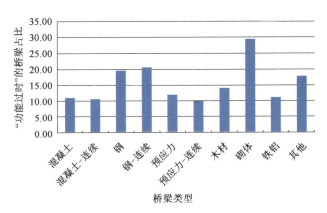

图22-7 美国存在"功能过时"的桥梁占比

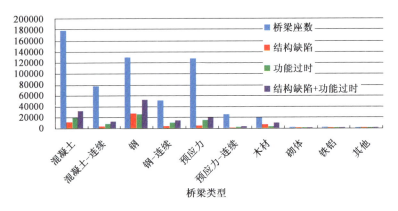

图22-8 美国存在"缺陷"的各类桥梁数量

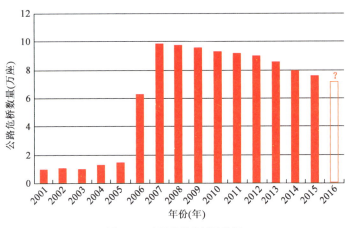

图22-9 中国公路危桥的数量

(1) 从2005—2007年间,危桥数量出现两级跳(从1.46万座猛增至6.31万座,再增至9.86万座),这可能是统计源改变后带来的结果。

(2) 随着养修费用的增加,近10年来危桥数量呈下降趋势。

(3) 危桥总数仍不小,占比在10%上下,与美国"结构缺陷"桥梁的平均占比基本持平。

2. 安全性

从安全性的视角来考察桥梁寿命,较为便捷的方式就是对桥梁事故进行统计分析。

有文献对美国1989—2000年间发生事故的桥梁进行过统计[3],如图22-10所示。所统计的桥梁有503座;按占比大小进行排序,致灾原因主要是水害、撞击、超载和材料损坏;平均使用寿命为52.5年。可以看出:

(1)美国的桥梁事故并不算少,但发生在施工阶段的事故很少。

(2)各类事故中,因水害所生事故超过一半。

(3)平均使用寿命较长。

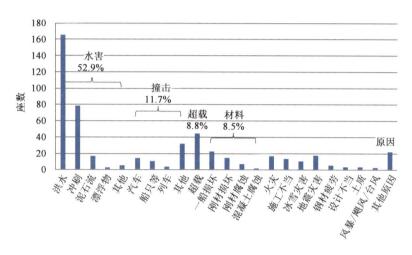

图 22-10　1989—2000年美国桥梁事故统计

笔者也曾统计过我国一部分具有明确建成、垮塌年份的事故桥梁(计138座,属于完全倒塌和部分倒塌),如图22-11所示。结果是:使用寿命超过50年的仅占8%,事故高发期的桥梁建成于20世纪70—90年代,平均使用寿命仅为23.8年。

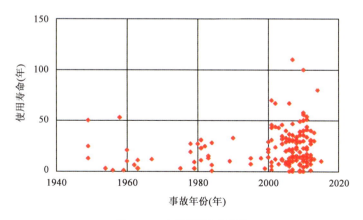

图 22-11　中国桥梁事故统计

结　　语

（1）尽管不是十分严谨，但可以认为：设计规范中的"寿命"或"年限"，是人为制订的期望值；而实际的桥梁使用寿命，则可看成是为一个随机变量。遗憾的是，目前还没有足够数据来说明这两者之间的关系，换句话说，多年来设计所采用的"寿命"或"年限"是否符合实际情况，是否合理，不得而知。

（2）决定桥梁寿命长短的主要是耐久性和安全性，其取决于设计和施工阶段的水平和质量，也受到服役期间自然因素和人为因素的影响。

（3）欧洲铁路桥梁（尤其是圬工拱桥）的超长服役，是否会在桥梁的质量控制、长期性能保证和养护维护方面，给我们提供一点认识上的启发？

（4）尽管数据还不够充分，但从文中可见，美国公路桥梁的加权平均桥龄是中国的两倍，而其耐久性问题的严重程度与中国的大体相当，事故桥梁的平均使用寿命也比中国的长一倍有余。这样的差异，值得桥梁工作者关注。

（5）尽量保证或延长桥梁的使用寿命，现已成为桥梁界的热点课题之一。

参考文献

[1] Jan Bień, Lennart Elfgren, Jan Olofsson(Ed.). Sustainable Bridges-Assessment for Future Traffic Demands and Longer Lives [M]. Dolnośląskie Wydawnictwo Edukacyjne, Wrocław, Poland, 2007.

[2] FHWA. Tables of Frequently Requested NBI Information. in: https://www.fhwa.dot.gov/bridge/britab.cfm.

[3] Kumalasari Wardhanal, Fabian C. Hadipriono. Analysis of Recent Bridge Failures in the United States. Journal of Performance of Constructed Facilities, ASCE, Aug. 2003, 144-150.

[4] 李亚东,等.重大桥梁结构安全保障技术及战略研究——大跨复杂桥梁专题报告[R].成都:西南交通大学,2016.

图片来源

图 22-1　桥梁的使用寿命,来源于:图片来源于:作者自绘.

图 22-2　长寿命桥梁实例,来源于:http://www.doof.me.uk/2009/12/12/burnham-and-slough-trading-estate/(a); http://scenery.nihaowang.com/scenery1684.html(b); https://structurae.info/ouvrages/pont-camille-de-hogues/photos(c).

图 22-3　美国公路桥的桥龄,来源于:根据文献[2]整理.

图 22-4　中国公路桥梁分阶段建设情况,来源于:作者自绘.
图 22-5　中国铁路桥梁分阶段建设情况,来源于:作者自绘.
图 22-6　美国存在"结构缺陷"的桥梁占比,来源于:根据文献[2]整理.
图 22-7　美国存在"功能过时"的桥梁占比,来源于:根据文献[2]整理.
图 22-8　美国存在"缺陷"的各类桥梁数量,来源于:根据文献[2]整理.
图 22-9　中国公路危桥的数量,来源于:作者自绘.
图 22-10　1989—2000 年美国桥梁事故统计,来源于:根据文献[3]整理.
图 22-11　中国桥梁事故统计,来源于:文献[4].

第23篇

如何延长桥梁寿命？

目前,一部智能手机平均更换的周期约为一年半,一辆普通汽车报废的年限约为15年。可是,对那些位于交通网络中、服务于社会的众多桥梁呢？是否也能说更换就更换,说报废就报废呢？

在第21篇中,简要介绍了桥梁总体宏观发展的"三段论"构想,指出在第三个阶段(养修为主阶段)社会将承担巨大的桥梁养修压力,对此需提前制订应对策略和技术措施。在第22篇中,分析了桥梁这一特殊产品的寿命要求及其现状,认为材料耐久性和结构安全性水平、服役期间自然及人为因素的影响是决定桥梁寿命长短的主要原因。本篇拟探讨开展桥梁长寿命研究的目的和意义,并从技术角度简要介绍几个工业化国家在延长桥梁寿命方面所做的一些工作。

为何要开展桥梁长寿命研究？

与手机和汽车产品不同,桥梁结构形体庞大、投资巨大,位于交通网络之中;其所提供的使用功能,对于社会的稳定和有效运行具有很大作用;而其损毁或破坏,则会使社会受到巨大损失。因此,保证桥梁结构的安全耐久是十分重要的。

但是,随着桥龄的不断增长,一部分桥梁不可避免地会出现耐久性问题和安全性隐患。基于"三段论"的构想,在一个成型的陆地交通网络中,今后会在一个相对较短的时期内,一定比例的桥梁会出现影响交通的各种问题。为简化描述,姑且称其为"短期多桥"问题。

从技术角度看,一座桥梁出现问题了,自然先是修复,修复不行就废弃更换。可是,当出现"短期多桥"问题时,可能就比较棘手了。

第一,大规模的桥梁修复更换需要巨大的投入,而在一定时期内,社会能为桥梁修复更换所支付的人力和物力,总是有限的。

第二,修复更换的过程会削弱交通网络运输功能,同一时期内需要修复更换的桥梁越多,对网络运输功能的削弱就越大,由此带来的社会间接损失也非常大。有文献指出,因桥梁维修造成的交通阻滞带来的社会间接损失是维修费用的10倍[1]。另一个具体例子是:2007年8月初垮塌的美国I35W公路上的密西西比河桥[图23-1a)],因桥梁中断给桥梁使用者造成的间接损失每天7.1万~22万美元[2](由此可匡算总损失约为0.28亿~0.86亿美元),而新桥(取名I35W圣安东尼瀑布桥,[图23-1b)]的建设费用约为2.5亿美元(包括赶工费)。

第三,对一些重大桥梁(尤其是大跨度的公铁两用桥)而言,因其投资巨大,交通辐射面广,几乎不能中断或不可更换。

可见,当需要修复更换的桥梁在时间上相对集中、在数量上越来越多时,桥梁寿命的长短对交通运输及经济发展的影响就显得十分重要了。为避免今后交通网络中出现社会难以承受的"短期多桥"问题,有必要及时开展桥梁长寿命研究。

a) 垮塌的 I35W 密西西比河桥

b) 新建的 I35W 圣安东尼瀑布桥

图 23-1　美国新、旧 I35W 公路桥

开展桥梁长寿命研究的目的，主要在于：

(1) 提升既有桥梁的耐久性和安全性，力图使桥梁达到设计使用年限或延长桥梁的使用寿命。

(2) 总体上可节省巨额经费投入，缓解今后"短期多桥"问题带来的巨大社会、经济和交通压力。

(3) 促进桥梁设计理论和技术的进步。

欧、日、美的研究进展

从 20 世纪 80 年代起，世界发达国家中的桥梁工程重心就开始逐步转移到桥梁的养护维修、鉴定评估和加固改造方面[3]。进入 21 世纪后，在欧盟、美国和日本等国家和地区，开展了更多的与延长桥梁寿命相关的科研和工程实践，例如，欧盟的可持续桥梁(Sustainable Bridges)项目[4]和长寿命桥梁(Long Life Bridges)项目[5]，日本的桥梁长寿命化维修计划(橋梁長寿命化修繕計画)[6]，美国的桥梁长期性能研究计划(Long Term Bridge Program)[7]和第二期公路战略研究计划(Strategic Highway Research Program, SHRP)[8]等。限于篇幅，本篇有选择地介绍其中一些项目的基本内容。

1. 欧盟　可持续桥梁(Sustainable Bridges: Assessment for future traffic demands and longer lives)

该项目由"欧盟第六框架计划"资助，起讫时间为 2004—2007 年。所谓"欧盟框架计划"，是欧盟成员国和联系国共同参与的中期重大科技计划，以国际科技前沿主题和竞争性科技难点为研究重点，具有研究水平高、涉及领域广、投资力度大、参与国家多等特点。

该项目以欧洲铁路桥梁为研究对象，资助经费超过 1000 万欧元。研究团队来自于欧盟

12个国家的32家单位,包括建设单位、咨询公司、承包商、研究机构和大学,由此构成了从用户到设计、建造和研发的完整研发链条。

项目拟达到的三大目标是:

(1)提高既有桥梁的运输能力,期望对普速的货物运输,可将轴重提高到33t;对轴重较小的客运,可将速度提高到350km/h。

(2)延长既有桥梁的剩余使用寿命,量化为延长25%。

(3)升级桥梁养护维修、加固修复的管理系统。

项目对欧盟的铁路桥梁现状进行了调查(部分数据见第22篇),也对欧洲铁路桥梁建设单位感兴趣的10个问题进行了问卷调查,据此拟订项目所应开展的研究工作。排在前三位的问题如下:

(1)更好的评估工具。

(2)非破坏性维修方法。

(3)设计和评估中理论动力系数的确认。

据此,分成6个工作组来分别开展各项技术研究工作。

第1组:检测技术与状态评估。主要研究自动检测和各种方法的组合运用。采用各种非破坏性方法(雷达成像、超声波等)检验结构的缺陷或病害。

第2组:监测技术。评估现有监测技术(传感器、数据通信和数据处理),研究基于光纤传感器技术和微型机电系统的无线传感器网络。小型、集成的微机电系统则可显著降低监测成本,且因不受电磁场干扰而适用于铁路桥。

第3组:承载能力和抗力评估。基于在铁路桥梁荷载及动力响应、简化的概率评估方法、测试数据的贝叶斯更新、钢和混凝土桥梁疲劳、钢筋腐蚀及其效应、桥梁分析的非线性有限元方法等的研究成果,提出"欧洲铁路桥梁荷载及抗力评估指南"和相应的评估流程图。同时,针对大量长寿命的在役圬工拱桥研制出一套新的评估算法。

第4组:修复与加固技术。基于实验室试验开展修复和加固技术研究。这些技术或方法无须长期中断交通,而且经济环保。其中CFRP是修复与加固材料的研究重点。

第5、6组:试验与验证。分别对一座钢桥、一座混凝土桥和一座圬工拱桥进行现场试验,将测试结果与理论评估值进行比较。实际动力放大系数测试结果表明:桥梁可承受的轴重高于规范值。破坏试验结果表明:经CFRP材料加固后的桥梁承载力远远高于未加固者。

项目的代表性成果之一,是提出基于规范和试验的"三阶段"评估流程,如图23-2所示。可见,把一座桥梁的评估流程分为由浅入深、由易到难的三个阶段,即"初期阶段"、"中间阶段"和"强化阶段",既可节省人力物力的投入,又能确保充分挖掘出桥梁的潜力,以达到提升运输能力和延长使用寿命的目的。另外,在这个框图中,也将桥梁评估结果与桥梁管养决策结合起来,以使桥梁管养工作更为科学合理。

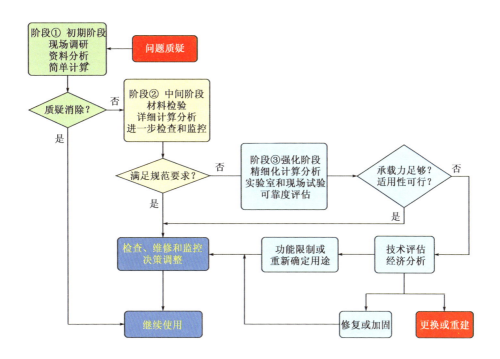

图 23-2 欧盟铁路桥梁"三阶段"评估流程图

2. 日本桥梁长寿命维修计划（橋梁長寿命化修繕計画）

2009年，日本东京都建设局提出"桥梁管理的中长期计划"，其中包括桥梁长寿命维修计划的内容。这一计划的核心之处，就是将过去惯用的以"事后维修"为主的方法改为以"预防性维修"为主的方法。2013年，日本国土交通省将这一方法向全国推行，并从桥梁工程领域拓展到各类土木基础设施。

日本推行桥梁预防性维修的一般程序是：先对各辖区内的桥梁进行检查，统计出桥梁的类型、材料、构造特点、服役时间等基本信息；再对桥梁的老化现状及其发展趋势进行分析，对桥梁的劣化或缺陷进行调查并开展健全度评估；最后针对本辖区的桥梁状况提出对应的管养策略（主要与桥梁健全度有关，也与桥梁重要性和管理水平等有关），并制订实施计划和落实经费投入。

到2013年4月，日本全国95%的桥梁（长度15m以上）完成了检查，79%的桥梁已纳入长寿命化维修计划。对都道府县和政令市辖区内的桥梁，维修计划约完成了30%。

"事后维修"与"预防性维修"的比较，如图23-3[9]所示。

图23-3描述了健全度分级、不同维修方式下健全度的变化、维修方式与周期、经费投入等之间的关系。从图中可见，桥梁健全度共分5级，从优到劣，分别为健全、良好、关注、警告和危险，这与我国公路桥梁总体技术状况评定的5个等级类同。

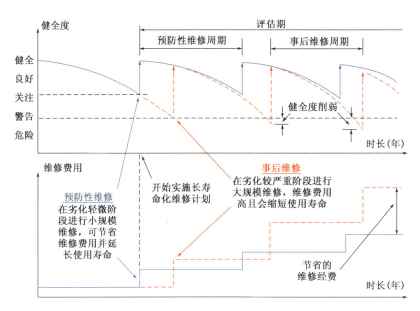

图 23-3　预防性维修与事后维修的比较

过去惯用的做法(红色虚线所示)是：当健全度下降到"警告"一级时，才启动维修，即典型的"人不病不治、桥不坏不修"。这样的维修方式所带来的问题是：因劣化较为严重，每次维修的费用高；而且，即便通过维修使桥梁回升到"健全"，但因劣化已对结构的耐久性产生了不可完全逆转的负面影响，随着时间的推移，下一次出现劣化的时间可能会提前(维修周期缩短)，劣化可能更为严重(健全度削弱)，将结构再恢复到"健全"的代价就更高。如此下去，修桥花费不菲，但使用寿命却会缩短。

对比看看预防性维修(蓝色实线所示)的效果。当健全度下降到"关注"一级时，便启动维修。因劣化轻微，故每次维修规模小，维修费用不高；而且，轻微劣化对结构耐久性的负面影响也会轻微，于是，其维修周期比事后维修的周期长，每次维修费用也较少。这样，不仅节省了维修经费，同时也延长了桥梁的使用寿命。

日本的这套做法，应该说不是技术创新。我国铁路桥梁在 20 世纪 80 年代之前就采用过预防性维修，公路桥梁从 20 世纪 90 年代中后期开始推行预防性养护的理念和技术；目前实施的桥梁养护规范中，也是以"预防为主、防治结合"为原则。实施这一维修制度的关键，主要不在技术，而在管理。这是因为：第一，对既有桥梁的全面检查、统计、评估并提出有针对性的维修决策，是一项耗时费力的工作；第二，评估及维修所需的人力物力能否及时到位，取决于相关部门对桥梁维修的重视程度、管理水平和经费投入力度。

可以看出，日本的桥梁预防性维修是一项全国统一组织、全面实施的活动，这是迫于越来越大的养修压力而不得已采取的应对措施。

3. 美国　公路战略研究计划(Strategic Highway Research Program, SHRP)

1987 年，美国联邦政府资助 1.5 亿美元，开始了为期 5 年的公路战略研究计划。这项计划由国家科学研究委员会(NRC)领导,其下设的运输研究委员会(TRB)承担组织实施,美国国家公路和运输协会(AASHTO)和联邦公路管理局(FHWA)参与合作。

SHRP 的主要目的,是对公路系统的一些重大问题开展技术攻关,以大幅节约建养成本,促进技术进步。到 2006 年,美国再次启动公路战略研究计划,取名 SHRP-2(先前的就改称为 SHRP-1)。SHRP-2 的研究经费增加至约 3.5 亿美元,研究周期延长为 10 年(2006—2015 年),研究主旨也从 SHRP-1 的技术为主调整为以人为本(口号是:关爱生命,减少拥堵,改善生活质量)。

图 23-4 所示为美国 SHRP-2 的 4 个研究领域。与桥梁相关者,在 Renewal(结构更新)这一部分。Renewal 的内容,是针对公路交通基础设施(包括桥梁)的系统化修复改造,研发相关技术和解决方案,并要求这些技术和方案应实施便捷,对正常交通影响最小,并可延长设施的使用寿命。

图 23-4 美国 SHRP-2 的研究领域

在 Renewal 领域,共列有 34 个课题。与桥梁相关的主要课题是:Bridges for Service Life beyond 100 Years: Innovative Systems, Subsystems, and Components(寿命超过 100 年的桥梁:创新的系统、子系统和组件)和 Bridges for Service Life Beyond 100 Years: Service Limit State Design(寿命超过 100 年的桥梁:运营极限状态设计)。

这课题梳理出美国公路桥梁面临的主要问题,设定了研究目标和研究内容,提出了一套基于使用寿命的设计方法和指南。

(1)面临问题:养护维修经费欠缺,维修时对正常交通的干扰大,各种不利的自然环境的影响以及车辆荷载(超载)的影响。

(2)研究目标:从桥梁构件、组件、子系统到系统层面,明确各部的问题,提出一套可延长桥梁使用寿命的概念并加以验证,构建出高性能桥梁的发展战略。

(3)核心内容:针对桥梁使用寿命,研发出系统的、综合的、协调一致的设计方法,其可展现出可延长桥梁使用寿命的明确信息。

(4)主要成果:桥梁使用寿命和耐久性的系统设计方法,用于新桥设计或旧桥修复更新设计的桥梁使用寿命设计指南。

桥梁长寿命设计

桥梁长寿命设计,既适用于旧桥,也适用于新桥。对旧桥而言,通过评估重新确定其寿命期望值,通过维修加固提升其耐久和安全性能;对新桥而言,则是制订出合理的使用年限,采用基于材料耐久性的设计方法,设计出使用年限更长的桥梁。

近10多年来的桥梁长寿命设计,主要针对重大桥梁。例如,采用120年设计年限的桥梁包括多多罗大桥、昂船洲大桥、仁川大桥、米勒高架桥、港珠澳大桥等,采用150年设计的有旧金山-奥克兰新海湾大桥,采用200年设计的有明石海峡大桥。澳大利亚布里斯班的第二座门道桥,主跨260m的预应力混凝土连续刚构桥,1986年建成第一座,2011年建成第二座,则按300年设计[10],如图23-5所示。

图23-5 澳大利亚门道桥

采用长寿命设计的理由是:尽管建设费用有一定增加,但因降低了全寿命期内的养护维修费用以及干扰交通带来的损失,会节省更多;并且,长寿命设计符合可持续发展原则,可取得良好的社会经济效益。

传统的耐久性设计主要基于工程实践经验:钢结构依靠涂装,混凝土结构依靠保护层。目前的长寿命设计,则可根据桥位处的环境特征、材料劣化原因及机理等,针对结构的不同部位,采用可预测、可控制的耐久性构造设计。

举两个实例:

(1)明石海峡大桥。长寿命设计主要表现在:钢结构长效防腐涂装体系,结构健康监测(包括与疲劳相关的焊接缺陷监测)和主缆除湿系统。

(2)澳大利亚第二门道桥。长寿命设计主要表现在:基于潮涌区或浪溅区承台部位的氯离子侵入预测,取保护层厚度75mm(配不锈钢构造钢筋)或150mm(配碳钢构造钢筋),基于大气环境中上部结构的碳化深度预测,取保护层厚度55mm(大于规范值),设置下部结构中的钢筋阴极保护电路等。

基于材料耐久性的设计流程,大体如下:

确定设计使用年限(可由业主提出)→定义桥位处的环境特征→识别材料劣化因素及其机理→确定可能发生的劣化率(选择适宜的预测模型)→确定相关材料参数(必要时考虑随机性影响)→评估材料(及构造)的耐久性能→确定主体结构设计细节,可选择→混凝土(保护层厚度,强度,配合比,阻锈剂等)、钢筋(环氧涂层,不锈钢等)、钢结构(各种长效防腐体系,不锈钢,除湿系统等)。

这里需要讨论一个问题,即:基于材料耐久性的长寿命设计可以保证桥梁结构的长寿命吗?依笔者拙见,材料耐久性设计只是桥梁长寿命设计的重要内容之一,但还不是全部。显而易见,假若设计使用年限(或设计基准期)从100年增加到200年,那些与时间相关的设计参数(车辆活载,疲劳荷载及作用次数,地震力,风荷载等)及其变异性该如何确定?另外,使用年限越长,出现极端事件的概率就越大,安全风险就越高。此类问题,恐得借助基于结构安全的长寿命设计方法加以解决。对此,目前所开展的科学研究还比较有限。

结　　语

　　桥梁老龄化问题,首先在西方工业化国家出现,迟早也会在我国出现。近年来,欧盟、日本、美国等国家和地区开展了与维持桥梁长期性能、延长桥梁使用寿命的研究与实践。这些研究成果值得我们借鉴。

　　随着我国经济建设的持续发展,交通压力与日俱增;桥梁保有量已列世界前位,但耐久性问题过早显现、安全性问题令人担忧。这给桥梁的长期安全服役带来严峻考验。

　　建议以科技创新为引领,以加大投入为保障,及时在我国开展与桥梁长寿命相关的研究和实践,这包括:进一步改进桥梁检查、监测、评估、加固的技术和手段,大力提升桥梁管理和养护的现代化、系统化水平,积极研发基于寿命的(耐久性及安全性)极限状态设计方法等。

参考文献

[1] University of Missouri-Columbia & University of Missouri-Rolla. Steel-Free Hybrid Reinforcement System for Concrete Bridge Deck. Technical Report No. OR06-014, 2006.

[2] Feng Xie, David Levinson. "Evaluating the effects of the I-35W bridge collapse on road-users in the twin cities metropolitan region" [J]. Transportation Planning and Technology, 2011, 34 (7), 691-703.

[3] 李亚东. 既有桥梁评估方法研究[J]. 铁道学报, 1997, 19(3), 109-115.

[4] Jan Olofsson. Sustainable Bridges: Assessment for future traffic demands and longer lives. [EB/OL]. In: http://cordis.europa.eu/result/rcn/46916_en.html.

[5] E. J. O'Briena, et al. Long life bridges[C]// Transport Research Arena, Transport Solutions: from Research to Deployment-Innovate Mobility, Mobilise Innovation, Paris, 14-17 April, 2014.

[6] 東京都建設局. 橋梁の管理に関する中長期計画. 平成21年3月.

[7] FHWA, United States Department of Transportation. LTBP-Long-Term Bridge Performance Program. in: https://www.fhwa.dot.gov/research/tfhrc/programs/infrastructure/structures/ltbp/index.cfm.

[8] Atorod Azizinamini, et al. Bridges for Service Life beyond 100 Years: Innovative Systems, Subsystems, and Components. TRB Report S2-R19A-RW-1, WASHINGTON D.C. 2014.

[9] 李亚东,等. 重大桥梁结构安全保障技术及战略研究——大跨复杂桥梁专题报告[R]. 成都:西南交通大学,2016.

[10] John Connal. Sustainable bridges-300 year design life for the Second Gateway Bridge[C]// 7th Austroads Bridge Conference, Auckland New Zealand, 2009.

图片来源

图 23-1　美国新、旧 I35W 公路桥,来源于:https://www.iamcivilengineer.com/2015/05/mississippi-river-bridge-failure-2007.html(a);https://www.rjwatson.com/Projects/35w-saint-anthony-falls-bridge/(b).

图 23-2　欧盟铁路桥梁"三阶段"评估流程图,来源于:作者根据文献[4]改绘.

图 23-3　预防性维修与事后维修的比较,来源于:文献[9].

图 23-4　美国 SHRP-2 的研究领域,来源于:作者自绘.

图 23-5　澳大利亚门道桥,来源于:http://govianetwork.com.au/our-roads/gateway-motorway/.

第24篇 桥梁结构设计方法的历史演进

工程结构设计,采用过不同的设计方法或理论。历史上,最早采用基于试验和经验的方法,接着采用容许应力法,然后是极限状态法,今天发展为基于结构可靠性理论的概率(极限状态)设计法。本篇拟结合桥梁工程,探讨设计方法是如何演进的。

基于试验和经验的方法

在19世纪中叶之前,结构分析方法还处于萌芽阶段。应力和应变还不具有今天所赋予的定义,荷载和重力还时常混称。若建造常规桥梁,主要基于过去积累的试验成果和工程经验;对于新型大跨桥梁,主要采用结构模型和实物(结构的局部)试验来决定结构尺寸。

试举两例。一个例子是,1826年英国建成的梅奈(Menai)海峡悬索桥(图24-1,参见第7篇)。该桥采用锻铁链杆为悬索,对每根链杆,都进行了验收试验,要求试验值达到容许值的2倍以上。在安装之前,将实物链杆悬索拼装成形,借以测量杆力。还制成1∶4的模型,用以决定沿桥各吊杆的长度[1]。

图24-1 梅奈海峡悬索桥(上)和不列颠桥(下,1972年之后)

另一个著名的例子,就是英国1850年用锻铁建造的不列颠桥(Britannia Bridge)[图24-2a]。这座管箱桥由罗伯特·斯蒂芬森(Robert Stephenson,1803—1859年,他父亲就是世界著名的"铁路之父"乔治·斯蒂芬森)设计。该桥服务于双线铁路,分跨70m+146m+146m+70m,每线的桥跨结构为熟铁制成的单箱,列车在箱中行驶。设计之初,采用小比例模型来比选截面形式。通过试验,发现薄壁锻铁梁的破坏形式和铸铁梁不一样(后者为受拉翼缘断裂,而前者为受压翼缘起皱——即板件局部失稳)。于是,决定在梁的受压部分增添加劲肋。再按1∶6的

a) 不列颠桥(1850—1970年)　　b) 管箱节段纪念物

图24-2 不列颠管箱桥

比例制造模型,经试验满意后,才将实物梁制成[图24-2b)]。在其一跨安装之前,还试加荷载以测量挠度[2]。后来,当列车重量增长为其设计值的10倍时,它仍然能胜任。

可惜的是,1970年5月23日晚,附近的小孩子们点着火把跑到桥里面玩耍,不慎引发一场火灾。尽管没被烧塌,但结构已严重受损,只得改建。新桥采用两跨钢桁拱(参见图24-1),改建为双层桥面,1972年恢复下层铁路,1980年开通上层公路。

采用试验的方法,可以得到构件在破坏时的、真实的荷载安全系数,即:

$$K = \frac{破坏荷载}{工作荷载} \tag{24-1}$$

从而对结构或构件的承载能力做到心中有数。但是,由于历史条件和认识上的局限,不可能采用试验方法解决所有可能出现的各种不同性质的问题。1847年的英国迪河桥(Dee Bridge)事故(铸铁梁的断裂破坏,参见第2篇)、1879年的英国泰河桥(Tay Bridge)事故(风将13孔锻铁桁架桥连同列车刮到桥下),以及19世纪中后期欧洲、北美的多座铁路桥因各种原因频繁发生事故,都真实地反映出当时的桥梁设计水平,也表明仅凭借试验来指导设计是不行的。

时至今日,桥梁设计方法已有很大进步,但仍时常采用缩尺或足尺模型试验来辅助或验证设计,桥梁建成后的静动载试验更是必不可少的。

容许应力法

1826年,法国工程师与物理学家克劳德-路易·纳维(Claude-Louis Navier,1785—1836年)提出了容许应力的概念[3]。随着结构分析理论和工程实践的发展,容许应力法(permissible/allowable stress method)逐步得到发展并沿用至今。

纳维是结构分析的创始者之一,其最大贡献是提出了"纳维-斯托克斯方程"(熟悉流体力学的读者应该熟悉这方程)。他的名字,连同71位法国科学家、工程师和其他著名人士的名字,被镌刻在埃菲尔铁塔底层平台四周的壁面上。

容许应力法将材料视为理想弹性体,用结构分析手段,计算出结构在使用荷载下的应力,并要求结构任一构件上的任一截面上的任一点的应力σ,不超过材料的容许应力$[\sigma]$,即:

$$\sigma \leq [\sigma] \tag{24-2}$$

材料的容许应力$[\sigma]$,是将通过材料试验得到的钢材屈服强度σ_y或混凝土极限强度σ_b除以安全系数$K(K>1)$而得,即:

$$[\sigma] = \frac{\sigma_y}{K} ; 或[\sigma] = \frac{\sigma_b}{K} \tag{24-3}$$

容许应力法在安全性方面的考虑,取决于式(24-3)中K的取值。注意,这里的K是人为给定的,与式(24-1)中的 K 不是一回事。

容许应力法为促进桥梁工程的发展做出了巨大贡献。1890年在英国建成的主跨达521m的福思(Forth)铁路桥,标志着采用结构力学分析手段和容许应力设计方法(不是仅靠模型或实物试验)在桥梁工程界的成功。其他的例子有,加拿大魁北克桥、澳大利亚悉尼港桥、美国金门大桥等。

通过多年的工程实践,人们逐步发现容许应力法存在着以下三点不足[4]:

(1)仅用容许应力的形式难以防止桥梁出现其他的破坏状态。当初只想到用安全系数 K 来防止材料应力过大而出现强度破坏,但从桥梁运营经验以及桥梁事故看,结构除在强度上需满足容许应力的要求外,还需要防止出现其他的破坏状态。这些典型的破坏状态包括:20世纪30年代比利时多座钢桥的脆断,1940年美国塔科马桥的风致颤振破坏,1967年美国银桥(悬索桥)发生的腐蚀疲劳事故,1969—1971年间欧洲及澳大利亚5座大型钢箱梁桥的板件失稳事故等(图24-3)。

a) 比利时哈瑟尔特桥(1938年)

b) 美国塔科马桥(1940年)

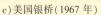

c) 美国银桥(1967年)

d) 英国 Cleddau 桥(1970年)

图24-3 容许应力法难以处理的几种破坏状态

(2)用单一的安全系数 K 来考虑不同性质的作用(荷载)是不合适的,用其来笼统考虑荷载效应和抗力也是不合理的。例如,桥梁的恒载和车辆活载的离散性有较大差异,而在应力验算中,对恒载和活载均取为同一个安全系数,这就会导致材料的浪费;而且,跨度越大,恒载占比越高,浪费越大。又如,在结构抗倾覆的验算中,有一部分恒载产生抗力,若仍机械地将这一部分恒载乘以安全系数,这实际上降低了结构的稳定安全性。

(3) 难以用一个安全系数来统一描述不同桥梁结构的安全水平。因安全系数 K 的大小主要是凭材料试验和经验判断确定的,故采用不同材料建造的桥梁,或同一桥梁的不同破坏状态,其安全水平没有可比性。也就是说,K 值大并不一定说明其安全水平高,反之亦然。

极限荷载法

极限荷载法(ultimate load method),也称为荷载系数设计法,或破坏阶段法,或极限强度法,是 20 世纪 30 年代由苏联学者提出来的。设计原则是:结构构件达到破坏阶段时的设计承载能力 R,不低于荷载产生的构件内力 S 乘以荷载安全系数 K(也是人为给定的),即:

$$KS \leq R \tag{24-4}$$

这种方法以广泛的材料力学性能和构件结构行为试验研究成果为基础,以截面内力(而不是截面应力)为分析对象,考虑了材料的塑性性质及构件的极限强度,仅凭借计算就可确定式(24-1)所定义的荷载安全系数。例如,对粗壮的钢梁,可按其变形达到塑性铰状态时的抗力进行破坏阶段设计;对混凝土梁,可按受压区混凝土应力分布呈矩形(或接近于矩形)、其外缘最大值达到混凝土计算强度、而受拉钢筋达到屈服(或计算强度)来进行抗力计算。

与 19 世纪的设计水平相比,这方法仅凭计算(而不必每次设计时都要进行试验)就可合理推算出构件的承载能力,这是一个很大的进步。不过,这种方法只能验算构件的强度和稳定性,没有自成体系,也不能解决容许应力法中存在的三点不足。在极限状态设计法得到发展之后,它就被更合理地包含在其中了。

极限状态法

若整个结构或结构的一部分超过某一特定状态,就不能满足设计规定的某一功能要求,则此特定状态称为该功能的极限状态(limit state)。这一概念由苏联学者 N. S. Streletski 教授在 20 世纪 50 年代初提出,1955 年被引入到苏联建筑规范中,现已被广泛应用于建筑和土木工程设计。

一般,将极限状态分为两类:承载能力极限状态(Ultimate Limit State,ULS,也译为破坏极限状态)和正常使用极限状态(Serviceability Limit State,SLS,也译为使用极限状态)。

所谓 ULS,是指结构或构件达到承载能力(即 $S = R$)或出现不适于继续承载的变形(也包括失衡、失稳等),这一状态的发生可能导致严重的人员伤亡和财产损失,故安全度要求较高。所谓 SLS,是指结构或其构件达到影响正常使用(如变形过大、裂缝过宽、振动过大等)的某个限值,该状态对结构安全的影响较小或不直接,故可降低安全性要求,但仍应给予足够重视。

与容许应力法相比,极限状态法在认识和设计实践上均有较大突破。在认识上,第一次明确提出结构"极限状态"的概念,并规定了各种极限状态及其内涵;在设计中,将单一的安全系数转化成多个(一般为3个)分项系数,分别用来考虑作用(荷载)、作用组合和材料等的不定性影响。

在欧洲结构标准 EN(参见第 25 篇)和美国 AASHTO 桥梁规范中,给出的多系数极限状态验算表达式不尽相同。在我国现行公路桥涵设计规范中,持久状况下承载能力验算的一般表达式为:

$$\gamma_0 S \leq R \tag{24-5a}$$

其中:

$$R = R(f_d, a_d) \tag{24-5b}$$

多个系数在哪里呢?通常,在确定作用组合设计值 S 时,规范会给出各个作用的分项系数及作用组合系数;在确定构件承载力设计值 R 时,会给出材料的分项系数(可隐含在材料的强度指标中,也可直接给出数值)。

对正常使用极限状态,验算的一般表达式为:

$$\Delta_d \leq \Delta_L \tag{24-6}$$

此时,当进行弹性阶段截面应力计算时,与作用及作用组合相关的分项系数均取为 1。对其他情况,规范会给出作用分项系数及组合系数。

限于篇幅,就不解释式(24-5)、(24-6)中各符号的含义了。

这种方法的主要特点,一是构建起以"极限状态"为特征的验算框架,其既包含了现有的各种极限状态,也便于今后纳入可能需要防止的一些极限状态(比如,与桥梁结构耐久性相关的极限状态,防止结构因局部破坏而引起连续倒塌的状态等)。二是可按照具体情况采用合适的验算公式,例如,在处理 ULS 时,验算公式基于极限荷载法,如式(24-5);在处理 SLS 时,验算公式基于容许应力法,如式(24-6)。这样,极限状态法既继承了容许应力法和极限荷载法的优点,又克服了上述容许应力法的第一点不足。

在安全性问题的处理上,也有了质的变化。这表现在用多个荷载系数取代单一荷载系数,从而避免了单一系数笼统含混的缺点,这就克服了容许应力法的第二点不足。例如,基于统计资料,恒载的变异性小,那与其相乘的荷载分项系数就取小一些;活载的变异性大,那与其相乘的分项系数就取大一些。

不过,对于容许应力法的第三点不足,极限状态法还无法对结构安全水平的统一衡量(定义和计算方法)给予明确回答。这个问题,就留给概率(极限状态)设计法去解决了。

读者可能会问,规范修订时,怎样将容许应力法转换为极限状态法?极限状态法中的那些系数该怎么确定?通常的做法是:对于 SLS,照原有规范套用;对于 ULS,则需要将原有规范中的单一系数分解成多个系数。现以最为简单的荷载组合下的承载能力验算为例,解释如下[5]。

设恒载为 D,活载为 L,按容许应力法,有:

$$\sigma_D + \sigma_L = \sigma \leq \frac{\sigma_y}{K} = [\sigma] \quad (24\text{-}7)$$

按极限状态法的格式,设恒载分项系数为 γ_D,活载分项系数为 γ_L,材料分项系数为 γ_m,将荷载效应与抗力比较,有:

$$\gamma_D D + \gamma_L L = \gamma(D + L) \leq \frac{\sigma_y}{\gamma_m} = R \quad (24\text{-}8)$$

式(24-7)和式(24-8)的验算目的一样,只不过表现形式不同。由两式可得:

$$\gamma = (\gamma_D D + \gamma_L L)/(D + L)$$
$$K = \gamma \cdot \gamma_m$$

参照不同荷载的变异性,为恒载制订较小的 γ_D,且让活载的 γ_L 较大,得到 γ;再以满足 $K = \gamma \cdot \gamma_m$ 为前提,确定相应的 γ_m;最后通过大量试算,以按极限状态法设计的结构安全水平不低于按容许应力法设计者为前提,调整确定各分项系数。这样,就把容许应力法中的单一 K 值分解成了极限状态法中的各分项安全系数 γ_i。

概率(极限状态)设计法

概率(极限状态)设计法的理论基础是概率论和结构可靠性理论。早在20世纪20—30年代,德国和苏联学者就曾提出过将概率论用于阐述结构安全性的建议。40年代,美国学者提出了结构失效概率(probability of failure)概念。50年代,苏联提出了以极限状态法为特征的结构设计规范。70年代,国际标准化组织(ISO)和国际结构安全度联合委员会(JCSS)各自发表了基于结构可靠性理论的设计原则。从70年代末起,世界上许多国家(包括中国)均采用结构可靠性理论来指导新一轮结构设计规范(包括桥梁设计规范)的修订。1994年,美国AASHTO第一次颁布了基于 LRFD(Load and Resistance Factor Design)的设计规范。2010年,欧盟开始全面实施欧洲结构规范(参见第25篇)。可以说,概率(极限状态)设计法代表着结构设计理论的发展趋势和当代水平。

以极限状态作为结构的设计状态,以概率方法来处理结构的可靠性问题,是该法的基本特征。关于结构可靠性理论的详细描述,读者可参阅相关书籍,这里只对概率(极限状态)设计法的几个要点阐述如下。

第一,为何要发展概率设计法?理由是:一方面,结构设计中的各种参数(如荷载、材料强度、结构尺寸、计算模型等)本身都具有或大或小的变异性或不定性;另一方面,安全是相对的,增大安全系数并不能保证结构的绝对安全可靠。因此,采用概率的手段来定量描述结构可靠性问题更为科学合理。

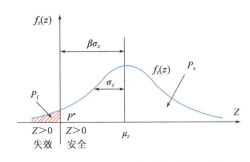

图 24-4 功能函数 Z 的概率密度、失效概率与可靠指标

第二，如何统一衡量结构的可靠性？见图 24-4，假设结构的某一功能为 Z（视为服从正态分布的随机变量，其均值为 μ_Z，标准差为 σ_Z），功能函数用 $Z = R - S$ 表示（当 $Z = 0$ 时，达到极限状态）。衡量结构安全的统一原则是：荷载效应 S 大于抗力 R 的概率（称为失效概率 P_f）不应超过规定的限值 $[P_f]$，即：

$$P_f < [P_f] \tag{24-9}$$

P_f 的数值很小，不便于运算，故引入一个指标 β 来代替 P_f（P_f 与 β 有一一对应关系，当 P_f 变小时，β 就增大，故称 β 为可靠指标）。这样，就要求结构的可靠指标 β 应大于目标可靠指标 $[\beta]$，即：

$$\beta > [\beta] \tag{24-10}$$

由于采用了统一的指标（P_f 或 β），就从理论上使得同一类结构的不同极限状态下的安全水平具有可比性，从而可（在一定程度上）解决了容许应力法的第 3 点不足。

第三，如何计算 β 或 P_f？首先，需通过浩繁的数据收集和统计，处理各基本变量（分布类型和参数）以及各变量之间的关系（独立或相关）；其次，针对不同的极限状态建立相应的功能函数和极限状态方程；最后，采用某种适当方法计算结构的 β。从数学角度看，P_f 的计算就是多重积分。对比较简单的情况，可采用"二阶矩法"、FORM、SORM 等方法直接计算 β；对比较复杂的情况，只能采用蒙特卡罗法模拟得到 P_f。

第四，如何确定目标可靠指标 $[\beta]$？这指标与社会、经济和技术的众多因素有关，现多采用"校准法"制订。该法以使用质量令人满意的既有工程结构为对象，推算出隐含在这些既有结构内的 β，取其均值（或加权平均值）作为 $[\beta]$。这样，就可保证按概率（极限状态）法设计的结构可靠度不会逊于按先前的其他方法（容许应力法等）设计者。

需要强调的是，从实用角度看，$[\beta]$（及 β）仅仅是形式上或名义上的，其主要被用来发展一套协调一致的新一代设计规范，而不能被看作是结构真实的可靠水平或失效概率。打个比喻，可靠指标就好像是一把衡量结构可靠水平的"尺子"，尽管这把"尺子"的刻度还不准，精度也不够，但有一把"尺子"比划一下总比没有"尺子"好（在前述各种设计方法中，就缺乏这样的"尺子"）。因此，在可靠指标的计算上，目前似乎还不必要过分强调精细准确。

第五，方法如何应用？按前述式（24-9）或式（24-10）来计算 P_f 或 β，就是概率或可靠度分析；按 $[P_f]$ 或 $[\beta]$ 来确定构件的截面尺寸，就是概率或可靠度设计。因计算过程过于繁复，工程设计中不可能直接应用式（24-9）或式（24-10）。因此，在基于概率（极限状态）设计法的设计规范中，给出的仍然是在格式上如同式（24-5）、式（24-6）那样的验算式。不同的是，这些验算式所涉及的各个分项系数，其制订的方法有所不同。一种方法是，基于多系数的极限状态验算式和目标可靠指标[β]，按照一套较为烦琐的校准程序得到，这称为近似概率法。另一种方法是，基于目标可靠指标[β]，采用简单的可靠度分析方法得到，这称为半概率法，其可在统计数据支撑力度不足时应用。欧洲结构规范 EN 中的分项系数，大多是这样制订的。

结　　语

桥梁结构的设计方法，已经历了近 200 年的漫长发展。本文简要讨论了设计方法的历史演进，并将前面所讨论的关键内容列在一起，如图 24-5 所示。

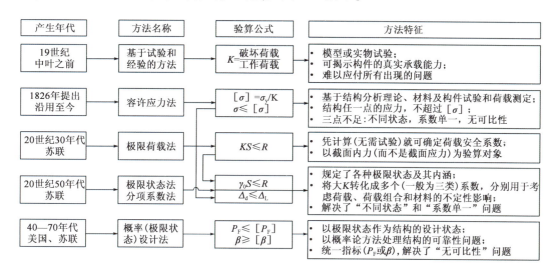

图 24-5　桥梁结构设计方法一览

今天，桥梁结构的设计方法仍在研究、发展和应用之中，如基于性能的设计方法，全寿命设计方法等。有理由相信，21 世纪的桥梁结构设计方法将更趋完善。

参考文献

[1] Eda Kranakis. Constructing a bridge：An exploration of engineering culture, design, and research in nineteenth-century France and America[M]. MIT Press, 1996.

[2] Karl-Eugen Kurrer. The History of the Theory of Structures：from Arch Analysis to Computational Mechanics[M]. Ernst & Sohn, Berlin, 2008.

[3] Isaac Elishakoff. Safety Factors and Reliability：Friends or Foes？[M]. Kluwer Academic Publishers, Dordrecht, 2004.

[4] 李亚东. 桥梁工程概论[M]. 西南交通大学出版社, 2014.

[5] 钱冬生, 强士中, 李亚东. 钱冬生桥梁与教育文选[M]. 中国铁道出版社, 1998, 240-249.

图片来源

图 24-1　梅奈海峡悬索桥和不列颠桥,来源于:http://www.anglesey-history.co.uk/places/bridges/.

图 24-2　不列颠管箱桥,来源于:http://www.anglesey-history.co.uk/places/bridges/britube.jpga);http://www.geograph.org.uk/photo/3101985b).

图 24-3　容许应力法难以处理的几种破坏状态,来源于:
http://www.infosteel.be/leden/news/3235-the-hasselt-bridge-waarom-de-kanaalbrug-instortte-in-1938.htmla);http://historicbridges.org/bridges/browser/?bridgebrowser=washington/tacomanarrowsbridge/b);https://failures.wikispaces.com/Silver+Bridge+%28Point+Pleasant%29+Collapsec);https://www.walesonline.co.uk/news/wales-news/just-another-summers-day-bridge-12964559d).

图 24-4　功能函数 Z 的概率密度、失效概率与可靠指标,来源于:作者自绘.

图 24-5　桥梁结构设计方法一览,来源于:作者自绘.

第25篇 欧洲结构规范一瞥

欧洲结构规范(Eurocodes,也称为欧洲结构标准,简称为"欧规"或"欧标")已在2010年正式实施,这是国际建筑与土木工程领域的一件有影响力的大事。在我国"走出去"战略和"一带一路"倡议的背景下,如何借用他山之石来提升我国结构设计规范的技术水平,如何加强我国的标准规范在国际环境下的竞争力,是值得思考和研究的问题。

欧规的发展历程

早在20世纪70年代初期,当时的欧共体(European Communities,EC,1967年成立),也就是现在的欧盟(European Union, EU,1993年成立,有28个成员国),就认识到欧洲各国在建筑与土木工程方面各自为政,互不一致,这会导致各成员国在工程界形成人为壁垒,不利于技术的共同进步和欧洲工程市场的发展。因此,EC建议制订一套欧规,使其在一段时间内与各国规范平行使用,在若干年后逐步取代各国规范。这样做的主要目的,是为了协调各成员国的技术规范,消除欧洲贸易中的技术障碍,形成欧盟内部市场在工程产品和服务领域的一体化[1]。

欧规的作用在于:

(1)使欧洲不同地区的工程结构获得更趋一致的安全性水准。
(2)增强欧洲土木工程在全球范围内的竞争力。
(3)协调欧洲工程领域的劳务市场。
(4)促进建筑服务的交流,以及材料、构件和配件的使用、采购及销售。
(5)通过构建共同的设计框架,强化土木工程理论和技术研究的发展。
(6)加大设计透明度,易于设计方、官方和业主等之间的沟通交流。
(7)为设计、施工提供通用的设计指南、手册、软件等。

由于种种原因,欧规的制订工作直到20世纪70年代末期才开始。初步设想是:利用国际结构安全度联合委员会(JCSS)的结构规范草案,在增添其他内容的基础上,形成欧规的基本框架。在组织上,成立了规范制订的协调委员会和分管规范各部分起草工作的技术小组。

1987年,EC与欧洲自由贸易联盟(EFTA)共同颁布了《欧洲一体化法令》,这加快了协调和统一欧洲技术法规(也包括欧规)的工作。1989年,EC颁布了《关于统一成员国建设产品的法律、法规和管理条例的指令》,形成了制订欧规的法律依据。1990年,经成员国内部协商,将欧规的后续工作转交给欧洲标准委员会(CEN,主要由西欧国家的标准化机构组成的非营利性国际标准化科学技术机构)。CEN的任务就是生产欧洲标准(European Standards)。它拥有40多个国家成员,300多个技术委员会,仅在建筑和土木工程方面,就有40多个委员会。CEN提供ENVs(试行标准,无须成员投票通过)和ENs(正式标准,需71%以上成员投票通过)两大类型的标准。除此之外,CEN还出版技术规程(TSs)、技术报告(TRs)、工作协定

(CWAs)和 CEN 指南(CGs)等。

从 1990 年起,CEN 中的 TC250 技术委员会负责欧规的制订工作,主要工作进展如下:

(1)1990—1998 年,组成欧规的各卷规范试行版本(ENVs)陆续面市。

(2)1998—2006 年,陆续转换 ENVs 为正式的 ENs,2002 年出版第一册(编号 EN 1990)。

(3)2006 年,完成整套欧规的出版工作,共计 10 册 58 卷。

(4)2006—2010 年,欧规与成员国规范共用期。

(5)2010 年起,全面实施欧规,撤销与欧规相抵触的各成员国规范;欧规的修订周期,大约为 5 年。

目前,与欧规相关的技术管理工作均由欧盟联合研究中心(Joint Research Centre,JRC)承担[2]。近年来该中心发行了一系列基于欧规的桥梁、建筑、岩土设计的科技报告,如图 25-1 所示。

图 25-1　JRC 发行的系列科技报告

欧规的构成与特点

欧规是针对建筑与土木工程结构物,制定出的一整套欧盟共用的技术规范,其构成与特点如下[3]。

1. 构成

共计 10 册,各册的编号及名称如下:

(1)EN 1990 Eurocode:Basis of Structural Design(结构设计基础)

(2)EN 1991 Eurocode 1:Actions on Structures(结构上的作用)

(3)EN 1992 Eurocode 2:Design of Concrete Structures(混凝土结构设计)

(4)EN 1993 Eurocode 3:Design of Steel Structures(钢结构设计)

(5)EN 1994 Eurocode 4:Design of Composite Steel and Concrete Structures(钢–混凝土组合结构设计)

(6) EN 1995 Eurocode 5: Design of Timber Structures（木结构设计）

(7) EN 1996 Eurocode 6: Design of Masonry Structures（砌体结构设计）

(8) EN 1997 Eurocode 7: Geotechnical Design（岩土设计）

(9) EN 1998 Eurocode 8: Design Provisions for Earthquake Resistance of Structures（结构抗震设计）

(10) EN 1999 Eurocode 9: Design of Aluminum Structures（铝结构设计）

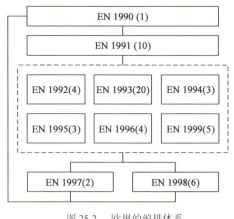

图 25-2　欧规的编排体系

图 25-2 显示出欧规各册之间的基本关系。在编排体系上，欧规采用了统一的结构设计体系。EN 1990 给出了主要的设计要求、原则和方法（包括可靠度水准、符号定义、基本变量、结构分析、荷载组合及验算等），可知其在欧规中占据主导和领衔的地位。对结构承受的各种作用（荷载），则统一由 EN 1991 专门处理。对其他共性的设计问题，如岩土设计和抗震设计，分别单列（见 EN 1997 和 EN 1998）。具体结构的设计规定，则在其余规范（EN 1992—1996 和 EN 1999）中列出。

采用欧规设计时，需要同时用到多册。例如，设计钢桥时，需要由 EN 1990 确定设计基准期及相关参数等，由 EN 1991 确定结构上的各种作用（自重、车辆、温度等），由 EN 1993 确定钢材及连接的相关参数，由 EN 1997 确定相关的地质资料，由 EN 1998 确定抗震设计信息（表 25-3）。

上述 10 册规范，除 EN 1990 单独成册外，其余 9 册均由若干卷（Part）组成。在 EN 1990～EN 1999 中，各册所含的卷数不一（见图 25-2 中括号内的数字），共计 58 卷。

2. 编号

为便于使用，欧规对各卷的内容进行了约定，并形成一般的编号格式，见表 25-1。

一般编号格式　　　　表 25-1

编号格式	EN 四位数-i-j.	年份	文字	-Part-i-j.	文字
含义	册的编号	出版时间	册名	卷的编号	卷名

册和卷的编号中，"i"是必须有的，"j"则视情况而定。当 i-j 为 1-1 时，代表这本规范与结构设计总则有关；当 i-j 为 1-2 时，代表这本规范与结构防火设计有关；当 i 为 2（没有 j）时，代表这本规范与桥梁设计相关；当 i 为 3 或其他数字（没有 j）时，代表其他特定的设计规范。例如，EN 1992-1-1:2004 Design of Concrete Structures-Part 1-1: General rules and rules for buildings，代表 22-004 年出版的欧规 EN 1992 中的一本与建筑结构设计总则相关的规范；EN 1991-2:2003 Actions on Structures-Part 2: Traffic loads on bridges，代表 22-003 年出版的欧规 EN 1991 中的一本关于桥梁交通荷载的规范。

3. 印刷格式

各成员国颁布的各本规范，在印刷格式上完全一致（图25-3），在内容上则并不要求完全一样。一些特殊的设计参数和信息（如某成员国当地的气候和环境条件等），可纳入"成员国附录"中。

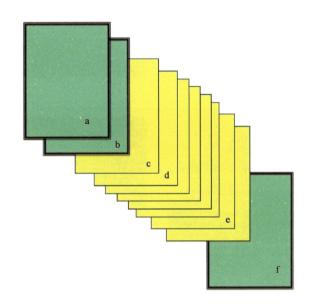

图25-3　成员国层面的欧规印刷格式

a-成员国标题页；b-成员国前言；c-EN 标题页；d-EN 正文；e-EN 附录；f-成员国附录

4. 对象

对象包括建筑结构、土木工程结构（桥梁、筒体、管道、塔桅等）和特殊结构（大坝、核电站等）。对于特殊结构，除欧规外，还需用到其他相关的 EN 规范。对桥梁而言，欧规不仅适用于公路桥和铁路桥（含高铁桥梁），也适用于人行及自行车桥。

5. 材料

从各册规范名称可知，材料包括钢、混凝土、铝、砌体、木，涵盖了钢结构、混凝土结构、钢-混组合结构、砌体结构、木结构和铝结构，如图25-4 所示。

6. 结构性质

欧规不仅可用于不同使用寿命要求的临时结构和永久性结构的设计，还可用于既有结构的加固改造设计。

7. 规范包

从所涉及的各种对象、材料、结构来看，欧规体系庞大、内容丰富，若设计者只关心其中某一部分的内容，CEN 提供了的按卷进行组合的规范包（EN Package）。表25-2～表25-4 列出了与桥梁（不包括木桥）设计相关的规范包。

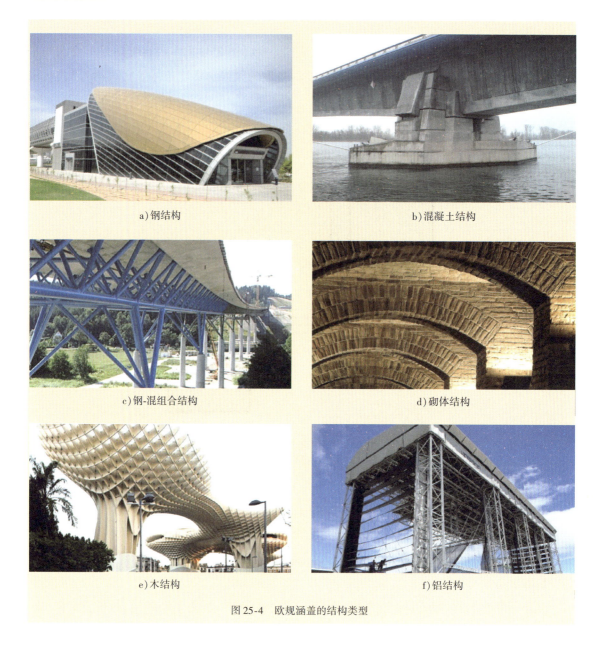

a) 钢结构　　　　　　　　　　　　b) 混凝土结构

c) 钢-混组合结构　　　　　　　　　d) 砌体结构

e) 木结构　　　　　　　　　　　　f) 铝结构

图 25-4　欧规涵盖的结构类型

8. 条文类型

规范中的条文分为两类,一类为原则性条文(Principles,在条文的编号之后列有字母 P 标明);另一类为规则性条文(Application Rules)。原则性条文描述结构性能的基本要求,必须满足;规则性条文描述那些满足原则性条文、得到公认的做法,无强制性要求。若有另外的做法,它符合相关原则,并在保证结构安全、适用、耐久方面可以与按欧规办理者媲美,那也允许将它当作规则性条文来用。

混凝土桥规范包　　　　　　　　　　　　　　　　　表 25-2

混凝土桥	混凝土桥
Eurocode	Eurocode 1：– Part 2
Eurocode 1：– Part 1-1	Eurocode 2：– Part 1-1
Eurocode 1：– Part 1-3	Eurocode 2：– Part 2
Eurocode 1：– Part 1-4	Eurocode 7：– Part 1
Eurocode 1：– Part 1-5	Eurocode 8：– Part 1
Eurocode 1：– Part 1-6	Eurocode 8：– Part 2
Eurocode 1：– Part 1-7	Eurocode 8：– Part 5

钢桥规范包　　　　　　　　　　　　　　　　　表 25-3

钢　桥	钢　桥
Eurocode	Eurocode 1：– Part 2
Eurocode 1：– Part 1-1	Eurocode 3：– Part 1-1, 1-5, 1-7, 1-8
Eurocode 1：– Part 1-3	Eurocode 3：– Part 1-9, 1-10, 1-11
Eurocode 1：– Part 1-4	Eurocode 3：– Part 2-1
Eurocode 1：– Part 1-5	Eurocode 7：– Part 1
Eurocode 1：– Part 1-6	Eurocode 8：– Part 1
Eurocode 1：– Part 1-7	Eurocode 8：– Part 3, 5

钢-混组合桥梁规范包　　　　　　　　　　　　　　表 25-4

钢-混组合桥梁	钢-混组合桥梁
Eurocode	Eurocode 3：– Part 1-9, 1-10, 1-11
Eurocode 1：– Part 1-1, 1-3, 1-4	Eurocode 3：– Part 2-1
Eurocode 1：– Part 1-5, 1-6, 1-7	Eurocode 4：– Part 1-1
Eurocode 1：– Part 2	Eurocode 4：– Part 2
Eurocode 2：– Part 1-1	Eurocode 7：– Part 1
Eurocode 2：– Part 2	Eurocode 8：– Part 1, 2
Eurocode 3：– Part 1-1, 1-5, 1-7, 1-8	Eurocode 8：– Part 5

9. 三类标准

在建筑与土木工程领域，CEN 提供了三类标准[3]：设计类标准（Structural Eurocodes，即本文讨论的欧规），实施类标准（Execution Standards，其与施工、工艺、质量控制等有关）和产品类标准（Product Standards，其与工程中所用成品、材料及试验方法等有关）。这形成了建筑与土木工程欧洲标准的三大支柱。在应用欧规时，需要涉及其他两类标准。图 25-5 所示为一座桥梁设计时涉及的三类欧洲标准（用不同颜色区别）。

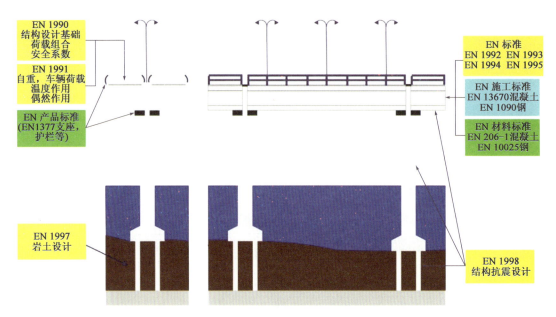

图 25-5　桥梁设计中采用的三类欧洲标准

EN 1990 中的设计体系

欧规的设计体系主要体现在 EN 1990 中。该体系基于极限状态设计理论,采用分项系数法进行设计验算。设计体系的基本构成,如图 25-6 所示。图 25-6 的详细解释和说明需要花费较大篇幅,这里就从略了。

EN 1990 的主要内容包括[4,5]:

(1)总则。提出应用欧规的前提,解释原则性条文和规则性条文等。

(2)要求。对结构的安全与适用提出基本要求,对可靠度管理、设计工作寿命(共分 5 档,对桥梁主体结构取 100 年)、耐久性和质量控制提出要求。

(3)极限状态设计原则。对承载力极限状态(ULS)、工作极限状态(SLS)以及极限状态设计的规定。

(4)基本变量。规定了荷载类型和荷载特征值,材料及构件的性能以及几何数据。

(5)结构分析。给出结构模型、静力分析和动力分析的相关规定,也涉及防火设计(桥梁无须考虑)以及借助试验辅助设计的方法。

(6)采用分项系数法的验算。给出荷载设计值、荷载效应设计值、材料或构件性能的设计值、几何数据的设计值的计算公式;按两类极限状态,给出了荷载组合的形式和验算的一般表达式。

EN 1990 最早提出了 6 个关键设计概念,简述如下。

(1)设计状况。规定了持久状况(指正常运营情况)、短暂状况(指结构是处于暂时状态,例如,在其施工或修缮过程之中)、应急状况(指结构处于异常状态,例如,遭遇火灾、爆炸、撞击或局部损坏状态)和抗震设计状况(指结构应按遭遇地震来设计)。应急设计状况的提出,是避免结构从局部或初始破坏向严重或全部破坏发展。

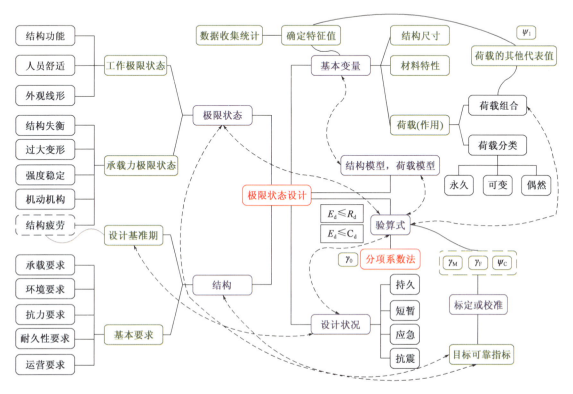

图 25-6　EN 1990 中的设计体系

(2)可逆的和不可逆的工作极限状态。对工作极限状态,分为可逆的和不可逆的两种。当引起结构达到工作极限状态的荷载移走后,该极限状态仍继续保持,则称这种极限状态为不可逆的,反之亦然。对不可逆极限状态,其失效概率要求更小,荷载组合也更繁琐一些。

(3)可变作用的代表值。对某一种可变作用(荷载),根据调查统计确定其特征值(概率密度曲线的某一上分位值),再对特征值乘以不同的小于 1 的系数,就分别得到组合值、频遇值和准永久值,以便适用于不同的极限状态、设计状况和荷载组合。(顺便提及,对桥梁结构而言,是否需要设置准永久值,值得商榷。)

(4)6 种承载力极限状态。规定了 6 种承载力极限状态,包括 EQU(刚体丧失平衡)、STR(强度破坏,失稳,过大变形,形成活动机构)、FAT(疲劳)、GEO(场地的失效或过度变形)、UPL(水中靠抗拔桩和靠自重固定的箱体出现漂浮)和 HYD(渗流压力导致的土体失效)。桥梁结构的设计主要涉及前三种。

(5)单一来源准则。这一准则主要用于分项系数个数的设定。根据这一准则,可对某种单一来源的荷载只设单个分项系数;分项系数的取值大小,则取决于荷载效应对结构是有利的还是不利的。在 EN 1990 中,在验算 STR 和 GEO 两种承载力极限状态时,就是这样处理的。

(6)5 种荷载组合。确定了 5 种不同的荷载组合方式,用于验算不同的极限状态。其中两种组合用于承载力极限状态(持久和短暂设计状况,应急设计状况),3 种用于工作极限状态(特征值组合,频遇值组合以及准永久值组合)。

结　　语

欧规的制定实施是欧洲统一进程中的必然产物,是国际建筑与土木工程领域标准化进程的重要成果。欧规不仅凝聚了欧盟各成员国近几十年的工程设计精华,也在很大程度上吸纳了国际土木工程的科技成果,是一套代表当今世界先进水平的结构设计标准。学习和借鉴欧规的先进之处,持续做好我国桥梁设计规范的修订工作,对提升我国桥梁设计水平、促进国际交流与合作、加强参与国际土木工程的竞争力,都是十分必要的。

参考文献

[1] 李亚东. 欧洲规范及其近期进展[J]. 桥梁建设,1999 年第 3 期.
[2] JRC. Eurocodes: Building the Future. in: http://eurocodes.jrc.ec.europa.eu/.
[3] A. Athanasopoulou et al(Ed). Bridge Design to Eurocodes: Worked examples [R]. JRC reports, European Commission, 2012.
[4] H. Gulvanessian, Jean-Armand Calgaro, Milan Holický. Designer's Guide to EN 1990: Eurocode: Basis of Structural Design [M]. Thomas Telford, 2002.
[5] EN 1990. Eurocode: Basis of Structural Design. BSI, April 2002.

图片来源

图 25-1　联合研究中心发行的科技报告,来源于:文献[2].
图 25-2　欧规的编排体系,来源于:作者自绘.
图 25-3　成员国层面的欧规印刷格式,来源于:文献[4].
图 25-4　欧规涵盖的结构类型,来源于:网络资料.
图 25-5　桥梁设计中采用的三类欧洲标准,来源于:文献[3].
图 25-6　EN 1990 中的设计体系,来源于:作者自绘.

第26篇 桥梁事故知多少

现代桥梁(指采用钢和混凝土建造者)发展至今,全世界建桥无数,但桥梁事故时有发生,似乎从来也没有消停过。如何区分不同类型的桥梁事故?造成桥梁事故的原因是什么?兴许该篇能为读者提供一点参考信息。

开头的话

先讨论几个观点和数据,以便对桥梁事故有个总体了解。

第一、如何定义桥梁事故(bridge failure)?笔者建议的定义是:桥梁在施工(或使用)过程中、因人为失误(或自然灾害)导致的各种意外事件,包括桥梁结构的整体(或局部)损毁,人员伤亡,设备毁坏等。

第二、如何看待桥梁事故?桥梁是线路上的重要节点,是重要的社会公共产品,其一旦出事,后果通常比较严重。因为,事故影响的不仅仅是一个点,可能还牵涉到一条线,甚至波及一个区域(对铁路桥梁,尤为如此);事故导致的不仅仅是桥梁本身的损失,还可能会给社会运行和生命财产带来难以估计的损失。

第三、桥梁事故有多少?估计没人知道总的统计数据,只有一些零散的信息。例如,美国记录在案的发生在1966—2005年间桥梁事故是1502起[1]。笔者根据公开报道的资料统计,中国发生在1980—2015年间的桥梁事故约为350起[2]。

第四、桥梁事故率有多高?近几年来已有人对此开展研究,基本做法是用事故发生的年均频数来估算年均事故率。对美国的公路桥梁(约62万座),有人估算年均事故率为5×10^{-5},有人估算为2.1×10^{-4}[3]。这样的统计分析结果,尽管不算严谨,但对了解美国桥梁安全的总体情况、核查现行桥梁设计规范中的安全水准,有一定的参考价值。

桥梁事故分类

本篇按照事故原因、发生时段和损毁程度,对桥梁事故进行分类。

(一)按事故原因划分

可把事故分为人为失误造成的事故和自然灾害引发的事故两大类,如图26-1所示。

1. 人为失误造成的事故

属于"人祸",特点包括:

(1)事故占比高,根据笔者的统计结果,这类事故占事故总数的八成以上[2]。

(2)事故原因错综复杂,往往是多种因素的共同作用。

2. 自然灾害引发的事故

指地震、热带气旋、泥石流等极端环境变化导致的事故,属于"天灾",也有两个特点:

a) 美国 Eggner 渡口桥(2012 年)　　　　b) 日本阪神地震(1995 年)

图 26-1　按原因划分桥梁事故

(1) 事故占比较低。

(2) 事故原因较为明确。

当然,有些"天灾"与"人祸"之间,也存在着一定关联。

(二)按发生时段划分

可把事故分为桥梁施工事故和桥梁使用事故两大类。

1. 桥梁施工事故

发生在桥梁施工阶段的事故,所导致的直接后果是竣工推迟和造价提高,也可能会导致人员伤亡和设备毁坏,如图 26-2a)所示。

2. 桥梁使用事故

发生在桥梁使用阶段的事故,所导致的直接后果是交通中断,波及社会正常运转,更易造成群死群伤,如图 26-2b)所示。

a)西班牙 Almunecar 高架桥(2005年,施工事故)　　　　b)韩国圣水大桥(1994年,使用事故)

图 26-2　按时段划分桥梁事故

(三)按损毁程度划分

可把事故分为垮塌事故和损伤事故两大类。

1. 垮塌事故

对在役桥梁而言,垮塌事故是指桥梁结构的一跨(或几跨)完全垮塌,交通中断,如图26-3a)所示。

2. 损伤事故

损伤事故则指桥梁结构的一跨(或几跨)受到程度不一的损伤,给桥上和桥下交通带来安全风险,如图26-3b)所示。垮塌桥梁的修复难度通常较大、时间较长,而损伤桥梁者通常较小、较短。在对桥梁事故的统计分析中,更为关注垮塌事故。

a) 印尼卡达尼加拉县桥(2011年,垮塌事故)

b) 美国德州US290-I10专用道桥(2016年,损伤事故)

图26-3 按损毁程度划分桥梁事故

桥梁事故原因分析

桥梁出事的原因,往小处说,与桥梁的勘察设计、制造施工和使用管养等有关;往大处说,则与一个国家的工业化发展水平、科技能力、经济实力、工程环境、交通管理等有关。尽管事故的原因错综复杂,交叉影响,但总体上还是有迹可循的。

(一)人为失误造成的事故

为便于描述并抓住要点,可以把这类事故原因再细分为历史局限、决策失误和管理混乱。分述如下:

1. 历史局限

历史上的一些事故,是因为对事故隐患(或者说对事故背后隐含的科学知识)缺乏认识所造成的。说一句拗口的话,就是当时的工程师们根本不知道他们不知道的是什么。吃一堑长一智,事故的出现,会促使人们对问题开展研究。随着社会进步和科技水平的提高,这类事故就不再出现了。

19世纪上半叶建造的一些链式悬索桥,因工程师们还不通晓桥梁结构的动力响应,时常出事。英格兰的布劳顿(Broughton)桥建于1826年,1830年因军队过桥"齐步走"而垮塌。如

图 26-4 所示的法国昂热(Angers)桥,跨度 102m,1839 年建成。1850 年,一个营的军人在暴风雨中过桥,桥在狂风及军人较为一致的步伐下产生振动而垮塌,造成 226 人丧生。

图 26-4　法国昂热桥垮塌事故(1850 年)

桥梁本身不出事,但因建桥而死人的事却难以避免。例如,因当时的医学欠发达,沉箱病(现称为减压症)曾经是早年桥梁沉箱基础施工的大敌。美国圣路易市的伊兹(Eads)桥,建成于 1874 年,13 名工人因沉箱病丧生。随后建设布鲁克林大桥的沉箱基础时(图 26-5),问题仍未解决,前后死了 27 名工人,连工程负责人华盛顿·罗布林自己也因得病而瘫痪,两座桥塔的基础也因此没法下沉到设计位置。

图 26-5　美国布鲁克林桥沉箱施工

1940 年美国塔科马大桥的风致毁坏,以及后来桥梁空气动力学的发展,是最能说明"历史局限"类事故的一个活教材。对此,大家耳熟能详,不再赘述。

在 1969—1973 年间,在欧洲和澳洲,曾有 5 座钢桥因薄壁板件稳定及箱梁构造问题而在施工阶段接连出事,教训惨痛。这 5 座桥是[4]:奥地利维也纳多瑙河四桥(主跨 210m,板件压溃,1969 年)、英国威尔士的米尔福德港桥(主跨 214m,悬臂箱梁断裂,4 人死亡,1970 年)、澳大利亚墨尔本的西门桥(主跨 336m,垮塌,35 人死亡,1970 年,图 26-6)、原西德科布伦茨莱茵河桥(主跨 236m,悬臂箱梁断裂,13 人死亡,1971 年)和前东德措伊伦罗达桥(主跨 63m,悬臂箱梁断裂,4 人死亡,1973 年)。

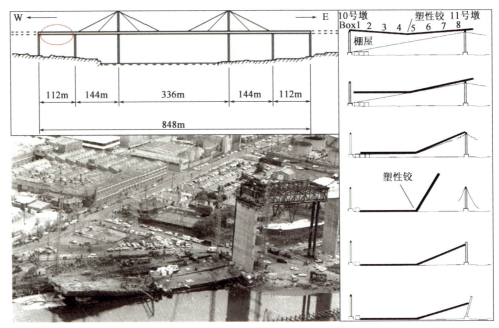

图 26-6 澳大利亚西门桥垮塌事故(1970年)

2. 决策失误

一些事故是因为在桥梁的设计、施工、使用过程中的技术决策失误而造成的。本来已存在避免事故的理论知识和技术措施,但决策者或执行者因判断偏差而未予贯彻,这就会埋下事故隐患或直接导致事故。若开展科学决策,这类事故应可减少和避免。

(1)设计。因设计缺陷而直接导致桥梁事故的案例较少,其往往与桥梁的年久失修、超载、缺陷难以检查或被忽视等因素联系在一起。因此,主管者对桥梁使用安全的判断决策,就显得尤为重要。

美国 I-35W 密西西比河大桥是位于明尼苏达州的一座高速公路桁架桥,建于1967年,总长581m,主跨139m。2007年突然垮塌(图26-7),死亡13人。事后查明:设计缺陷(过薄的节点板)是造成事故的可能原因。实际上,早在2001年,就有研究报告指出该桥主梁已扭曲变形,难以承受庞大车流。桥梁管理者对此没有引起足够重视,只做出了限制交通的规定。

(2)施工。一般以为,桥梁施工阶段持续的时间短,也未经历长时间的运营考验和自然环境考验,事故占比可能相对较低。但是,桥梁施工的环节多,工序多,机具多,若再考虑桥位环境、施工水平、工期要求等因素可能带来的不利影响,一旦现场管理失调,技术决策失误,就很容易犯错出事。在我国,施工事故的占比在40%左右[2]。

施工事故主要与基础施工、混凝土浇筑、起重吊运等有关,牵涉到模板、支架、围堰、挂篮、架桥机、起重机等临时设施和制式设备的安全使用,也受天气、水文、地质等环境因素的影响。图26-8 所示的越南芹苴大桥,在2007年在施工过程中,一段90m长的引桥突然倒塌,导致52人死亡。事故原因是:支架基础处理不当,经雨水浸泡后软化;塔式起重机倾覆砸到一天前才浇筑完成的一跨混凝土梁段上,并引发临近两跨支架及梁段的垮塌。

图26-7 美国I-35W密西西比河大桥垮塌事故(2007年)

图26-8 越南芹苴大桥垮塌事故(2007年)

(3)使用。桥梁投入使用的时间,通常是几十年到上百年。在这漫长的过程中,桥梁难免出现这样或那样的结构缺陷。而且,桥龄越长,缺陷越多;缺陷越多,出事的可能性就越大。因此,年久失修,或检修不力,或对严重的结构缺陷不予及时维修加固,是导致桥梁事故的主要因素之一。图26-9所示的是近10多年来发生的几起因铁路桥梁年久失修而导致的桥垮、车毁、人亡的例子。其中,2002年在印度发生的事故中,就造成130余人丧生。

a)印度 Rafiganj(2002年)

b)美国新泽西(2012年)

c)加拿大卡尔加里(2013年)

d)巴基斯坦旁遮普省(2015年)

图26-9 因桥梁年久失修导致的铁路脱轨事故

图 26-10 所示的葡萄牙 Hintze Ribeiro 桥,也是说明决策失误的一个典型例子。这座桥建成于 1888 年,全长 336m,主体结构为 5×50m 的格构式金属连续桁梁。在 2001 年的一场洪水中,一个桥墩被冲倒,三跨桁梁落水,致使 59 人死亡。事后的调查结果是:持续了 20 余年的非法采沙导致基础冲刷加剧,桥墩稳定性受损;当出现风险征兆时,主管者低估了潜水员和工程技术人员提出的警告,没有及时采取安全防范措施。

(4)水害。需要强调的是,洪水及冲刷,是造成旧桥垮塌的最厉害的隐形杀手。美国的事故统计资料表明,大约 58% 的桥梁事故与包括洪水及冲刷在内的各种"水害"有关[1]。"隐形"指的是:经年不断的冲刷会侵蚀桥梁基础,且容易忽略,也难以发现;当在某次特大洪水的冲击及常年基础冲刷的共同作用下,桥梁出现安全问题时,却无计可施、为时已晚。

图 26-10　葡萄牙 Hintze Ribeiro 桥梁垮塌事故(2001 年)

"水害"造成的桥梁事故比比皆是。例如,2005 年,一场突如其来的洪水冲毁了印度安得拉邦境内的 Veligonda 铁路桥,随后一列客车过桥时脱轨坠河,造成至少 114 人死亡。在 2010 年前后的几次暴雨袭击中,四川境内多座旧桥被洪水冲垮,仍让人记忆犹新。

3. 管理混乱

这类事故的发生,主要是因为职责划分不明、制度执行不力、人员素质低下、工程质量低劣等造成。管理出问题,有些出自于其他行业(如交通管理、治安管理等),有些则来自于本行业的工程管理。对此,必须使相关管理工作规范化、制度化,提高从业人员的专业素质,事故方能减少。

若陆路交通管理不严,违规驾驶就会增多,超载车辆就容易上桥,从而增大诱发桥梁事故的可能性。近 20 年来,我国因超载导致的公路桥梁垮塌事故,不在少数。加强交通管理,是减少这类事故的关键。

跨线桥遭受汽车撞击的事故,时有发生,但损失一般不大。假若铁路客车脱轨撞击桥梁,后果多半不堪设想。1977 年,在澳大利亚悉尼附近的格兰维尔(Granville),一辆通勤列车脱轨撞倒公路跨线桥的桥墩,梁体坠落砸到两节挤满乘客的车厢,致使 84 人死亡、240 人受伤(图 26-11)。

1998 年,在德国的一个小镇艾雪德(Eschede)附近,也发生了一起城际快车脱轨撞击跨线桥的严重事故(图 26-12)。垮塌的梁体阻断了线路,造成后面被阻隔的车厢挤成一团,死伤惨重(101 人死亡,88 人受伤)。

图 26-11　澳大利亚格兰维尔列车脱轨事故(1977 年)

图 26-12　德国艾雪德列车脱轨事故(1998 年)

若水路交通管理不严，船舶就更易撞击桥梁。这样的事故多次出现，如美国的阳光高架桥(35 人亡，1980 年)和中国广东九江大桥(8 人亡，2007 年)等。1993 年，在美国亚拉巴马州，一条重型驳船在半夜的浓雾中撞在大巴尤卡诺(Big Bayou Canot)铁路桥上，导致结构和轨道变形。几分钟后，一列客车驶入桥梁，因脱轨撞毁钢梁，7 节车辆落入水中，造成 47 人遇难、103 人受伤的惨剧(图 26-13)。事后查明，驳船的领航员缺乏工作经验，甚至还不熟悉船用雷达。

图 26-13　美国大巴尤卡诺桥梁事故(1993 年)

除了车辆和船舶撞击，桥梁还可能遭受"飞来横祸"。幸好到目前为止，几起飞机失事只造成了桥梁的轻微损伤。图 26-14 为飞机失事撞桥的几个例子。

若工程管理混乱，建设程序失控，甚至玩忽职守、贪污腐败、偷工减料，工程质量无法保证，桥梁就迟早得出事。我国的重庆綦江彩虹桥(1996 年建成，1999 年垮塌，造成 40 人死亡)、湖南凤凰沱江大桥(2007 年在建时垮塌，造成 64 人死亡)等，就是典型的、惨痛的例子。

桥梁偶然遭受火灾，多半也与管理混乱有关。2007 年，在美国加州奥克兰，一辆油罐车因交通事故引发大火，烧断了高架桥的两跨上层桥面(图 26-15)。2017 年，美国佐治亚州亚特兰大 I-85 公路上的高架桥起火,一跨被烧垮,起火原因是有人烤火并不幸引燃了在桥下堆放的建筑材料。

a) 美国华盛顿特区 (1982 年)

b) 韩国首尔 (2011 年)

c) 中国上海 (2016 年)

图 26-14　飞机失事撞桥的几个例子

图 26-15　美国加州奥克兰桥梁火灾 (2007 年)

(二) 自然灾害引发的事故

因工程科技发展的局限性,目前还无法完全了解和把握自然灾害对桥梁的影响规律,也就难以避免自然灾害引发的事故。目前的应对思路,大概就是两个字,一个是"避",一个是"防"。

1. 地震

地震对桥梁的影响,可能位列各种自然灾害的首位。从中外历次大地震资料中,都可获取不少桥梁震害的信息,这里就不举例了。

2. 地质灾害

位于山区的桥梁,遭受地质灾害(泥石流,滑坡,崩塌,落石等)影响的可能性较大(尤其是在震后),值得重视。地质灾害造成桥梁坍塌见图 26-16。

a) 台湾基隆滑坡(2010 年)

b) 四川绵竹泥石流(2010 年)

c) 陕西安康山体崩塌(2013 年)

d) 四川汶川落石(2009 年)

图 26-16　山区桥梁地质灾害

历史上,泥石流冲毁桥梁而造成的交通事故,尽管很少,但每次都令人触目惊心。1953年,火山泥流冲毁了新西兰 Tangiwai 村附近的一座铁路桥,几分钟后一列客车过桥坠河,造成 151 人死亡(图 26-17)。1981 年,泥石流冲毁成昆铁路上的利子依达大桥,导致多辆车厢坠入沟谷,死亡数超过 240 人。

3. 气象灾害

沿海地区的桥梁,难免会遭受热带气旋(在不同海域,也称为台风,或飓风,或强热带风暴)和海啸等的袭击。

1964 年,Rameswaram 强热带风暴在掠过印度班本岛时,掀起高达 7m 的巨浪,将连接印度大陆与班本岛之间的铁路桥摧毁大半(全桥 145 孔梁只剩下 19 孔),正在桥上行驶的客车也落入海中,大约 150 名乘客全部遇难。2005 年登陆美国新奥尔良的卡特里娜飓风,观测到的最大有效波高达到 16m 左右,共造成 44 座桥梁不同程度的损毁[5],如图 26-18 所示。

图26-17 新西兰Tangiwai列车脱轨事故(1953年)

图26-18 卡特里娜飓风造成的美国桥梁损毁(2005年)

2011年日本东北地方太平洋近海地震引发的海啸,其溯上高度(指海平面与海啸达到的内陆最高点之间的竖向高度),在500km长的沿岸地区超过10m,最大超过40m,造成至少324座(含101座铁路桥)沿海陆上桥梁的损毁[6],如图26-19所示。

a) 冲断　　b) 落梁

c) 倒塌　　d) 损伤

图26-19 海啸造成的日本桥梁损毁(2011年)

在严寒地区,还需注意冰雪灾害。在黄河上游,时常需要爆炸破冰,避免冰坝对下游河道(包括桥梁)带来的危险。美国宾夕法尼亚州首府哈里斯堡的沃尔纳特街桥(钢桁梁桥,建于1890年,列入国家史迹名录),在1996年的一场夹带大量浮冰的洪水中被挤垮。图26-20所示的美—加边境上的蜜月大桥(就是现今尼亚加拉瀑布城彩虹桥的前任),是一座跨度256m的钢桁拱桥,1897年建成。在1938年严冬中被一场冰塞挤垮。

图26-20 美国蜜月桥冰灾事故(1938年)

结　　语

(1)世界范围内,桥梁事故无数。从过去到现在,不时发生,无法禁绝。

(2)桥梁出事不可怕,可怕的是屡屡出事! 更可怕的,是在工程师自己手中出事!

(3)桥梁建设,花费巨大。桥梁垮塌,影响深远。事故原因,五花八门。桥梁从业者需本着对社会负责的态度,时刻绷紧安全的弦,做好自己的本职工作。

参考文献

[1] NCHRP Synthesis 396. Monitoring Score Critical Bridges. TRB, Washington, D. C., 2009.

[2] 李亚东,等. 重大桥梁结构安全保障技术及战略研究——大跨复杂桥梁专题报告[R]. 成都:西南交通大学,2016.

[3] D. Proske. Comparison of Computed and Observed Probabilities of Failure and Core Damage Frequencies. 14th International Probabilistic Workshop, 2017, 109-122.

[4] Björn Åkesson. Understanding Bridge Collapses [M]. Taylor & Francis Group, London, 2008.

[5] Jamie Padgett et al. "Bridge Damage and Repair Costs from Hurricane Katrina"[J], Journal of Bridge Engineering, ASCE, Jan./Feb., 2008, 6-14.

[6] Kenji KOSA. "Damage Analysis of Bridges Affected by Tsunami due to Great East Japan Earthquake", Proceedings of the International Symposium on Engineering Lessons Learned from the 2011 Great East Japan Earthquake, March 1-4, 2012, Tokyo, Japan.

图片来源

图 26-1 按原因划分桥梁事故，来源于：http：//www.dailymail.co.uk/news/article-2092796/Bridge-collapses-Kentucky-rammed-hulking-freighter-carrying-space-launch-equipment.html（a）；http：//www.sohu.com/a/208063260_740265（b）.

图 26-2 按时段划分桥梁事故，来源于：http：//www.theseasidegazette.com/2011/11/8319/a-7-trial-draws-closer/（a）；https：//en.wikipedia.org/wiki/List_of_bridge_failures（b）.

图 26-3 按损毁程度划分桥梁事故，来源于：https：//en.wikipedia.org/wiki/Kutai_Kartanegara_Bridge（a）；http：//www.chron.com/news/houston-traffic/article/Heavy-truck-accident-shuts-down-traffic-to-8398664.php（b）.

图 26-4 法国昂热桥垮塌事故，来源于：https：//fr.wikipedia.org/wiki/Pont_de_la_Basse-Chaîne.

图 26-5 美国布鲁克林桥沉箱施工，来源于：Frank Griggs.，Brooklyn Bridge（Part 2）. Structure Magazine，Nov. 2016.

图 26-6 澳大利亚西门桥垮塌事故，来源于：文献[4]，http：//www.westgatebridge.org/.

图 26-7 美国 I-35W 密西西比河大桥垮塌事故，来源于：https：//www.mprnews.org/story/2017/08/01/looking-back-photos-of-the-bridge-collapse.

图 26-8 越南芹苴大桥垮塌事故，来源于：https：//en.wikipedia.org/wiki/Collapse_of_Cần_Tho'_Bridge.

图 26-9 因桥梁年久失修导致的铁路脱轨事故，来源于：https：//www.mapsofindia.com/my-india/india/why-do-so-many-train-accidents-occur-in-india（a）；http：//www.philly.com/philly/business/transportation/Oils_secret_transit.html（b）. Transportation Safety Board of Canada. Railway Investigation Report R13C0069. 2013（c）；http：//www.xinhuanet.com/english/2015-07/03/c_134377075.htm（d）.

图 26-10 葡萄牙 Hintze Ribeiro 桥梁垮塌事故，来源于：http：//www.diarioaveiro.pt/noticia/16434.

图 26-11 澳大利亚格兰维尔列车脱轨事故，来源于：http：//www.parramattasun.com.au/story/3662078/memories-are-still-quite-vivid-after-39-years/.

图 26-12 德国艾雪德列车脱轨事故，来源于：https：//www.rail.sk/ice/eschede/eschede.htm.

图 26-13 美国大巴那卡诺桥梁事故，来源于：https：//crazycrashes.files.wordpress.com/2007/10/train-accident.jpg.

图 26-14 飞机失事撞桥的几个例子，来源于：https：//wtop.com/dc/2017/01/in-1982-tragedy-struck-the-potomac/slide/9/（a）；http：//blog.daum.net/21sunsik/36（b）；http：//news.china.com.cn/2016-07/21/content_38926479.htm（c）.

图 26-15 美国加州奥克兰桥梁火灾，来源于：https：//www.denverpost.com/2007/04/29/crash-destroys-highway-span/.

图 26-16 山区桥梁地质灾害，来源于：http：//www.changjiangtimes.com/2010/04/265199.html（a）；http：//www.ceweekly.cn/html/Article/2010-8/3023269549.html（b）；http：//news.ifeng.com/a/20140916/41999611_0.shtml（c）；http：//news.sina.com.cn/o/

2009-07-26/050116013954s. shtml(d).

图 26-17 新西兰 Tangiwai 列车脱轨事故,来源于:https://www.radionz.co.nz/news/national/346929/service-for-nz-s-worst-rail-disaster.

图 26-18 卡特里娜飓风造成的美国桥梁损毁,来源于:http://mceer.buffalo.edu/research/Reconnaissance/Katrina8-28-05/Aerial_View_Biloxi_Bay/default.asp.

图 26-19 海啸造成的日本桥梁损毁,来源于:http://www.gunjap.net/site/?p=6656(a);http://www.mrpengineering.com/japan_3.htm#thumb(b);http://metro.co.uk/2011/03/14/pictures-japan-earthquake-aftermath-3053782/(c,d).

图 26-20 美国蜜月桥冰灾事故,来源于:https://niagarafallsmuseums.ca/discover-our-history/history-notes/upperbridges.aspx.

第27篇

往事并不如烟——州河大桥垮塌事故

2018年1月,哥伦比亚的Chirajara混凝土斜拉桥,在施工中半幅突然垮塌了。这让我想起了同样是在施工中半幅突然垮塌的我国四川达州州河大桥。

距州河大桥发生垮塌事故至今,一晃已过去30多年了。今天,年轻人大都不知道当年那起轰动业界的桥梁事故,中老年人的记忆估计也慢慢模糊了。即便在图书馆里和网络上,与这事故有关的图片资料也几乎绝迹。前事不忘,后事之师。笔者以为,回顾与反思这次事故,并与大家分享珍贵的图片资料,是有必要的。

我国早期斜拉桥发展

为便于理解州河大桥事故的历史背景,先回顾一下我国早期(1975—1982年)斜拉桥的发展情况。

现代斜拉桥始于20世纪50年代的欧洲。在我国,斜拉桥建设是从20世纪70年代开始起步的。早期开展斜拉桥科研和工程实践的技术力量,主要集中在四川省、上海市、山东省和铁路行业。

我国建成的第一座试验性斜拉桥,是重庆市(当时不是直辖市)云阳县云安镇的云阳汤溪河桥,1975年2月建成,如图27-1所示。这桥采用双塔双索面体系,长153m,宽3.7m,主桥分跨34.91m+75.84m+34.91m,主梁是由钢筋混凝土槽形箱和预制钢丝网水泥正交异性桥面板组合而成的单箱。为保证三峡三期蓄水后的通航安全,在2006年10月把这桥爆破拆除了。

1980年,四川建成了三台涪江大桥(也是一座带试验性质的桥梁)。这是一座双塔双索面预应力混凝土斜拉桥,长560.3m,宽12.5m,主桥分跨56m+128m+56m,主梁采用开口双箱;后在2002年被爆破拆除。

图27-1　四川云阳汤溪河桥(1975—2006年)

在上海,1975年10月,松江新五桥合龙。这是一座双塔双索面试验性斜拉桥,桥长105.2m,桥宽6.60m,主桥分跨24m+54m+24m,主梁采用混凝土箱梁。新五桥的建成,为接下来上海泖港大桥的建设提供了宝贵经验。

泖港大桥为双塔双索面预应力混凝土斜拉桥,是中国第一座跨度突破200m的公路预应力混凝土斜拉桥。该桥全长391.8m,主桥分跨85m+200m+85m,主梁由分离式双箱梁与车道板组成,1982年6月竣工通车,如图27-2所示。

图 27-2　上海泖港大桥(1982 年至今)

1982 年 7 月，济南黄河大桥竣工通车。这座预应力混凝土斜拉桥采用双塔双索面体系，主桥长 488m，行车道宽 15m，分跨 40m + 94m + 220m + 94m + 40m，主梁为半封闭双室箱梁，是当时跨度最大的预应力混凝土斜拉桥。

铁路斜拉桥的试点工程，是位于广西来宾的红水河斜拉桥。这桥位于湘桂铁路上，采用双塔双索面体系，单线，主梁为箱梁，分跨 48m + 96m + 48m；边跨支架现浇，主跨悬臂浇筑，1981 年建成(图 27-3)，是我国铁路上第一座斜拉桥。

基于上述描述，可以看出：第一，我国斜拉桥起步较欧洲晚了 20 年，开始是从中小跨度的试验桥做起，以便积累经验，避免失误；第二，斜拉桥获得青睐，工程师们争相尝试，积极实践，发展势头较猛。

还可以看出，早期(1975—1982 年)斜拉桥的共同构造特点是：

(1)多采用预应力混凝土斜拉结构体系(当时还用不起钢结构，而预应力可控制梁体混凝土开裂)。

图 27-3　湘桂铁路红水河斜拉桥(1981 至今)

(2)采用构造相对简单的、布置在竖直面内的双面索(对空间索的力学分析，手段不多，把握性还不大)。

(3)采用抵抗压弯扭更强的实腹式箱梁(对混凝土空腹结构，如桁架，过去积累的成功经验很少)。

(4)主跨多采用悬臂浇筑施工(以保证钢筋连续，梁段接头可靠)。

当时的科研和工程实践证明，采用如此的构造，能使公路斜拉桥的跨度达到 200m 级，铁路斜拉桥的跨度达到 100m 级。

州河大桥工程概况

州河大桥位于四川达州,由当时的达县热电厂与达县地方政府共同投资,要求桥梁满足双车道行车、行人、供热管道和水管过江以及环境美化等多种功能。

1983年立项得以通过,1984年11月底开始初步设计,同年12月中旬通过初设鉴定;到1986年1月底,完成施工图设计;1985年2月破土动工,计划1986年底竣工通车。

这桥的设计,由一所大学和一家工程施工单位承担。设计负责人在高校工作,擅长于力学分析,针对斜拉桥结构,提出过当时认为是先进的设计理论和方法,包括:基于"施工动态图示"的恒载设计,"索面单元"(可用于空间索内力分析)和索力"一次张拉"(即不用调索,简化施工)等,并将其应用于州河大桥设计。该桥的施工,由四川省某县的某建筑工程公司承担。

州河大桥的立面布置,如图27-4所示。结构为钢筋混凝土空腹梁独塔斜拉桥,主跨190m,边跨70m,桥宽12m。该桥的最大亮点是,利用地形,将桥一端的拉索直接锚固于山体上,这样,不仅与周边环境协调,还可省去一个索塔。坦率地讲,即便用今天的美学眼光看,这样的桥梁造型也是相当有创意的。

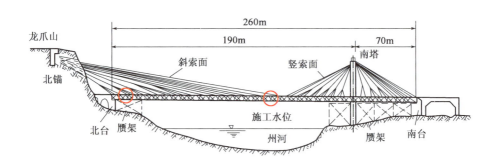

图27-4 州河大桥立面布置

州河大桥的设计特点,主要有以下几点:

(1)充分利用桥位处环境条件。桥北端有一小山,名龙爪山,山上有座龙爪塔(相传始建于唐代,现为省重点保护文物)。于是,以山代塔,以桥连山,既可设计出跨度达190m的独塔斜拉桥,还可把桥梁建筑与周边自然及人文景观联系起来。

(2)第一次采用空间索。桥梁南岸采用布置在竖面内的双面索,而在靠山一侧,则第一次布置下窄上宽的空间双面索,以便增加桥梁的"俯视美"(设计者语)。拉索由平行钢丝构成。

(3) 采用带悬臂(宽 2.5m)的钢筋混凝土倒梯形空腹箱梁。主梁高 3.3m,顶板全宽 12m,底板宽 4.5m,两板均为实心板,厚 15～20cm。斜腹板为 X 形腹杆(采用透空腹板,是为了减少箱内供热管道的温度影响),腹杆截面尺寸 15×20cm。主梁节段长 2.4m,两节段间布设一片 0.4m 厚的隔板。隔板的断面形式(图 27-5),是在空腹主梁的基础上,内加人字形斜杆,外加两根斜拉杆(将顶、底板外缘连接起来)。拉索的下锚座,就设在隔板顶面外缘处。

(4) 采用"叶脉"状拉索。这是指将一根拉索在靠下端的某处,分散成三根更细的索股,分别锚固在 3 片隔板上。设计者认为,"叶脉"状拉索集稀索与密索之长处于一体,既可使锚座轻型化,造型还美观。

(5) 采用预制、吊装、拼接、一次张拉的施工方案。预制的主梁长 2.8m,由一段空腹箱和一片隔板组成,吊装就位后再现浇 0.2m 厚的拼接层。梁体拼装时,就位一节,张拉一节,全桥吊装完成后无须进行索力调整。

图 27-5 为施工中的州河大桥,这可能是其垮塌之前留下的最后身影。

顺便提及,目前在不少文章里、网络中甚至某些电子地图上,都称呼这桥为"洲河大桥"而不是"州河大桥",不得不说,这恐怕是错的。因为,州河是嘉陵江的支流,因流经达州,故名州河,自古沿用至今。另外,在达州宣汉县,也有一座州河大桥,建成于 2004 年。此桥非彼桥,两者别混淆。

图 27-5 施工中的州河大桥

事故过程及原因分析

(一)事故过程

1986 年 10 月 29 日,大桥合龙在即,在吊装北岸某一梁段(位置见图 27-4 中间的圆框示意)时,北岸主梁突然破断(位置见图 27-4 中左边的圆框示意)垮塌。事故造成 16 人死亡(不清楚有多少人受伤),直接经济损失近 400 万元。

桥梁垮塌时的一些照片,由西南交大桥梁专业的师生拍摄于事故发生后的数日内,如图 27-6～图 27-11 所示。

(二)事故原因分析

事故的原因,笔者尝试从施工、设计和工程管理几个方面论述。

图 27-6 北岸主梁破断处

图 27-7 仰视主梁破断处

图 27-8 北岸上锚于岩体的拉索松弛

图 27-9 未垮塌的南岸结构

图 27-10 垮塌在河中的梁体残骸

图 27-11 结构残骸近观

1. 施工方面

问题主要出在施工单位的技术水平上。当施工技术低下时,再好的设计意图也难以实现。因施工单位是一家只有丙级资质的建筑工程公司,先前也无任何桥梁建造的经验,这就不可避免地会导致一系列的施工质量问题,如主梁预制的精度太差,部分构件的混凝土强度不合格,钢筋漏装等。从图 27-10 和图 27-11 来看,垮塌的梁体大多是"粉碎性骨折",钢筋材料(包括拉索防护)破损不堪,保护层厚度严重不足,质量问题显而易见。

另一方面,囿于当时的技术条件,现场没有施工监控措施,也无有效的测控手段,这就可能导致主梁的线形和索力失控。这给一根压弯构件(悬臂主梁)带来的风险,不言而喻。

2. 设计方面

尽管该桥的新构造很多(大概空间索、预制钢筋混凝土空腹箱梁、"叶脉"状拉索等,都是在国内斜拉桥中首次采用),但似乎缺乏十分有力的试验验证和类似成功经验的支撑。尽管事故调查认为主要责任在施工,但若让今天的桥梁工程师来讨论前述州河大桥的5大设计特点,笔者猜测,除了前2点可得到认可外,对后3点均会多少产生一些疑虑。例如,不加预应力的空腹单箱主梁与钢筋混凝土桁架相差不多,其节点受力性能和整体性如何?混凝土开裂如何控制?再如,将一根索的一部分拆分成三股,其构造是否可靠?如何调控"就位一节、张拉一节"时各股的内力?还有,如何在构造上保证预制节段间现浇接头的质量?诸如此类的问题,不知当时是如何考虑的;但可知的是,这些疑虑均与桥梁安全有密切关系。

依笔者看法,"叶脉"状拉索可能是设计上的一个不足之处。一来,北岸拉索的倾角过小(最小的水平夹角只有约13°),这会增加主梁所承受的水平压力;二来,在当时的技术条件下,采用"一分为三"的拉索构造及分次张拉方式,容易导致空间索的计算与实际情况出现较大偏差。

3. 工程管理方面

据笔者记忆,当时采用的是设计施工总承包的方式,还没有实施监理制度。设计施工总承包本身没有任何问题,有问题的是,设计负责人并不专长于桥梁施工,而施工单位的桥梁建造技术能力又严重不足,这就基本上让一座大桥的工程管理流于形式。可以设想,如此状况下,即便风险就在眼前,大家也可能浑然不觉。

简而言之,这桥的施工质量很差,现场监测缺失,工程管理也难以到位;尽管设计独树一帜、大胆新颖,但所采用的梁索构造与当时成功建成的大跨斜拉桥差异较大。这些不利因素的综合效应,最终导致了当北岸悬臂施工接近最不利状态时,在压弯(也不排除因上、下游索力不均而产生的扭矩)共同作用下,主梁在其质量和受力最薄弱之处轰然断裂。

到1987年11月,州河大桥垮塌事故得以处理完毕。随后,对州河大桥进行重新设计,1988年12月在垮塌原址上重建了一座三跨钢筋混凝土箱形肋拱桥(2005年进行过一次封闭维修),如图27-12所示。

图27-12 今天的州河大桥

结　　语

　　州河大桥事故发生在我国改革开放的初期。那时的社会,百废待兴,也百废待改,几乎一切都在探索中前行。导致事故的直接原因是施工(设计上也留下了一些值得探讨商榷之处),但也受到当时外部条件的间接影响,如缺乏工程市场准入制度、缺乏监理制度、缺乏设计审核制度等。今天,在经历了几十年的桥梁工程实践后,在汲取了一次次的事故教训后,我国的桥梁建设管理水平已有了显著提高。

　　从州河大桥事故中,让笔者受教最为深刻的,是以下三个"不等同于",即:"力学不等同于工程,图纸不等同于实物,创新不等同于成功"。遵循工程规律办事,是我们应该谨记在心的。

　　有些往事,可以如烟;有些往事,并不如烟。尽管州河大桥事故已过去几十年,但不该被遗忘,而且应该有所记录和评论,以便后来者参阅。这正是笔者撰写该篇的宗旨。

　　(本文承蒙达州冯春勇先生提供图27-5的照片,承蒙西南交通大学桥梁工程系尚久骃教授提供图27-6～图27-11的照片,作者谨表诚挚谢意!)

图片来源

图27-1　四川云阳汤溪河桥,来源于:http://bbs.yycqc.com/thread-7432269-1-45.html.

图27-2　上海泖港大桥,来源于:http://mapio.net/pic/p-31476211/.

图27-3　湘桂铁路红水河斜拉桥,来源于:网络资料.

图27-4　州河大桥立面布置,来源于:严国敏编著. 现代斜拉桥[M]. 成都:西南交通大学出版社,1996.

图27-5　施工中的州河大桥,来源于:冯春勇供图.

图27-6～图27-11　州河大桥事故现场照片,来源于:尚久骃供图.

图27-12　今天的州河大桥,来源于:http://www.dzfjw.com/show.asp?id=309.

第28篇 桥梁文化刍议

1960年前后,茅以升先生曾经撰文说过:桥梁是一国文化的特征之一,是代表文化的一种物质建设[1]。这应该是我国最早的关于桥梁与文化之间关系的论述,也大概是当前流行的"桥梁文化"(或"桥文化")一词的来源。几十年来,茅以升等一些著名桥梁建筑专家潜心研究中国古桥的科技和历史文化,成果丰硕[2-6]。进入21世纪,我国与桥梁文化相关的活动日益增多。2006年,九三学社、中国科协和茅以升科技教育基金会举办了"中国桥梁文化论坛暨纪念茅以升先生诞辰110周年座谈会",中国交通报社举办了首届中国桥梁文化周。随后,与桥梁文化相关的组织(如2009年成立的茅以升科技教育基金会古桥委员会)和活动(如《桥梁》杂志社多次举办的"中国桥梁文化论坛"系列活动)得到发展,涌现出一批与桥梁文化相关的网站、杂志、书籍、论文等。

在国外,似乎还没有"桥梁文化"这个概念,不过,与桥梁相关的各种活动,却是起步很早,形式多样。例如,美国ASCE开展的对土木工程经典建筑(包括桥梁)的评定活动(参见第30篇)、一些地方政府围绕当地传统木廊桥而开展的经贸和旅游活动等,均已坚持了半个多世纪。成立于1976年的联合国教科文组织世界遗产委员会(UNESCO World Heritage Committee)评选的一些文化遗产中,也包括一些著名桥梁,如英国的铁桥和福斯铁路桥,波黑的莫斯塔桥和迈赫迈德·巴什·索科罗维奇桥,法国的加尔水道桥和阿维尼翁桥,葡萄牙的路易斯一世桥,捷克的查尔斯桥等。世界各地以当地历史名桥为载体的音乐、艺术、体育、庆典和纪念活动,更是比比皆是,不胜枚举。最让人觉得霸道的一个例子是,在2010年10月10日(号称百年一遇的日子),悉尼港大桥封闭交通,改成了7500人共进早餐的露天餐厅(图28-1)!

图28-1　悉尼港大桥上的文化活动

可能有读者提问,到底什么是桥梁文化?从现有资料中,大概还难以找到较为全面系统的论述。为此,笔者试图透过广义的桥梁视角,结合文化概念的介绍,梳理出桥梁文化的定义、内容和作用。

什么是桥梁?

大家都知道,从技术角度讲,桥梁就是供车辆和行人跨越河流、山谷或其他线路等障碍的工程结构物。用简洁的语言讲,就是"跨越障碍的通道"。从结构功能的角度看,桥梁应能跨越障碍并承受交通荷载,因此要求其安全(不能动不动就垮了)和适用(好用而且耐用)。

但从社会角度看,什么是桥梁?桥梁不仅仅是满足跨越通行这一实用功能要求的工程结构物,还作为建筑实体长久地存在于社会生活之中,也是集社会财富建造的且服务于社会大众的公共产品,因此,要求其经济(不能乱花钱)和美观(不能让大众感觉太丑陋)。与其他土木建筑相比,桥梁具备的开放性(不封闭)、公平性(无歧视)、节点性(枢纽作用)和直观性(不隐匿)特征最为突出。正是这些特征,决定了桥梁在社会生活中的重要地位,也激发出社会大众关注和欣赏桥梁的热情。

综合桥梁的结构功能和社会功能,笔者以为,内涵更加丰富的桥梁定义是:跨越承载的工程结构、开放公共的交通建筑、造型多样的人工景观、沟通交流的社会通道。

什么是文化?

1. 文化的定义

从字面上释义,"文"既指文字、文章、文采,又指制度和法律等。"化"是"教化"、"教行"的意思。"文化"与"武功"相对,含教化之意。英文中的 culture,原指农耕及对植物的培育,后逐渐引申指对人的品行和能力的培养。中外对文化一词的释义大体相同。

世界上关于"文化"的定义,据说已超过百种,这真有点令人眼花缭乱,晕头转向。《中国大百科全书》社会学卷中的定义是:"广义的文化是指人类创造的一切物质产品和精神产品的总和。狭义的文化专指语言、文学、艺术及一切意识形态在内的精神产品"。

一般认为,文化可划分为器物、制度和观念三部分,对应的就是物质文化、制度文化和精神文化。广义文化概念的外延,体现在文化要素和文化特征中[7],如图28-2 所示。

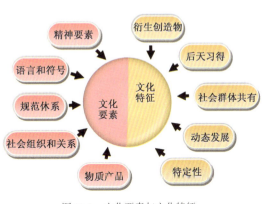

图 28-2　文化要素与文化特征

2. 文化要素

文化要素主要包括:精神要素(即精神文化,指哲学、宗教、艺术、伦理道德以及价值观念等,其中价值观念最为重要),语言和符号(是文化积淀和储存的手段,起到沟通和传递的作用),规范体系(指行为准则,包括明文规定的法律条文、群体组织的规章制度、约定俗成的风俗等),社会关系和社会组织(社会关系既是文化的一部分,又是创造文化的基础;社会组织则是实现社会关系的实体及保障),物质产品(指经过人类改造的自然环境和由人创造出来的一切物品,是文化的有形部分)等。

3. 文化特征

文化特征主要表现为：文化是衍生创造物，是经过人类有意无意加工制作出来的东西，自然存在物不是文化（例如，石头不是文化，但石拱桥就是文化）；文化不是人类先天的遗传本能，而是后天习得的经验和知识；文化是社会群体共同创造、接受和遵循的社会性产物，不是个人私有的东西；文化是一定社会、一定时代的产物，其既是一份社会遗产，又在不断地积累和优化；文化具有时代性、民族性、地区性和阶级性。

概括地说，文化就是"人化"，是以人类的能动性创造为标志，区别于动物行为或自然形态的一个概念。

什么是桥梁文化？

1. 桥梁文化定义

第一个需要讨论的问题，是从广义还是狭义来定义"桥梁文化"。茅以升先生曾说：桥是科学、文化和艺术的创造。这句话里所指的文化，显然是狭义的。从今天的桥梁发展看，狭义的桥梁文化与桥梁科技和桥梁艺术，互为融合，关系密切。据此，笔者以为，采用广义的文化概念来定位"桥梁文化"可能更为合适。基于广义文化的定义，"桥梁文化"可简单描述为：以桥梁为对象和载体的各种文化现象或活动。

2. 研究内容

第二个需要讨论的问题，是"桥梁文化"的研究内容。尽管文化可大体划分为物质文化、制度文化和精神文化几个方面，但在桥梁文化的研究中，这几个方面的内容是相关关联、相互交织和相互影响的。结合桥梁的历史发展特点，建议把桥梁文化的研究内容大致划分为工程科技、历史印记、建筑艺术三部分以及与这三部分均有关联的衍生文化，如图28-3所示。

图28-3　桥梁文化的组成

（1）工程科技。是建造桥梁的理论基础和技术工具，是不同历史时期社会生产力水平的一个体现。从字面上看，桥梁工程科技似乎与桥梁文化没什么关系，实际上并非如此。例如，与桥梁的设计、施工、运营和管养相关的规范体系和制度建设，正是文化要素的体现。可以说，没有工程科技，桥梁文化就无从谈起；没有世界领先的桥梁工程科技，中国桥梁文化的软实力也难以体现。

（2）历史印记。是最能直接体现"文化"的内容。一方面，它包括整理和研究与古代桥梁相关的伦理道德、民风民俗、神话传说、宗教色彩、历史事件、历史人物、文学戏剧、雕刻绘画、诗词楹联、碑文题词等；另一方面，也包括对桥梁发展史（桥梁与社会、经济、政治、科技、环境等的关系)的系统研究。后者对促进桥梁工程的创新发展,很有裨益。

(3)建筑艺术。是一种实用性与审美性相结合的造型艺术,是使桥梁具有文化价值和审美价值的重要手段。通过对古桥建筑艺术的发掘,可使中国桥梁文化的内涵更加丰富和完善;通过对当代桥梁建筑艺术的研究,则有助于我们建造出更美的桥梁。

(4)衍生文化。是桥梁文化的重要补充内容,其涉猎面广,形式多样。例如,桥梁摄影与影视,桥梁博物馆和科普,桥梁设计竞赛和评选,古桥价值评估与文物保护,仿古桥梁建筑,以桥梁为载体的各种旅游、商贸、文体、庆典和纪念活动等。

为何研究桥梁文化?

笔者以为,主要有以下几点。

第一,也是最为重要的,是有助于形成共同的桥梁价值观,有助于解决"为何建桥?建什么样的桥?"这样的根本性问题。毋庸讳言,在我国近几十年的桥梁建设中,所取得的成绩令世人瞩目,但在安全和质量等方面也存在着一些急需解决的问题。解决问题的办法之一,就是提升桥梁从业者的科学文化素质。交通运输部原总工程师凤懋润先生把"功德观、民族魂、使命感"视为桥梁文化的精髓,正是此意。

第二,推进桥梁文化创新。创新是发展桥梁文化(尤其是在桥梁科技领域)的不竭动力,创新能力则是一个国家桥梁综合实力的重要标志。纵观桥梁工程的发展史,实际上就是桥梁文化的创新史。开展桥梁文化创新,应服务于中国桥梁现代化建设,助力于中国桥梁走向世界,着眼于中国桥梁面向未来。

第三,促进文物保护。桥梁文物古迹可从一个侧面反映出不同历史时期人类的生产、生活和环境状况,是一个国家、一个民族的历史文化的重要载体。深入开展古桥文化的考察、调研和挖掘,可提供文物保护信息,提高古桥保护的社会意识,为古桥文化的延续和推动文化产业发展做出贡献。

第四,丰富社会大众的精神生活,增进桥梁从业者的人文精神和素质修养。

参考文献

[1] 茅以升. 彼此的抵达[M]. 天津:百花文艺出版社,1998.
[2] 茅以升. 中国古桥技术史[M]. 北京:北京出版社,1986.
[3] 茅以升科技教育基金会. 茅以升桥话(第二版)[M]. 成都:西南交通大学出版社,2006.
[4] 刘文杰. 桥文化[M]. 北京:人民交通出版社,2008.
[5] 唐寰澄. 中国古代桥梁[M]. 北京:中国建筑工业出版社,2011.

[6] 潘洪萱. 古代桥梁史话[M]. 北京:中华书局,1982.
[7] 中国大百科全书编委会. 中国大百科全书——社会学[M]. 北京:中国大百科全书出版社,1991.

图片来源

图 28-1　悉尼港大桥上的文化活动,来源于:https://www.facebook.com/pg/breakfastonthe-bridge/photos/? ref = page_internal.

图 28-2　文化要素与文化特征,来源于:作者自绘.

图 28-3　桥梁文化的组成,来源于:作者自绘.

第29篇

追求桥梁『世界之最』的意义何在？

近几十年来，我国的桥梁事业获得了突飞猛进的发展，有很多桥梁都创下了"世界之最"，为此也花费了大量的人力物力，有些桥梁的造价也明显提高。不过，我们追求这些"世界之最"的意义在哪里？这种导向值不值得提倡？对这一问题的认识，见仁见智；作者试图从更广的视角入手，对此开展初步探讨。

人类为何要追求"世界之最"？

众所周知，人类在经济、军事、科技、体育、建筑等领域争当霸主、争当"第一"的例子，比比皆是。这里只举两个小例子。

第一个例子，是具有娱乐和商业性质的吉尼斯世界纪录。吉尼斯世界纪录起源于爱尔兰吉尼斯啤酒厂老板的奇思妙想，1955年，第一版《吉尼斯世界纪录大全》问世，一时风靡全球，至今已发行63版。

《吉尼斯世界纪录大全》汇集了世界上五花八门的"世界之最"，内容涵盖人类、生物、自然、科技、建筑、交通、商业、艺术、体育等类别，收录了许多光怪陆离、千奇百怪的纪录。尽管吉尼斯世界纪录只是一个娱乐大众、传递信息的产品，但却一直在刺激着人们追求极致的想象力和创造力，几十年来经久不衰。

第二个例子，是具有工程和技术内涵的摩天大楼。19世纪80年代，世界上第一座摩天大楼(只有54.9m高)出现在美国芝加哥。接下来的近百年间，芝加哥与纽约为争夺"世界最高"的竞争就从未停歇过。直到1977年，纽约建成世贸中心（最高者527m，在"9·11"事件中被毁）、芝加哥也完工西尔斯大厦(527.3m)之后，双方才偃旗息鼓。近年来，在讨论世贸中心的重建方案时，那些出于安全考虑而降低楼高的设计方案均遭到纽约市民的一致反对。于是，2013年建成的世贸中心一号楼高541.3m，成为美洲第一高楼。

美国的"世界最高"竞争赛在20世纪70年代就基本收摊了，但接下来几十年内，亚洲和其他地区的竞争赛却进行得如火如荼。由美国高层建筑与城市住宅委员会(CTBUH)提供的、截至2020年世界上在建和已建摩天大楼的前20位排名[1]，如图29-1所示。由图可见，绝大多数大楼位于亚洲（中国大陆就占9座，图中红线所示），亚洲之外的建筑只有重建的纽约世贸中心一号楼，仅位列12。

从第一个例子可以看出，世人对各种极端新奇的事物，总是更感兴趣。从第二个例子可以看出，某些与社会经济发展密切相关的领域（如城市中的高层建筑、交通基础设施中的大跨桥梁等）关于"之最"的竞争，具有一定的区域性特征和阶段性特征，也可以认为，即人们追求"之最"的热情，有向经济高速发展的热点地区转移的趋势。

上述两个例子，只是发生在近百余年间的事。兴许，快速有效的通信方式(自1843年莫尔斯发明的电报机投入使用算起），是让"之最"得以关注并发展的助推剂。不过，回溯人类历史也可以发现，古人好像对此也感兴趣。现实中的埃及金字塔和中国的长城，以及传说中的"巴别塔"等，就是例子。大体上，对更高、更快、更强、更长、更大、更……的追求，几乎就是人类社会的天性。有了"更"，借助信息交流，自然就会比一比"最"了。

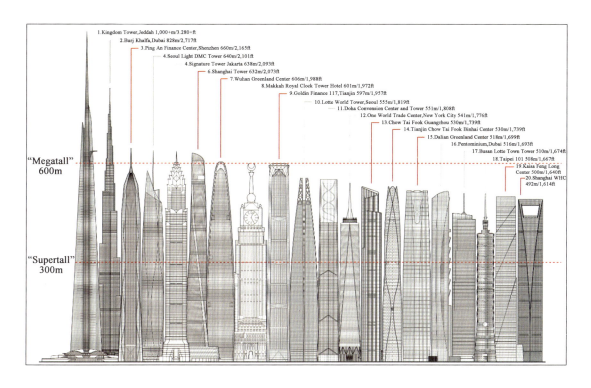

图 29-1　世界上在建和已建高楼的前 20 位排名（截至 2020 年）

为何要追求"之最"？按作者的理解，大致有以下几个原因。

一是竞争心态。只要人类创造出来的事物是可被度量的（与尺寸、时间、数量、质量等相关），便会同时创造出某种形式的竞争。大到一国之 GDP，小到一人之指甲或头发长度，莫不如此。这类竞争的本质，在心理学上体现为赢者为王，你能做的，我也能做，而且要比你做得更好！正因为如此，大家都想争当"第一"。在体育竞赛中，这一点表现得尤为明显。

二是商业利益。竞争的主要目的，是把竞争的优势转化成显在的或潜在的商业利益。没有现实或长远利益的"之最"，属于"赔钱赚吆喝"，只能带来心理上的满足感。过去美国人争相建造摩天大楼，不仅仅因为它们是实力和财富的象征，同时也是最显目、最直接的实物广告。

三是社会影响。一个国家在经济、科技、军事、工程等领域的重大突破或排名，必然会吸引世人目光，由此可扩大或加强国家在某一领域的影响力和话语权。对一家企业的产品，情况类似。当然，也不排除一些个人或团体别出心裁，制造出一些奇怪的"第一"，以博眼球，以求关注，以满足心理诉求。

上述三个主要原因,时常相互关联、互为因果。

桥梁有哪些"之最"?

先看几个桥例。图 29-2 所示是近年来已建和在建的三座著名桥梁。尽管这些桥梁在结构及建筑上都很有特色,但这并不妨碍官方或媒体把其中的某一项指标展示出来进行大力宣传,获得更高,或更宽,或更长的"世界之最"。

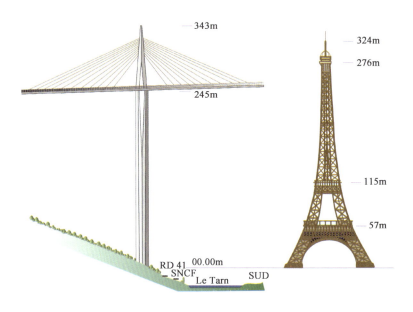

a) 最高的桥——法国米约高架桥

b) 最宽的桥——美国奥克兰海湾大桥东跨

图 29-2

c) 跨度最长的桥 —— 土耳其1915恰纳卡莱大桥（在建）

图 29-2　近年来几座桥梁的"世界之最"举例

从图中可见，法国米约高架桥的结构高度（343m）超过埃菲尔铁塔，全球首屈一指；美国——奥克兰海湾大桥东跨的桥面宽度达到78.74m，自当独占鳌头；土耳其恰纳卡莱1915大桥的主跨达到2023m，更是一骑绝尘。

可见，宣传或展示桥梁的"世界之最"，是一普遍现象，并不是中国一家的专利。

再来讨论一下桥梁的评价指标和"之最"的种类。

桥梁是为服务于交通功能而建造的工程结构物，其本身与工程材料、结构构造和建造技术等有关。建造一座什么样的桥，则主要取决于陆上（及水上）交通功能要求和桥位处的自然环境。

造好了一座桥，如何评判其优劣呢？一般而言，就是除了确保结构安全外，还要求桥梁在设计使用年限内，表现为材料耐久、功能适用、建养经济；必要时考虑美观，并符合环保要求。可见，评价指标是多样综合的，其也可能会随着时代发展而有所调整。

尽管已有现成的评价原则，但其相互关联，不好量化，难以用于桥梁之间的比较。考虑到桥梁（上部结构）是一长条状的架空结构，架空物越长，难度越大，于是就把跨度当成表征桥梁技术水平和建设能力的一个重要指标。这种做法，从过去开始，沿用至今，可以视为桥梁"之最"的鼻祖。

改写跨度的"世界之最"，并不是一件轻而易举的事。例如，考察国内外悬索桥的跨度发展曲线（参见第7篇），可见，悬索桥主跨从早年的500m弱增长到今天的2000m强，经历了百余年的漫长时间。尽管近10多年来中国悬索桥的跨度能跻身前几位，但与"之最"还有相当距离。

当跨度比不上时，还可以换个比法。常见的做法是：以桥梁结构整体或一部分为对象，先限定范围，再来比较桥梁的跨度、高度、宽度、长度、基础深度等（通常只选择一项）。范围的限定，可以按对象（公路桥、铁路桥等）划分，可以按材料、结构体系、构造类型、施工方法等划分，还可以同时限定两个范围。若某项指标排不上"世界之最",那还可以按国家或地区进行排序,甚至按一条河流一个区域进行排序。这样一来,"之最"的内容就变得丰富起来,甚至有点五花八门了。

这样的"之最",在国内外的桥梁文献和报道中,屡见不鲜。当然,只要桥梁符合适用、经济、耐久等设计基本原则,那这样的"之最",就可以体现出桥梁工作者积极进取、努力创新的成果,可以提供一些有用的技术信息。另一方面,也要看到,有些"之最"基本不具备技术进步意义,仅是为了追求"之最"而包装出来的;有些"之最"背离了桥梁设计的基本原则,仅是为了追求"之最"而炮制出来的。对这样的做法,是不值得提倡的。

从历史的角度看,桥梁"之最"的竞争,在相当程度上体现出人类挑战自然、克服困难、超越自我、创造奇迹的进步意义,但也有可能暴露出好大喜功、盲目攀比、铺张浪费、浮夸炫耀的人性弱点。今天的中国,在桥梁工程领域里后来居上,成绩卓著,对此需要保持一份清醒的认识。

应该追求什么样的桥梁"之最"?

各行各业的发展壮大,大都遵循着"从无到有、从有到优"的轨迹。也就是说,先要解决有无的问题,在发展过程中再逐步解决质量问题和创新问题。一般而言,在"从无到有"阶段,希望刷新"之最"的愿望最为强烈;到了"从有到优"阶段,即在尝过"之最"的滋味后,就可以比较理性地看待这个问题了。

中国已是数量第一的桥梁大国,大体上解决了"从无到有"的问题,正在向"从有到优"的方向迈进。在这个过程中,应该追求什么样的桥梁"之最"?

第一,关于评价指标。

前已述及,评价桥梁优劣的因素是多样综合的,而评价桥梁"之最"的指标往往是单一的。有没有可能综合各种评价因素,建立更合理一点的评价指标呢?从目前的工程实践看,要找到一个适用面广的指标,难度非常大。

一种思路是,对涉及桥梁优劣评价的各个因素进行评级或打分,再按照某种算式推算出结果。这种方法得到的结果,受人为影响的空间较大。另一种思路,则是选择几个关键因素,构造出一个相对合理的指标。笔者曾撰文推荐过一个包含材料用量、跨度长短和活载大小这三个关键要素的"技术—经济指标"[2],如下式所示:

$$I = \frac{PL}{M} \tag{29-1}$$

式中:L——主跨长度(m);

P——主跨范围内的竖向活载之和(kN);

M——主跨范围内上部结构的材料用量(m^3);

I——"技术—经济"指标。

由式(29-1)可知,若活载 P 确定,跨度 L 确定,则所需材料用量 M 越小,I 值越大;若 L 确定,M 确定,则能承受的 P 越大,I 值越大;若 P 确定,M 确定,则 L 做得越长,I 值越大。可见,I 值与经济性和技术性均有关联,越大越好。

这个指标的特点,就是可以忽略桥梁服务对象、桥面总宽度、构造形式、建设费用等的影响,对同一种材料建造的同一类桥梁进行粗略比较;不足之处在于,无法考虑活载种类、材料变化、桥位处自然环境等的影响。

第二,关于桥梁跨度。

一个国家,若拥有世界先进的建桥能力,在需要时能做出别人做不出来的大跨桥梁,这本身并不是一件坏事。而且,从桥梁跨度的发展潜力看,从世界范围内的建设需求情况看,这样的能力"之最",还是值得拥有的。

第三,关于建设理念。

在建筑领域,当亚洲正在争相建造一座高于一座的摩天大楼时,美国的建筑师却率先开展"最美摩天大楼"的评价,这显示出建筑理念开始从先前的"是否最高"向"不求最高,但求最美"的方向转变。

在我国桥梁工程领域,建设理念是不是也应该从追求单一的、表面的"之最"向"不求最长,但求更强"方向转变?答案是肯定的。这里说的"长",泛指前述各种"之最";这里说的"强",主要体现在桥梁工程中所蕴含的高科技含量,桥梁规划—设计—施工—养护过程中相关的理论、技术和设备创新,建造深水大跨桥梁的技术能力,优异的结构长期性能,良好的经济效益等。

结　　语

人类社会追求"更",爱比"最",这无处不在,根深蒂固。背后的原因,笔者梳理为竞争心态、商业利益和社会影响三点。更深入全面的分析,大概是社会心理学的研究内容了。

桥梁"之最"的合理竞争,对推动桥梁技术的进步是有正面作用的。但是,低层次和不计成本的盲目竞争,或者花样百出的"之最"宣传,其负面作用也不可低估。

符合 21 世纪时代潮流的桥梁建设理念,应该是:"不求最长,但求更强"。

参考文献

[1] CTBUH. Historical and Future Tallest Buildings in the World. in:http://www.ctbuh.org/

HighRiseInfo/TallestDatabase/HistoricalFutureTallest/tabid/422/language/en – GB/Default.aspx.

[2] Yadong LI, Xun ZHANG, Xiaozhen LI. Sustainable design in bridge engineering[A]//International Symposium on Innovation & Sustainability of Structures in Civil Engineering[C]. Xiamen, China, 2011.

图片来源

图 29-1 世界上在建和已建高楼的前 20 位排名,来源于:文献[1]。

图 29-2 近年来几座桥梁的"世界之最"举例,来源于:https://en.wikipedia.org/wiki/Millau_Viaduct(a);https://www.tylin.com/zh/projects/san_franciscooakland_bay_bridge_new_east_span(b);https://www.sozcu.com.tr/2017/ekonomi/canakkale-koprusunun-temeli-atiliyor-1741770/(c)。

第30篇 土木工程历史性标志ABC

什么是土木工程历史性标志(Historic Civil Engineering Landmarks)？简而言之，就是美国土木工程师协会(American Society of Civil Engineers，ASCE)组织的、对具有历史价值的土木工程经典建筑或重要事件开展的评选和认定活动[1]。

这活动始于20世纪60年代，1966年被认定的第一个项目，是建于1869年、位于美国马里兰州的博尔曼(Bollman)桁架桥，如图30-1所示。这是一座单线铁路桥，采用铸铁和熟铁制造，跨度2×24.4 m。迄今为止，全球已有超过260个项目获得认定，成为ASCE土木工程历史性标志。

评选和认定活动的目的是：

(1)展现土木工程对社会进步和发展的贡献，提高社会大众对土木工程的鉴赏水平。

(2)提升土木工程师对所从事专业的历史意识，增强工程见解和自豪感。

(3)鼓励社会做好重要的历史性土木工程建筑的保护工作。

(4)促进在百科全书，指南和地图中收纳土木工程历史性标志的信息。

图30-1　美国博尔曼铁路桥

项目的评选和认定

项目要进行评选和认定，首先得提名，提名必须来自于ASCE或相关工程学会。

若某国某组织拟提名某项目为土木工程历史性标志，首先得给ASCE提交一份文件(相当于填报申请书)，其中包括：项目的建造日期(及其他重要日期)；项目工程师和与项目相关的其他专业人员的姓名；项目的历史意义；本国和其他国家的可比或类似项目(名称，位置，日期，每个项目的简短描述)；项目的独特性；项目对土木工程行业或国家、地区发展的贡献；已发表的参考文献清单；支持本项目提名的补充文件清单(附带的文件，出版物，照片和历史证据)；引证资料；项目业主对支持提名的陈述；等等。

ASCE设立了一个大约由20人组成的"历史与遗产委员会"(History and Heritage Committee，HHC)，对所提名的项目进行选定。HHC的工作，就是对提名项目的文件资料进行分析、比较、评估和最终认定，以确保提名项目的真实性和历史价值。

项目评选和认定的基本原则，包括：

(1)项目必须具有国家土木工程历史意义，不能以项目本身的规模或技术复杂性取代。

(2)项目必须在土木工程历史的某个重要方面有代表性。

(3)项目必须具有一些独特性(例如，第一次建成)，或做出了一些重要贡献(例如，采用某特殊方法第一次设计),或使用独特或重要的施工或工程技术;同时,项目必须为国家或至少一个广大地区的技术发展做出了贡献。

(4) 尽管安全因素或地理隔离可能会限制访问,但一般情况下公众应可易于观看到项目实物。

(5) 项目从当年完成到 ASCE 认定后挂牌的时间跨度,至少 50 年。

所提名项目的审核认定时间,可能长达一年。若最终选定,提名组织还得举行个挂牌仪式(铭牌由 ASCE 提供,见图 30-2),写份最终报告(包括仪式日期和地点,参加政要的名单,与会人数,新闻稿,媒体报道,宣传册,仪式照片,铭牌确切位置等)。至此,完成。

图 30-2　赵州桥的铭牌

已评项目类型及数量

截至 2014 年,ASCE 一共审定了 263 个项目。如图 30-3 所示,项目涵盖桥梁、隧道、道路与铁路、建筑、大坝、水运工程(包括运河、船坞、灯塔等)、水利工程(包括水库、渡槽、污水处理等)等 11 大类。

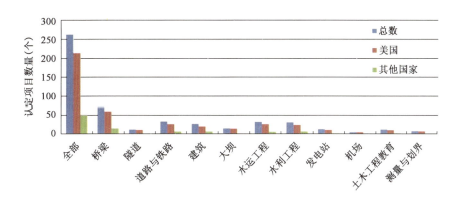

图 30-3　ASCE 认定的土木工程历史性标志一览(截至 2014 年)

263 个项目中,美国占 214 个,其他国家只有 49 个,美国的项目数占 3/4 强。在各类项目中,桥梁项目最多(总数:74,其中美国:59,其他国家:15)。其他情况是:隧道(总数 12,其中美国:11,其他国家:1);道路与铁路(总数:33,其中美国:26,其他国家:7);建筑(总数:27,其中美国:20,其他国家:7);大坝(总数 15,其中美国:14,其他国家:1),水运工程(总数 32,其中美国 26,其他国家:6);水利工程(总数:31,其中美国:24,其他国家:7);……。

桥梁项目评选情况

ASCE 所认定的美国和其他国家的土木工程历史性标志(桥梁),见表 30-1、表 30-2。我国的赵州桥,是在 1989 年被认定的,1991 年挂牌的。

美国土木工程历史性标志(桥梁)　　　　　表 30-1

序号	选定时间(年)	桥　　名	地　区　(州)
1	1966	鲍尔曼桁架桥	马里兰州
2	1967	比德韦尔酒吧桥	加利福尼亚州
3	1968	威灵悬索桥	西弗吉尼亚州
4	1969	沃德湖桥	加利福尼亚州
5	1970	布里奇波特廊桥	加利福尼亚州
6	1970	康沃尔-温莎廊桥	佛蒙特州—新罕布什尔州
7	1970	弗兰克福大道桥	宾夕法尼亚州
8	1971	伊兹大桥	密苏里州
9	1972	布鲁克林大桥	纽约
10	1973	斯塔鲁卡高架桥	宾夕法尼亚州
11	1974	石拱桥	明尼苏达州
12	1975	史密斯菲尔德街桥	宾夕法尼亚州
13	1975	唐克汉诺克高架桥	宾夕法尼亚州
14	1978	邓拉普小溪桥	宾夕法尼亚州
15	1979	芬克上承式桁架桥	弗吉尼亚州
16	1979	克下承式桁架桥	新泽西州
17	1979	罗克维尔桥	宾夕法尼亚州
18	1981	科特兰街开启桥	伊利诺斯州
19	1981	乔治·华盛顿大桥	新泽西州—纽约
20	1981	惠普尔桁架桥	纽约
21	1982	卡罗顿高架桥	马里兰州
22	1982	约翰·A·罗布林悬索桥	俄亥俄州
23	1982	金祖阿铁路高架桥	宾夕法尼亚州
24	1982	罗格河桥	俄勒冈州
25	1982	第二大街桥	密歇根州
26	1983	贝雷岛桥	缅因州
27	1983	布伦海姆桥	纽约
28	1984	哥伦比亚—赖茨维尔桥	宾夕法尼亚州
29	1984	金门大桥	加利福尼亚州
30	1985	巴约讷大桥	新泽西州—纽约

续上表

序号	选定时间(年)	桥名	地区（州）
31	1985	高桥	肯塔基州
32	1986	白水河混凝土拱桥	阿肯色州
33	1986	旧金山—奥克兰海湾大桥	加利福尼亚州
34	1986	休厄尔桥	缅因州
35	1986	三区大桥	纽约
36	1987	基斯维尔桥	纽约
37	1987	弗里斯科桥	田纳西州–阿肯色州
38	1994	密苏里河桥	南达科塔州
39	1996	阿穆尔—斯威夫特—伯林顿桥	密苏里州
40	1997	纳瓦霍桥	亚利桑那州
41	1997	北安普顿街桥	宾夕法尼亚州—新泽西州
42	1997	核桃街桥	宾夕法尼亚州
43	1998	坎顿高架桥	马萨诸塞州
44	1998	摩斯利熟铁拱桥	马萨诸塞州
45	2000	第七大街拱桥	明尼苏达州
46	2001	邦克山廊桥	北卡罗来纳州
47	2002	5座石拱桥	新罕布什尔州
48	2002	沃尔多—汉考克悬索桥	缅因州
49	2004	北太平洋高线桥64号	北达科他州
50	2008	乔特桥	马萨诸塞州
51	2008	莱西·V·默洛桥和贝克山隧道	华盛顿
52	2009	波基普西—高地桥	纽约
53	2009	曼哈顿大桥	纽约
54	2009	皇后区大桥	纽约
55	2009	威廉斯堡大桥	纽约
56	2010	迈金纳克大桥	密歇根州
57	2012	休伊·皮尔斯·朗桥	路易斯安那州
58	2013	沃特福德桥	纽约
59	2013	庞恰特雷恩湖桥	路易斯安那州

国际土木工程历史性标志(桥梁)　　　　　　　　　　表30-2

序号	选定时间(年)	国别	桥名
1	1979	英国(英格兰)	铁桥
2	1985	英国(苏格兰)	福斯铁路桥
3	1987	加拿大	魁北克桥

续上表

序号	选定时间(年)	国别	桥名
4	1988	澳大利亚	悉尼港桥
5	1989	中国	赵州桥
6	1990	葡萄牙	玛丽亚皮娅桥
7	1990	瑞士	萨尔基那桥
8	1992	美国—加拿大	尼亚加拉瀑布悬索桥
9	1994	智利	Malleco 铁路高架桥
10	1995	津巴布韦—赞比亚	维多利亚瀑布桥
11	2002	英国(威尔士)	控威悬索桥
12	2002	英国(威尔士)	控威管箱桥
13	2002	英国(威尔士)	梅奈悬索桥
14	2004	波兰	特切夫铁路桥
15	2007	英国(苏格兰)	克雷盖拉希桥

如何看待这项活动？

1984年之前，ASCE选定的115个历史性标志中，只有两个（一个是英国的铁桥，一个是巴拿马运河）是国外的，其余全部是美国自家的。从1985年起，ASCE开始拓展评选范围。在1985—2014年间选定的148个历史性标志中，美国以外的项目增加到47个，占比32%。不过，从HHC的人员构成以及已评的结果（图30-3）看，基本上可以说这是一项以美国土木工程为主的评选活动，国际性特征还不算十分突出。

但另一方面，ASCE在国际土木工程界的影响力很大，近30年来的桥梁项目评选结果（见表2）也有一定的代表性。因此，本着宣传、保护重要历史性土木工程建筑的目的，我国相关学会主动提名一些有历史价值的土木工程项目（如大渡河铁索桥等），自是有益。

最后讨论一下 Historic Civil Engineering Landmarks 这个英文短句的翻译。有人译为"土木工程历史古迹"（赵州桥的铭牌上就是如此），有人译为"土木工程里程碑"，都可。不过，也有必要仔细推敲一下。从时间上看，所有项目中，17世纪之前的有14个，17世纪内的3个，18世纪内的20个，19世纪内的122个，20世纪内的104个；可见，一般意义上的"古迹"并不是主流。另外，"里程碑"一词，本身隐含着先后次序和相互关联，但这个评选活动似乎并无此意。还有，在内容上，除了各类土木工程实体建筑外，还包括一些非实物和综合性的项目。综上，笔者建议将其译为"土木工程历史性标志"。

参考文献

[1] ASCE. Historic landmarks. in:http://www.asce.org/landmarks/.

图片来源

图 30-1　美国博尔曼铁路桥,来源于:http://historicbridges.org/bridges/browser/photos.php?bridgebrowser = maryland/bollman/&gallerynum = 1&gallerysize = 3.
图 30-2　赵州桥的铭牌,来源于:http://bbs.voc.com.cn/topic-1673937-1-1.html.
图 30-3　ASCE 认定的土木工程历史性标志一览,来源于:作者自绘.

第31篇

你知道哪些动物会造「桥」吗？

动物会造桥？看到这个问题，估计有些读者会起疑：该不是忽悠吧。不管信不信，接着往下看，你会了解到与动物造桥相关的一些有趣信息。

传说中的动物造桥

动物造桥，很早就出现在中国和印度的一些神话、宗教和传说中。

最为大家熟悉的，是中国的民间传说鹊桥相会，说的是在每年的阴历七月初七晚上，喜鹊在银河上搭桥，让牛郎织女在桥上相会（图31-1）。至于如何造桥，造了一座什么样的桥，就任凭各位想象了。

图31-1　鹊桥相会

印度有一本古老的佛教寓言故事集《本生经》，主要记载佛陀释迦牟尼前生的故事。其中所讲述的一个故事，叫"猴王桥"。简而言之，这故事描述了猴王（释迦牟尼的化身）为逃避人类的追杀，如何用山间的藤蔓和自己的身体搭桥，牺牲自己，让猴群逃生的情节[1]。这些传说，记载在印度帕鲁德（Bharhut）和山崎（Sanchi）佛塔的石刻中，如图31-2所示。

在印度，关于罗摩桥（Rama's Bridge）的神话，记载在《罗摩衍那》中。这故事说的是，印度教罗摩王子为搭救被魔王掠夺到兰卡国的妻子，求助神猴哈奴曼在印度国和兰卡国之间造桥。桥造好后，罗摩王子杀入兰卡国大战魔王，救出妻子。千百年来，罗摩桥作为神话故事世代相传，留存于各种绘画和雕刻中，从来无人质疑或证实其真实性。2002年，美国宇航员发布了一张卫星照片（图31-3），从中清晰可见在印度与斯里兰卡之间的保克海峡中，有一道狭长的、由一连串石灰岩礁石和沙洲组成的海底沙梁。这到底是印度教的圣迹？还是特殊的地质构造？印度社会为此一直争论不休。

远古人类的造桥梦想，大概只能寄希望于灵鸟或神兽。当社会生产力有所发展后，人类就慢慢变成主角，想象自己可借助动物造桥了。

a) 帕鲁德佛塔遗迹

b) 山崎佛塔石刻

图31-2　印度猴王桥

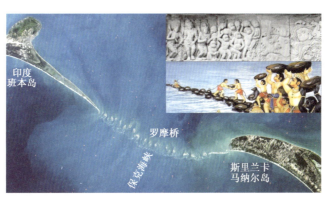

图31-3　印度罗摩桥

《竹书纪年》中记载：周穆王"三十七年，大起九师，东至于九江，架鼋鼍以为梁。"在东晋王嘉所做的一部志怪小说集《拾遗记》中，也有"舜命禹疏川奠岳，济巨海则鼋鼍而为梁"的描述。

何为鼋鼍（读音：原驼）？鼋属鳖科，体大身重，主要产于亚洲；鼍属钝吻鳄科，即中国特产扬子鳄。这两种动物都离不开水，想必在古代的河流中多得随处可见。今人看来，以鼋鼍做桥，近似神话，实不可信。罗英先生（1890—1964年）判断鼋鼍可能就是水中人工石堆的形象比喻，唐寰澄先生（1926—2014年）认为"鼋鼍为梁"就是用浑脱或鸥夷（这里指用整张动物皮制成的充气革囊或皮袋）架设的浮桥[2]。

考古界认为，我国在新石器时代（河姆渡文化）就出现了舟楫，至迟在殷商时代就完成由独木舟到木板船的变革[3]。据此，笔者以为，从技术的角度看，既然周文王（早于周穆王百余年）迎亲时就可"造舟为梁"，那"鼋鼍为梁"就可能是用浑脱，或皮筏，或木舟等搭起的临时性浮桥（实际上，当时也还没有在江河上建造其他桥式的技术）；从文化的角度看，"鼋鼍为梁"则

图31-4　四川泸县龙脑桥

更多是一种桥梁意象，反映出古代先民在造桥过程中驱杀水中鼋鼍、征服河流天堑的气概和能力。

神话或传说中的动物造桥，难以置信。不过，借助神兽之力来护佑桥梁，则在古桥历史上比比皆是。图31-4为四川泸县龙脑桥（全国重点文物保护单位）。这桥建于明洪武年间（1368—1398年），石墩石梁，长55m，宽1.9m，共12跨。中间的8个墩顶上，置有古代吉祥走兽（包括四条龙，两只麒麟，一只青狮和一只白象）石雕，上盖石板压住。这座古桥集建筑造型和石雕艺术于一体，但其构思却表现出中国古人处理动物与桥梁关系的做法。

哪些动物会造"桥"？

就笔者所知，会造"桥"的动物包括一些猴子、蚂蚁和蜘蛛。当然，这些"桥"是临时出现的、稍纵即逝的生物结构。

1. 猴子

猴子聪明伶俐。在中南美原始森林中生长的猴子，善用长长的四肢和尾巴在林间跳跃行走。如图31-5所示，黑掌蜘蛛猴妈妈为了帮助孩子跨越障碍，把自己临时变成了一座"桥"。

美国国家地理2016年发行的纪录片《野性哥伦比亚》中，第一次展示了绒毛猴妈妈搭桥让宝宝踩着身体通过的珍贵镜头，如图31-6所示。

2. 蚂蚁

蚂蚁是典型的社会性昆虫（有群体生活、分工明确、集群协调等特征），也是一种神奇的动物。一些蚂蚁（行军蚁、火蚁、编织蚁等）会通力合作，在需要时用自己的身体组装成生物结构，如桥梁、梯子、筏子等，展现出令人惊叹的集体智慧，如图31-7、图31-8所示。

图31-5　哥斯达黎加的黑掌蜘蛛猴母子

图31-6　哥伦比亚的绒毛猴母子

a) 蚁桥　　　　　　　　b) 蚁梯　　　　　　　　c) 蚁筏

图31-7　蚂蚁组成的桥、梯和筏

借助智能材料和构件,采用简单规则,就可能做出复杂的、可自我装拆和自我调控的集成结构。这可能是蚂蚁搭桥隐含的仿生技术启示[4]。

3. 蜘蛛

蜘蛛结网,随处可见。在蜘蛛的世界里,蛛网既是它的家,也是它的路和桥。2009年,科学家在马达加斯加的安达斯巴－曼塔迪亚国家公园内,发现了一种可结出最大圆网的蜘蛛,取名为达尔文树皮蛛。

图31-8　蚂蚁桥即将合龙

这种蜘蛛可喷射出长长的蛛丝,蛛丝强度是常用芳纶纤维的10倍以上。这一能力使得达尔文树皮蛛可将网结在溪流或池塘的上方,蛛丝可轻易越过溪流,长度可达25m,如图31-9所示。

图31-9　达尔文树皮蛛的跨河蛛网

人会模仿动物造桥吗？

对这个问题，似乎没有答案。但可以说，今天现存的个别古桥，仍保留着模仿动物造桥的传说。有些现代人行桥的造型，也可依稀见到仿生学的应用。举例如下。

图 31-10 所示为西藏墨脱德兴藤网桥。这桥采用白藤制作，呈 U 形管网状，横跨雅鲁藏布江，长约 200m，有 300 多年的历史，传说是受到蜘蛛结网的启发而建造的。

图 31-11 所示为日本大月市的猿桥，可能始建于奈良时代（710—794 年），是日本的三大古桥之一，传说是受到猴群相互支撑跨越山涧的启发而建造的。从桥型看，实际上这就是伸臂木梁桥（参见第 12 篇）。

图 31-12 为德国斯图加特的罗兹（Lodz）人行及自行车桥，建于 1992 年。这桥的承重结构采用索网体系，如同一张平铺的蛛网。1994 年，德国建成的海因里希-博世（Heinrich-Bosch）人行桥，跨度 31.2m，桥面下也布置了索网体系。

图 31-10 西藏墨脱德兴藤网桥

图 31-11 日本大月猿桥

图 31-12 德国斯图加特罗兹桥

2016 年，英国 Salford Meadows 人行桥的某个竞赛方案获得美国建筑学会的优胜奖，见图 31-13。这种采用压杆和拉索组成的结构，被称为张拉整体结构（Tensegrity Structure）。也曾有人为美国国家建筑博物馆内的人行桥提出张拉整体结构方案，如图 31-14 所示。该桥一眼看上去，会不会让你联想到蚂蚁搭桥？

早在 20 世纪 60 年代，美国著名建筑师巴克明斯特·富勒（Buckminster Fuller）就提出了张拉整体结构的概念[5]。他把"张拉"（tensile）和"整体"（integrity）整合成了"张拉整体"（tensegrity），用以表述一组不连续的压杆与一套连续的受拉单元（通常为索，需张拉）组成的自支承、自应力的空间网格结构。这类结构可节省材料，曾用于一些艺术雕塑和大跨度建筑穹顶，现在也开始在桥梁领域小试身手了。

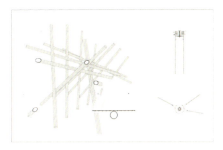

图 31-13　英国 Salford Meadows 桥优胜奖方案

2009 年,澳大利亚布里斯班建成库利尔帕(Kurilpa)人行及自行车桥,这是世界上第一座应用张拉整体原理建造的桥梁。该桥全长 470m,主桥分跨 57m + 128m + 45m,采用悬臂法拼装,如图 31-15 和图 31-16 所示。

按设计者的说法,该桥是一个混杂的张拉整体结构。桥梁由两套相互交织的体系组成:一套是经过改造的传统斜拉桥结构,其由一系列交错的立柱和拉索组成,挂住净宽 6.5m 的钢—混组合桥面;另一套是纯粹的张拉整体结构,用来稳定立柱并提供结构抗扭刚度。

图 31-14　美国国家建筑博物馆人行桥方案

图 31-15　库利尔帕桥全景

图31-16　库利尔帕桥悬臂施工

人类该为动物造桥吗?

今天的人类社会已充分认识到环境保护与生物多样性的重要性。因此,答案是肯定的。

专为动物建造的桥,称为绿桥,或景观桥,或野生动物桥,是指让动物安全通过人造障碍(主要是路)的上跨或下穿结构,也是联结人—动物—自然的一条人工纽带。这类桥梁在欧洲和北美已屡见不鲜。例如,荷兰境内已拥有大大小小600多座绿桥,跨越德国主要公路的绿桥已超过35座。图31-17给出了几个例子。

图31-17　国外的几座绿桥

值得称赞的是,我国也在这方面做了不少工作,例如:青藏铁路中考虑了各种野生动物通道 33 处,成兰铁路中通过增加桥隧比来避让大熊猫迁徙通道,深茂铁路中为保护"小鸟天堂"的自然生态环境而在桥上设置拱形全封闭声屏障等。不过,目前中国似乎还没有专门的绿桥,期待它早点实现吧。

参考文献

[1] "Jataka Tales of the Buddha:Part III",retold by Ken & Visakha Kawasaki. at:http://www.accesstoinsight.org/lib/authors/kawasaki/bl142.html.

[2] 唐寰澄. 鼋鼍为梁考[A]中国古桥研讨会暨海峡两岸古桥学术交流会[C]. 福州,2009.

[3] 席龙飞. 中国造船史[M]. 武汉:湖北教育出版社,2000.

[4] Morgan Kelly. "Ants build 'living' bridges with their bodies, speak volumes about group intelligence". at:https://www.princeton.edu/news/2015/11/30/ants-build-living-bridges-their-bodies-speak-volumes-about-group-intelligence,2015.

[5] RenéMotro. Tensegrity:Structural Systems for the Future[M]. Hermes Science Publishing Limited,2003.

图片来源

图 31-1 鹊桥相会与猴王桥,来源于:http://www.renwen.com/wiki/鹊桥.

图 31-2 印度猴王桥,来源于:https://en.wikipedia.org/wiki/Bharhut(a);https://en.wikipedia.org/wiki/Sanchi(b).

图 31-3 印度罗摩桥,来源于:https://www.goodfon.com/wallpaper/indiia-shri-lanka-ostrova-otmel-adamov-most-foto-nasa.html.

图 31-4 四川泸县龙脑桥,来源于:http://www.photofans.cn/match/groupview.php?gid=32760&matchid=52.

图 31-5 哥斯达黎加的黑掌蜘蛛猴母子,来源于:https://en.wikipedia.org/wiki/Geoffroy's_spider_monkey.

图 31-6 哥伦比亚的绒毛猴母子,来源于:Screenshot from: https://www.natgeotv.com/za/shows/natgeowild/wild-colombia.

图 31-7 蚂蚁组成的桥、梯和筏,来源于:http://www.biosphereonline.com/2016/04/26/ants-forming-rafts-memory/(a);
http://www.dailymail.co.uk/sciencetech/article-4723528/What-humble-mighty-ant-teach-humans.html(b);http://www.clubhousenews.com/fire-ants-may-help-mankind-build-self-healing-bridges/(c).

图 31-8 蚂蚁桥即将合龙,来源于:http://uk.businessinsider.com/how-animals-use-democracy-to-make-group-decision-2017-9.

图 31-9　达尔文树皮蛛的跨河蛛网,来源于:https://en.wikipedia.org/wiki/Darwin's_bark_spider.

图 31-10　西藏墨脱德兴藤网桥,来源于:http://dy.163.com/v2/article/detail/CBBMH2AE0524B8TV.html.

图 31-11　日本大月猿桥,来源于:https://www.fujiyama-navi.jp/zh-CHT/entries/2ekmE.

图 31-12　德国斯图加特罗兹桥,来源于:https://de.wikipedia.org/wiki/Schlaich_Bergermann_Partner.

图 31-13　英国 Salford Meadows 桥优胜奖方案,来源于:http://www.aa64.net/tensegrity-bridge-atelier.

图 31-14　美国国家建筑博物馆人行桥方案,来源于:http://www.wilkinsoneyre.com/projects/tensegrity-bridge.

图 31-15　库利尔帕桥全景,来源于:https://en.wikipedia.org/wiki/Kurilpa_Bridge(a);http://www.coxarchitecture.com.au/project/kurilpa-pedestrian-bridge/(b).

图 31-16　库利尔帕桥悬臂施工,来源于:http://www.coxarchitecture.com.au/project/kurilpa-pedestrian-bridge/.

图 31-17　国外的几座绿桥,来源于:https://www.hankermag.com/40-amazing-animal-crossings-bridges-save-millions-animals-everyday/.

第32篇 布鲁内尔其人其事

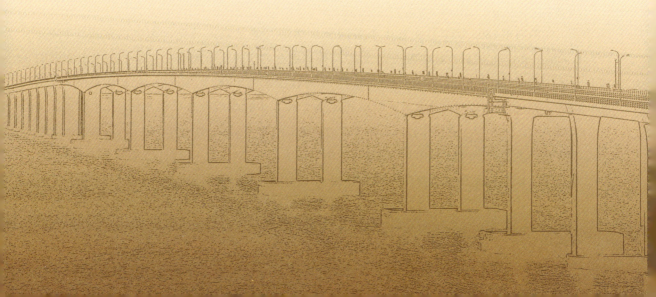

人类生活的基本需求,是衣食住行,而后两件事情与土木工程密切相关。从事土木工程,需要专门人才。那些从事铁路、公路、桥梁、隧道等工程设计施工的专业技术人员,就是土木工程师。

你认为自第一次工业革命以来,谁是世界上最伟大的土木工程师?是英国发明了铁路机车的斯蒂芬森,还是法国建造了埃菲尔铁塔的埃菲尔?是美国布鲁克林大桥的承建者罗布林,还是中国铁路及桥梁的先行者詹天佑和茅以升?可以肯定的是,大家心中都有自己的答案,而且可以肯定的是,答案五花八门,不尽相同。道理很简单:没有标准答案。

历史上有一个人,在中国的名气似乎远远没有前面提及的几位那么大,但在世界现代土木工程史上却占据着非常重要的位置。他就是19世纪上半叶英国著名的土木工程师伊桑巴德·金德姆·布鲁内尔(Isambard Kingdom Brunel,1806—1859年,图32-1)。笔者根据相关文献资料[1,2,3],介绍如下。

图32-1　伊桑巴德·金德姆·布鲁内尔

布鲁内尔何许人也?

布鲁内尔何许人也?今天世人对他的评价是:"在工程历史上最具创造性和最多产的人物之一","19世纪的工程巨匠之一","工业革命时期最伟大的人物之一",等等。2002年,英国广播公司搞了一个"最伟大的100名英国人"评选活动,结果温斯顿·丘吉尔名列榜首,布鲁内尔排名第二,高于达尔文、莎士比亚、牛顿、图灵、法拉第、霍金、狄更斯、伊丽莎白二世等一大溜世界名人。笔者以为,丘吉尔和布鲁内尔的排名如此之高,大概是因为历史上丘吉尔曾经解决了英国人活不活得下去的问题,而布鲁内尔则帮忙解决了英国人怎么活着的问题。

布鲁内尔1806年4月9日生于英国朴次茅斯。他父亲是马克·布鲁内尔爵士(Marc Isambard Brunel,但后人称他为马克,以免与他那更有名气的儿子混淆了),是一位生于法国的土木工程师,英国皇家学会院士。布鲁内尔小时候受家庭影响,耳濡目染,对土木工程产生了兴趣。据说,他4岁时父亲就教他制图和观测技术,8岁时学习欧几里得几何(天才都是这个节奏吗?)。他8岁上寄宿学校,14岁时被诺曼底卡昂学院录取,1820年前往法国,最后就读巴黎亨利四世中学。1822年中学毕业后,他想继续在法国读大学,但因自己是外国人被拒,于是当了一段时间的制造钟表的学徒,1822年返回英国。从此,开始了他辉煌的土木工程生涯。

布鲁内尔的贡献在于：主持修建了英国大西部铁路、建造了系列蒸汽轮船和一些重要的桥梁隧道，创造了许多世界"第一"；通过英国工业革命的辐射性作用，推动了现代土木工程和公共交通的发展。英国人民为了纪念这位伟大的工程师，在不少地方建有布鲁内尔的雕像；1966年建立的伦敦布鲁奈尔大学，是以他的名字命名的；2006年，英国皇家造币厂为布鲁内尔200周年诞辰铸造了纪念币。2012年的伦敦奥运会开幕式上，扮演的布鲁内尔也闪亮登场，激情朗诵莎士比亚喜剧《暴风雨》中的一段台词。

布鲁内尔做了些什么？

1822年回到英国后，布鲁内尔在他父亲的手下干活。第一件事情就是参与建造泰晤士隧道(Thames Tunnel)。泰晤士隧道是一条穿越泰晤士河的伦敦水下隧道，是有史以来第一条水下隧道。隧道建于1825年，1843年完工，隧道长396m。开挖采用的技术，来自于布鲁内尔的父亲与一位英国海军上将托马斯·科克伦共同申请的盾构法(适于在软土地层或含水量很高的地层掘进隧道)专利，如图32-2所示。这项工程的负责人是马克，布鲁内尔是驻地工程师，具体负责隧道建设。现在，这隧道作为伦敦地上铁(London Overground Railway，大概就是城市高架轨道)东伦敦线上的一部分，至今仍在使用。1830年，年仅24岁的布鲁内尔为此(因为泰晤士隧道1843年才完成，而在此之前他似乎也没有别的什么工程业绩)成为英国皇家学会院士。

1831年，布鲁内尔在布里斯托尔的克里夫顿(Clifton)悬索桥方案设计中赢得竞赛，同年该桥奠基开建。这悬索桥的桥塔采用石材，大缆采用熟铁链杆，跨度214m，如图32-3所示。若能按计划完成施工，那这桥就是当时世界上跨度最大的桥了。可惜，因1831年末发生在布里斯托尔的"皇后广场暴动"(当地群众为争取公民投票权与政府产生的流血冲突)以及由此诱发的财政问题(投资商不来了)，这桥直到1862年才正式推进，1864年建成。不过，也有

图32-2 泰晤士隧道盾构施工示意

人质疑布鲁内尔是否真的设计了此桥。一个看上去比较有说服力的观点是：克里夫顿桥的链式大缆，直接借用了1859年拆除的伦敦亨格福德(Hungerford)悬索桥的链式大缆，此时布鲁内尔已去世了。(注：最早的亨格福德桥也是布鲁内尔设计的，1845建成；1864年在主跨内增加了几个桥墩，改建为格构式熟铁桁梁铁路桥；2002借助现有桥墩，在上下游侧增建两座人行斜拉桥，现成为伦敦一景。)

图 32-3　克里夫顿悬索桥

接下来布鲁内尔设计的其他桥梁,同样精彩,现选择介绍几座介绍。1839 年,位于英国西部大铁路线上的梅登黑德(Maidenhead)铁路桥建成开通,见图 32-4。布鲁内尔采用两个椭圆形的砖拱作为主跨结构,跨度 39 m,矢高仅 7 m,宽度 9.1 m(1892 年为适应四线标准铁路加宽到 17.45m),成为当时世界上跨度最大、最为平坦的圬工拱桥。

图 32-4　梅登黑德铁路桥

1849 年,布鲁内尔设计的温莎(Windsor)铁路桥建成,见图 32-5。这桥采用熟铁制成,单跨,跨度 62m,铁路双线,位于大西部铁路的某支线上。从照片上看,结构采用刚性系杆和刚性拱,柔性吊杆之间设置了交叉斜杆。据笔者所掌握的资料看,这可能是世界上最早的系杆拱桥了。

布鲁内尔设计的最后一座桥梁,就是 1859 年建成的皇家阿尔伯特桥,见图 32-6。在第 18 篇中,已对此桥做过简要介绍,兹不赘述。啰唆一句的是:为纪念皇家阿尔伯特桥建成 100 周年,在桥头铭刻上了"I. K. BRUNEL ENGINEER 1859"的字样。一晃又过去差不多 50 年了,桥头布鲁内尔的大名和工程师身份依然清晰夺目。

在英国大西部铁路建设中,1841 年布鲁内尔还曾主持修建了盒子隧道(box tunnel)。这隧道长 2.95km,是当时世界上最长的双线铁路隧道。

图32-5　温莎铁路桥

图32-6　皇家阿尔伯特桥

　　布鲁内尔设计的一些桥梁、隧道和车站（其中最著名的是伦敦西敏市的帕丁顿车站），直接与英国大西部铁路（Great Western Railway）建设有关。大西部铁路是当时的一家英国铁路公司的名字，也指连接伦敦西南部、英格兰西部和大部分威尔士地区的铁路网，被称为英国维多利亚时代的奇迹之一。1833年，大西部铁路公司成立，同年布鲁内尔被任命为总工程师。当时布鲁内尔坚持采用2140mm宽轨距，认为其运行速度更快、乘客更为舒适、货运能力更大，引起不少争议（事实证明他偏离了主流）。19世纪末期，这各铁路线也开始改为1435mm标准轨距了。

　　为提升列车牵引力，布鲁内尔曾推进过一项技术，虽然最后不成功，但也从中看出布鲁内尔敢于创新和实践的个人品质。这项技术就是空气（或大气）牵引技术，其来自于Clegg（一位燃气工程师）和Samuda兄弟（造船工程师）在1838年申请的专利，所建造的铁路就称为"空气铁路"（atmospheric railway）。基本做法是：在轨道中间布置空气管道，沿线每隔2英里设置一个泵站，抽取管中空气形成真空，由此带动列车行进，如图32-7所示。1847年布鲁内尔所建设的一段空气铁路开通，在牵引质量达28t时，列车最高速度达到103km/h。

图32-7　布鲁内尔的空气铁路示意（管道是当时的部件）

　　布鲁内尔一直在考虑从伦敦到纽约的长距离交通问题，设想着乘客在伦敦买一张票，就可先坐大西部铁路到布里斯托尔，然后转乘轮船去纽约。为实现这一想法，1836年布鲁内尔与人合伙成立英国大西部轮船公司（Great Western Steamship Company）并担任工程师。1838年，建成"大西方号",其使用螺旋桨推进器和铁甲壳,排水量2300t。这是第一艘投入大西洋航线运输的蒸汽动力轮船,下水时是世界上最大的轮船。1845年,又建成排水量3674t的"大不列颠号"并投入使用,今天在布里斯托尔港还可见到她的身影。这些成功使得布鲁内尔野心爆棚,与人合作打造了一艘当时世界上最大、最豪华的游轮(载客4000人,载货6000t),拟用于英国—印度—澳洲航线。这艘取名"大东方号"的客轮长211m,宽36m,最大吃水深度9.2m,排水量18915t,如图32-8所示。这船的建造过程艰难曲折,千辛万苦,最终在1860年首航纽约(没有按原航线运营)。因经营巨亏,这船服役4年后即停航,卖作他用,1888年报废拆除。

图32-8 "大东方号"轮船

布鲁内尔是个不折不扣的老烟枪,估计与丘吉尔有得一拼。1859年,布鲁内尔中风去世,年仅53岁,埋葬在伦敦西北的肯萨绿地(Kensal Green)公墓内。

布鲁内尔带给我们的启示

最后,谈谈编写本篇的心得体会。

(1)以大机器工业为特征的英国工业革命,不仅影响到西欧和北美,还扩展到东欧和亚洲,它标志着世界整体化高潮的到来。布鲁内尔是英国工业革命后期著名的土木工程师,他对世界的土木工程发展,起到了重要的、间接的促进作用。

(2)布鲁内尔是工程(不仅仅是土木工程)奇才,满怀雄心壮志。他不仅修铁路,也造桥隧和车站,还搞远洋船舶设计。这在分工专业化的今天,是完全不可想象的。今天的专业人士,适当拓展自己的专业知识领域,自是有益无害。

(3)布鲁内尔设计的工程项目,尽管不是个个都成功,但几乎个个都是"第一"。这实际上反映出布鲁内尔敢为人先、善于创新的精神。这种精神,正是我们今天所需要的。

(4)布鲁内尔设计的桥梁、隧道和车站,质量可靠,安全耐用,绝大部分使用至今。这对今天的土木工程师的启迪作用,不言而喻。

参考文献

[1] Alfred Pugsley(Ed). The Works of Isambard Kingdom Brunel:An Engineering Appreciation [M]. Cambridge University Press,1976.

[2] ColinMaggs. Isambard Kingdom Brunel:The Life of an Engineering Genius [M]. Amberley

Publishing, 2016.

[3] https://en.wikipedia.org/wiki/Isambard_Kingdom_Brunel.

图片来源

图32-1　伊桑巴德·金德姆·布鲁内尔,来源于:https://en.wikipedia.org/wiki/Isambard_Kingdom_Brunel.

图32-2　泰晤士隧道盾构施工示意,来源于:https://nl.wikipedia.org/wiki/Thames_Tunnel.

图32-3　克里夫顿悬索桥,来源于:https://feel-planet.com/clifton-suspension-bridge-uk/.

图32-4　梅登黑德铁路桥,来源于:https://en.wikipedia.org/wiki/Isambard_Kingdom_Brunel.

图32-5　温莎铁路桥,来源于:http://www.victorian-era.org/isambard-kingdom-brunel.html/windsorrailwaybridge.

图32-6　皇家阿尔伯特桥,来源于:https://commons.wikimedia.org/wiki/File:Royal_Albert_Bridge_(2).jpg.

图32-7　布鲁奈尔的空气铁路示意,来源于:https://en.wikipedia.org/wiki/Atmospheric_railway.

图32-8　"大东方号"轮船,来源于:https://es.wikipedia.org/wiki/Great_Eastern.

第33篇 电影中的桥（上）

与桥相关的或以桥取名的电影(以及电视剧和纪录片)比比皆是,不胜枚举。那些直接以桥为主题的电影,往往反映的是历史上值得人们记住的一件事情。除此之外,在电影编剧和导演的眼中,真实的桥还可以作为一个符号或一种象征,用来隐喻或暗示社会发展中的波澜起伏,人间生活中的悲欢离合。

本篇按照时间次序,介绍国内外一些与桥有关的电影。当然,重点是电影中的桥,而不是电影本身。因篇幅偏长,分成上、下两部分。

1940 年:魂断蓝桥

《魂断蓝桥》(Waterloo Bridge)是一部经典的爱情电影,有几个不同的版本,其中最为有名的是 1940 年米高梅电影公司出品的、由费雯·丽和罗伯特·泰勒主演的那部。电影描述了第一次世界大战期间,一位风流倜傥的上尉军官与一位美丽动人的芭蕾舞演员邂逅、生情、订婚、婚变、殉情的爱情悲剧故事。

电影中的背景桥梁是老滑铁卢桥。这是英国伦敦一座跨越泰晤士河的桥,得名于 1815 年反法联军取得胜利的滑铁卢战役。该桥建于 1817 年,为 9×36.6m 石拱桥,长 748.6m,如图 33-1 所示。到 19 世纪末期,发现该桥的桥墩基础存在冲刷问题;到 20 世纪 20 年代,基础问题更趋严重;到 1934 年,开始拆除重建[1]。

图 33-1 老滑铁卢桥(1817—1934 年)

重建的滑铁卢桥是一座 7 跨钢筋混凝土连续梁桥,分跨为 23.5m+74m+3m×77m+74m+23.5m,1945 年全部完成,见图 33-2。因建桥的主要劳力是女性(当时的男人们大都去打仗了,可是女人们也能建桥!),这桥有时也被戏称为"女人桥"。这桥现在看上去不起眼,建成时却是当时跨度最大的钢筋混凝土梁桥。从桥梁发展史上看,在 20 世纪 20~40 年代,钢筋混凝土梁桥得到普遍应用;从 20 世纪 50 年代中期起,预应力混凝土梁桥才逐步成为主流。现今,跨度最大的钢筋混凝土连续梁桥是法国的栋泽尔—蒙德拉贡(Donzère-Mondragon)运河桥,分跨 79.5m+100m+79.5m,中跨采用悬臂法建造,1950 年建成[2]。

顺便提及,意译的"魂断蓝桥"这个影名,既有文史感,也有凄美感。《史记·苏秦列传》和《庄子·盗跖》中均记载了春秋时期的一段恪守信约的故事:"尾生(一男人的名字)与女子期(相约)于梁(桥)下,女子不来,(洪)水至不去,抱梁柱而死"。从字面上看(括弧中的文字为作者添加),这似乎与"蓝桥"没什么关系。到了唐代,一个名叫裴铏的小官,著有小说《传奇·裴航》(《聂隐娘》也是他写的),大意是说一个叫裴航的秀才,一次路过蓝桥驿(今西安市蓝田县境内,因有蓝桥而得名),见一绝世美女,费尽心思娶到了手,然后双双成仙而去。后来,不知是谁把春秋时期的守约故事和唐代的爱情小说混在一起,尾生与女子的约会地点也变成了蓝桥。从此,人们就把爱情之中一方失约而另一方殉情,称作"魂断蓝桥"了。

图33-2　重建的滑铁卢桥(1945年至今)

1949年:桥

你可能没有想到,1949年东北电影制片厂(现在的长春电影制片厂)拍摄的新中国的第一部故事片,就取名为《桥》。该片描写1947年冬东北某铁路工厂为支援解放战争,如何在时间紧、任务重的情况下,发动群众,群策群力,制造出修复需要的桥座(估计说的是支座)和铆钉,终于在松花江解冻之前,将被战争破坏的"江桥"修复完成的故事。

根据影像资料判断,影片中所说的"江桥",应该是以滨洲铁路(哈尔滨—满洲里,以前称为中东铁路)上的哈尔滨松花江大桥为背景的,见图33-3。这桥是松花江上最早的铁路大桥(单线),也是哈尔滨的第一座跨江桥梁,不过历史上未遭受过战争破坏。1900年5月,沙俄工程师主持开建该桥,1901年10月建成交付使用。大桥全长1027.2m,由1孔33.2m简支下承钢桁梁、8孔76.8m简支曲弦下承钢桁梁和10孔33.54m简支上承钢桁梁组成,桁梁在波兰华沙铁工厂制造,辗转运至现场架设[3]。

1962年对桥梁进行了加固改造,包括抽换8孔76.8m钢桁梁,加固11孔钢桁梁,加设两侧人行道,部分桥墩加固等。到2015年,随着这桥下游约60m处的松花江特大铁路桥全部建成(承担滨洲铁路和哈齐高铁四线运输,采用最大跨度156.8m的系杆拱连续梁结构,见图33-4右),这座见证了百余年历史风云、带着蒸汽时代工业文明坚毅沧桑色彩的老铁路桥,也在2014年4月停止了运营。老桥将作为文物完整地保留下来,并将改造成一座城市景观人行桥,继续服务于社会。

图 33-3 滨洲铁路哈尔滨松花江大桥(1962 年前)   图 33-4 哈尔滨松花江大桥(左:老桥;右:新桥)

1957 年:桂河大桥

介绍这部电影之前,先说说泰缅铁路(又称缅甸铁路或死亡铁路)。这铁路是日本在第二次世界大战期间而修建的,连接泰国曼谷和缅甸仰光,1942 年 6 月开工,1943 年 10 月完成,全长 415km(现基本废弃,只有 50km 可用)。共有 6 万余名英、澳、荷兰、美国等盟军俘虏、30 余万亚洲劳工被驱使建造这条铁路,修路者的生活和工作条件极其低下,死亡率极高(约有 25%的战俘、30%的劳工因各种原因丧生)。这条铁路在泰国的起点是北碧府,铁路需跨越桂河;1943 年,在桂河上建成一座铁路桥,这就是因电影而出名的桂河大桥,见图 33-5。1945 年,盟军飞机炸垮了其中两孔,后修复(即图 33-5 中的两孔平行弦钢桁梁)。

图 33-5 泰国北碧府桂河大桥

1957 年由哥伦比亚电影公司制作的电影《桂河大桥》(The Bridge on the River Kwai),虽然故事情节是虚构的,但却是以死亡铁路建设这段真实的历史为背景的。这部电影史上的经典之作,获得奥斯卡最佳影片等七项大奖。电影情节围绕桂河大桥的建设和破坏,在英军上校尼柯森(固执,自尊,荣誉感超强,修起桥来比日本鬼子还尽心,谁要炸桥就跟谁玩命)、美国海军军官希尔兹(应变能力强,能够审时度势,顾全大局,自己脱险逃跑后还能接受任务返回炸桥)和战俘营营长斋藤(具有武士道精神,残忍粗暴,但又懂得一些妥协)三个军人之间展开,表现出特殊环境下不同文化背景的人物对于战争的思考和应对。

由于在泰国、缅甸的拍摄要求均被拒绝,摄制组改在斯里兰卡 kitulgala 这个地方拍摄,并在附近的菲科拉尼河上临时搭建了影片中的"桂河大桥",这是一座结构上形似英国福斯铁路桥的木悬臂桁梁桥,见图 33-6。不曾想到的是,真正的桂河大桥却因为这部电影的成功而成为观光旅游热点。若有读者去那里旅游,除了看桥之外,也别忘记走到桥头的下面,瞻仰一下中国远征军的纪念碑和孤军墓地。

图 33-6 电影中的桂河大桥

1969 年:桥

年纪大点的读者,应该都还对前南斯拉夫波斯纳电影制片厂出品的一部战争影片——《桥》(Most)记忆犹新。这部电影 1969 年发行,20 世纪 70 年代引入中国。在那个精神食粮极度匮乏的年代,人们对国外的电影趋之若鹜,百看不厌,留下了很深的印象。

影片讲述的是 1944 年第二次世界大战接近尾声时,一小队南斯拉夫游击队员经过一系列惊险激烈的战斗,将德军撤退途中必经之路上的一座拱桥炸毁的故事。桥梁工程师参与了这次行动,一开始他不愿配合,最后舍生取义,亲手炸掉了自己设计建造的桥。这情节会让人联想到日军进攻杭州前,茅以升先生忍痛亲自炸塌钱塘江大桥的场景。

电影中被炸毁的那座桥,是真实存在的。在现黑山共和国西北部杜米托尔国家公园(世界遗产)境内,横跨塔拉(Tara)河峡谷之上,有一座塔拉河谷大桥。大桥 1940 年建成,是一座 5 跨钢筋混凝土公路拱桥,桥长 365m,桥面高度约 160m,主拱跨度 116m,其余拱跨 45m 左右,拱架法施工。在其完工之时,是欧洲规模最大的公路混凝土拱桥[4],如图 33-7 所示。

1942 年,为防止敌人越境进入黑山,游击队炸塌了这桥一端的一跨小拱。这个任务是由一位曾参与大桥建设的结构工程师 Lazar Jauković 协助完成的。意大利军队逮捕了他,并在桥上枪杀了他。后来人们为了纪念这一英勇行为,在桥头修建了纪念碑。第二次世界大战结束

图33-7　黑山塔拉河谷大桥

后,桥梁得以修复,并在1946年9月再次通车。《桥》这部电影就是根据这一段史实改编并在此地拍摄的。

顺便提及,不少人误以为《桥》中的插曲是前南斯拉夫的歌曲,但实际上却来自于一首意大利民歌,歌名是Bella Ciao,直译就是:"嗨,美人"。中国人改译的歌曲"啊!朋友再见",也因电影的流行而脍炙人口。

1969年:雷玛根大桥

在德国雷玛根(Remagen)和埃尔佩尔(Erpel)两个市镇之间,有一座鲁登道夫大桥(Ludendorff Brücke),桥名来自于在第一次世界大战期间力主建设此桥的一位德国将军的名字,也称为雷玛根大桥。这是一座横跨莱茵河的钢桁拱连续梁双线铁路桥,钢桥长326m,主跨156m,两边跨各长85m,建成于1918年(一说1919年)[5],见图33-8。

图33-8　鲁登道夫大桥(1919—1945年)

这桥与战争解下了不解之缘。在第一次世界大战期间建设此桥(以及其他两桥,见下)的目的,就是为了连接莱茵河两岸的铁路,以便向西部战线运送兵力和物资。第二次世界大战尾期,1945年春,挥师东进的盟军直逼德国西部的莱茵河,准备强渡莱茵河,发动对德国的最后进攻。担负莱茵河全线防御作战的德军已经接到军令,炸毁河上所有的桥梁(包括这座桥)。1945年3月7日,美军先头部队抵达莱茵河西岸并发现了这座还未被炸毁的桥梁,于是抓住战机,抢在德军炸桥之前发起迅猛攻击,经过激烈的战斗(情节过于复杂,此处从略),一举夺下该桥。图33-9为美军占领后的鲁登道夫大桥。

经历了战斗洗礼的鲁登道夫大桥,伤痕累累,摇摇欲坠。美军随即开始抢修,同时输送了6个师的兵员和辎重过河。由于桁拱在战斗中受到严重破坏(图33-9),大桥终于不堪重负,在

1945年3月27日下午突然坍塌(图33-10),正在执行抢修任务的28名美国工兵丧命,另有63人受伤。

图33-9 美军占领后的鲁登道夫大桥

图33-10 鲁登道夫大桥垮塌后

光阴荏苒,这桥再没重建。1976年夏,为了通航安全,拆除了河中的两个桥墩。今天,只有残存的桥头堡,外观沧桑黢黑,还屹立在两岸,依稀让人联想起当年的战场硝烟。现西岸的桥头堡改为博物馆,东岸桥头堡的是表演艺术空间。

这座桥为盟军东渡莱茵河提供了极大帮助而闻名于世。美军的一位战地记者肯·赫克勒在战斗结束不久后就到达现场进行采访,之后又向曾经守桥的一位德军军官了解战斗的细节。1957年,赫克勒出版了"The Bridge at Remagen"一书。1969年,美国米高梅公司根据这本书改编成一部同名的好莱坞战争片。因西德以影响莱茵河通航为由拒绝了拍摄请求,电影是在前捷克斯洛伐克的Davle这地方拍摄的;电影中的那座桥,是位于伏尔塔瓦河上的davelský桥(三跨钢桁梁桥,跨度信息不详),至今仍在,如图33-11所示。

图33-11 电影中的雷玛根大桥——davelský桥

最后,结合雷玛根大桥,从专业角度讨论一下钢桁拱连续梁这一桥式。在鲁登道夫大桥南边百多公里的距离内,还有两座在同一时期为同一目的(连接法德之间的铁路)建造的两座桥。离鲁登道夫大桥近一点的一座,是科布伦茨附近的王储威廉大桥(Kronprinz-Wilhelm-Brücke),见图33-12。这桥主跨188m,桥长约433m,1917年建成,1945年炸毁;1954年,利用原桥墩,重建了一座格构式钢桁梁结构,称为恩格尔斯—乌尔米茨莱茵河大桥(Rheinbrücke Engers-Urmitz)。离得远一点的一座,是位于莱茵河畔宾根的兴登堡大桥(Hindenburgbrücke),见图33-13。这桥主跨169m,总长1175m,1915年建成,1945年炸毁,没有重建。从桥式上看,这三座桥均采用钢桁拱连续梁结构体系;从时间上看,这三座桥大概属于这类桥式的先驱了。

图33-12 王储威廉大桥(1917—1945年)

图33-13 兴登堡大桥(1915—1945年)

参考文献

[1] Old Waterloo Bridge (1817). in:http://www.engineering-timelines.com/scripts/engineering-Item.asp? id=1483.

[2] Leonardo F. Troyano. Bridge Engineering-A Global Perspective [M]. Thomas Telford Ltd,2003.

[3] 《中国铁路桥梁史》编委会.中国铁路桥梁史[M].北京:中国铁道出版社,2009.

[4] Wai-Fah Chen, Lian Duan(Ed). Handbook of International Bridge Engineering [M]. CRC Press,2014.

[5] Peace Museum Bridge at Remagen. in:http://www.bruecke-remagen.de/index_en.htm.

图片来源

图 33-1 老滑铁卢桥，来源于：http://www.keywordlister.com/d2F0ZXJsb28gYnJpZGdl/.

图 33-2 滑铁卢桥，来源于：https://commons.wikimedia.org/wiki/File:Waterloo_bridge,_London.jpg.

图 33-3 滨洲铁路哈尔滨松花江大桥，来源于：http://www.zaidongbei.cn/a/yxls/20160323/194.html.

图 33-4 哈尔滨松花江大桥，来源于：http://you.ctrip.com/sight/haerbin151/109836-dianping103543367.html.

图 33-5 泰国北碧府桂河大桥，来源于：https://theguidethailand.com/product/morning-tiger-temple-tour-and-bridge-on-the-river-kwai/.

图 33-6 电影中的桂河大桥，来源于：https://www.walldevil.com/bridge-river-kwai-wallpaper-392179/.

图 33-7 黑山塔拉河谷大桥，来源于：http://www.montenegro-visit.com/en/magazine/the-city-is-so-rich-natural-and-cultural-beauty-pljevlja/.

图 33-8 鲁登道夫大桥，来源于：http://www.strijdbewijs.nl/strijd/rem1.htm.

图 33-9 美军占领后的鲁登道夫大桥，来源于：https://en.wikipedia.org/wiki/Ludendorff_Bridge.

图 33-10 鲁登道夫大桥垮塌后，来源于：https://en.wikipedia.org/wiki/Ludendorff_Bridge.

图 33-11 电影中的雷玛根大桥——davelský 桥，来源于：https://commons.wikimedia.org/wiki/File:Davle_a_Starý_davelský_most.jpg.

图 33-12 王储威廉大桥，来源于：https://www.rhein-zeitung.de/region/lokales/neuwied_artikel,-kronprinzenbruecke-engers-bau-begann-vor-100-jahren-_arid,1466287.html.

图 33-13 兴登堡大桥，来源于：https://www.rhein-zeitung.de/region/lokales/hunsrueck_artikel,-buerger-brueckenlosen-zustand-beenden-_arid,1536628.html.

第34篇

电影中的桥(下)

在第33篇中,简要介绍了国内外5部电影中所涉及的一些桥梁。本文将继续介绍其他几部电影中的桥,并由此也说说与桥相关的人和事。

1976年:卡桑德拉大桥

卡桑德拉大桥(Cassandra Crossing),是1976年英国、意大利和西德联合拍摄的一部灾难片。故事讲的是一名恐怖分子染上致命病毒并逃上了开往斯德哥尔摩的火车,病毒开始在乘客间蔓延。高层下令将列车所有门窗封闭,改道驶向波兰境内的一座年久失修的大桥——卡桑德拉大桥,试图制造桥垮车毁人亡的事故以掩盖真相。最后桥垮了,掉下去几节车,但大部分人逃出了险境。这部电影以挽救生命为主题,表现出人们面对灾难时的大无畏精神和人道主义精神,成为后来灾难片的经典模式。

在电影编剧中,卡桑德拉大桥只是虚构的位于波兰境内的一座危桥,但电影中出现的那座桥却是大名鼎鼎,那就是由法国著名建筑师和结构工程师居斯塔夫·埃菲尔(Gustave Eiffel,1832—1923年)设计的加拉比高架桥(Garabit Viaduct),见图34-1。这座单线铁路桥位于法国康塔尔省的山区,跨越特吕耶尔河;结构为上承式桁架拱,立面呈双铰月牙形提篮状,采用熟铁材料,主跨165m,1884年建成。在这之前的1877年,埃菲尔还曾为葡萄牙波尔图设计过一座铁路桥(1991年退役),即玛丽亚·皮娅(Maria Pia)桥,其采用上承式桁架拱,主跨160m,采用铸铁材料,结构与加拉比高架桥几乎一样。可见,加拉比高架桥多半是基于更早的玛丽亚·皮娅桥设计的。

图34-1 加拉比高架桥(1884年至今)

世人对居斯塔夫·埃菲尔的了解,可能主要是因为他设计的美国自由女神像(1886年)内部的钢铁骨架和世界建筑史上的钢铁杰作埃菲尔铁塔(1889年)。实际上,埃菲尔对桥梁和结构工程做出的贡献,同样令人敬佩;他早期在钢桥和钢结构领域积累的工程经验,对他后来誉满全球的建筑大师地位,大有裨益。

埃菲尔25岁时承接的第一份工程,就是主持施工法国波尔多的加隆河铁桥,后来也叫埃菲尔人行桥(Passerelle Eiffel,1981年停用)。该桥是一座双线铁路桁架梁桥,熟铁梁,铸铁墩,长约510m,最大跨度77m,建于1860年。施工中采用的气压沉箱和液压泵,均是当时的创新技术。2010年,这座桥被列为法国历史古迹,如图34-2所示。

埃菲尔十分善于运用金属材料,一生设计了约30座钢铁桥梁[1]。1871年法国建成的蒙吕松—加纳铁路线上,有4座采用熟铁建造的、构造形式相同的桁梁桥,埃菲尔承担了其中的两座。图34-3所示为他设计的Rouzat高架桥,主跨57.75m,墩高约50m,1869年建成。图34-4为Bouble高架桥,主跨50m,墩高42~57.5m,1871年建成。这2座桥的桥墩均采用桁式铁管构造,设计时考虑了山谷强风的影响。不知读者从图34-4所示的桥墩外观上,是否可以依稀看出后来埃菲尔铁塔的身影?

图34-2 加隆河铁桥(1860—1981年)

图34-3 Rouzat高架桥(1869年)

图34-4 Bouble高架桥(1871年至今)

1959年起至今:泸定桥

我国的泸定桥的建造及出名,均与战争有关。清康熙三十九年(1700年),清廷发动史称的"西炉之役",平定蒙古族和硕特部派驻打箭炉(今康定)营官昌侧集烈的叛军之乱。战后为稳定"西炉"边地,促进汉藏之间的经济贸易和文化交流,清政府于1705年拨重金兴建泸定铁索桥,次年5月建成,见图34-5。桥修好了,得有个名。康熙皇帝取"泸水"(当地人对大渡河的称呼)、"平定"(平定打箭炉之乱)之意,御笔亲书"泸定桥"。

1935年,中央红军长征期间,为争夺泸定桥,打了一次非常重要的仗。对此,大家耳熟能详,就无须细说了。后来,拍摄了一系列以此为题材的电影、电视剧、纪录片等,包括1959年的《万水千山》,1980年的《大渡河》和《飞夺泸定桥》,2005年的电视剧《长征》,2016年的战争动作电影《勇士》等。

图 34-5　泸定桥(1706 年至今)

泸定桥是一座享誉中外的历史名桥。当时它是连接川藏交通的咽喉要地，也是大渡河上建造最早、跨度最大的一座铁索桥。桥的跨度 100m，由 13 根锚固于两岸桥台的索链组成。其中，9 根索链为底，上铺木板形成桥面(宽 2.7m)；4 根索链分置两侧，用作桥栏和扶手。每根索链由近千个手工锻造的熟铁环相扣形成，两岸桥台上还设有风格独特的桥亭。1961 年，泸定桥成为第一批全国重点文物保护单位。

自建造至今，泸定桥已历经了三百多年的风风雨雨，今天依然横跨在大渡河上。靠什么呢？一靠质量控制。当初建造时的监工非常严厉，要求每个铁环必须打上记号，今后若有差池，按号索骥，按律严惩。二靠养护维修(这是关键)。三百年来桥梁管理者一直坚持"三年一小修，五年一大修"的惯例。前者指拆换损坏的桥板等，后者则是卸下全部铁索，由最有经验的铁工用小铁锤逐环敲打检查，对有问题者以新换旧。有点巧合的是，1935 年 4 月，就在飞夺泸定桥战斗的前一个月，泸定桥刚刚完成一次大修。1969 年，首次采用 28mm 低碳圆钢煅打成环，代替原来一直采用的荥经所产毛铁(指刚出炉尚未经锤锻的熟铁)。1976—1979 年，进行了一次大维修(更换 6 根底链，修复桥亭，加固桥台，整治环境，维修碑文等)。2002 年进行了有史以来规模最大的一次加固维修，包括采用旋喷注浆方法加固台身及基础，增加 9 根直径 15mm 的承重钢绞线等。

尽管如此，三百年来泸定桥仍屡屡出事，多次"掉链子"，即断掉一根或几根铁链，包括被风吹断，被洪水冲断，因锚桩朽坏而断，红军撤离泸定县时为阻追兵而人为锯断，部队齐步过桥引起共振而断，多人同时上桥压断等等，更多信息读者可查阅文献[2]。

1995 年：廊桥遗梦

《廊桥遗梦》(The Bridges of Madison County)是 1995 年美国华纳兄弟公司出品的一部根据同名畅销书改编的家庭伦理类电影。影片大意是：家住麦迪逊县农村的家庭主妇弗朗西斯卡(梅丽尔·斯特里普饰演)在家人外出时，偶遇来自大城市华盛顿特区《国家地理》杂志的摄影师罗伯特·金凯(克林特·伊斯特伍德饰演，他也是导演)，女的情感寂寞，男的离婚单身，由于一座廊桥的拍摄，两人互生情愫，相见恨晚；短暂缠绵几天后，男的要带女的走人，女的在最后一刻却因不愿舍弃家庭而与男的痛苦分手。影片的情节十分简单(就是典型的婚外情或外遇，加上了一点爱情元素)，但是演员的表演却十分细腻。

摄影师要拍摄的桥,叫罗斯曼(Roseman)桥,如图 34-6 所示。该桥位于爱荷华州麦迪逊县境内,是一座建于 1883 年的木结构廊桥(covered bridge),长约 33m;1976 年列入美国"国家史迹名录"(大概就是我们所说的"全国重点保护文物"吧)。1992 年整修过一次。

借此也谈谈美国的木廊桥。美国的木材资源十分丰富,这为美国的木桥(包括早期的铁路桥)建造提供了条件。在 19 世纪的前三、四十年间,美国盛行建造各式木桁架桥,并在桁架外侧铺设盖板(顶板和侧板),以保护木结构并延长其使用寿命,一时全国的木桥总数达到 1.2 万~1.4 万座(今天只剩大约 900 座)[3]。第一座木廊桥(Schuylkill Permanent bridge)建于 1805 年,为三跨拱形桁

图 34-6 罗斯曼桥(1883 年至今)

架,主跨长约 60m。1812 年,在宾夕法尼亚州费城建成巨桥(Colossus Bridge,也叫麦考尔渡口桥),采用拱形桁架,跨度达到空前绝后的 103.6 m[4]。今天,只能通过当年的绘画作品欣赏一下这桥了,见图 34-7。这桥用到 1838 年时被火烧毁,1842 年改建为美国第一座采用铁丝做主缆的悬索桥(Fairmount 桥,参见第 7 篇),其一直用到 1870 年又被替换。

2016 年,"今日美国"(USA Today)网站推出了读者选出的木廊桥 Top 10,前文提及的罗斯曼桥,排在第 9 位。现列出其中两座,以飨读者。图 34-8 所示为排名第六的海德霍尔(Hyde Hall)桥,位于纽约州奥齐戈县 Glimmerglass 国家公园内。该桥长度只有区区 16m,但却是现存的建造年代最早的木廊桥,其始建于 1825 年,1967 年进行过一次整修。

图 34-7 费城巨桥(1815—1838 年,Thomas Birch 绘)

图 34-8 海德霍尔桥(1825 年至今)

图 34-9 所示为排名第一的伊丽莎白桥,位于田纳西州卡特县,采用 Howe 桁架(就是斜杆均向跨中倾斜的 N 形桁架,以发明者命名),桥长 41m,1882 年建成。

图 34-9　伊丽莎白桥（1882 年至今）

2015 年：间谍之桥

《间谍之桥》(Bridge of Spies)是一部由史蒂文·斯皮尔伯格执导、汤姆·汉克斯等人主演的美国冷战间谍片，十分卖座。电影取材于冷战时期真实发生的"U-2 击坠事件"及人质交换，但为了主角（汤姆·汉克斯饰演的一位律师）的人物塑造，故事情节与下述史实存在一定的偏差。

1960 年，美国派一架 U-2 侦察机到苏联上空搞间谍活动，苏联派出苏-2 和米格 19 截击机拦截（但通常够不着或跟不上），也发射了多枚萨姆 2 地空导弹，结果导弹把 U-2 打下来了，驾驶员弗朗西斯·鲍尔斯被俘（后被判刑 10 年）；当时苏联人也忙中出错，顺便也打下来一架自己的米格 19。在此之前，1957 年，在美国的苏联间谍鲁道夫·阿贝尔身份暴露被捕，被判入狱 30 年。"U-2 击坠事件"曝光后，美国的一位有 CIA 背景的律师詹姆斯·唐纳文受政府委托，出面负责与东德人和苏联人进行人质交换谈判。1962 年谈成后，在当时东、西德边界上的一座桥上，互换苏联间谍与美军飞行员（连带一位美国大学生）。于是大家皆大欢喜，各自回家。

上述史实的后续故事是：阿贝尔回到苏联后被视为英雄，四处演讲，1971 年死于肺癌；鲍尔斯回到美国后受到冷遇，倍受指责，1977 年驾驶直升机失事身亡，几十年后才获追授。至于唐纳文，似乎成了美国谈判专家，1962 年又被派去古巴，就释放猪湾事件中 1113 名人质被俘事件，与菲德尔·卡斯特罗谈判成功。

电影中交换人质的那座桥，就是当时东、西德边界上的格利尼克（Glienicker）桥，见图 34-10。边界就设在桥中央，一家管一半（真不知这桥若不沿跨中对称，边界该怎么设定）。该桥位于波茨坦，跨越哈韦尔河，得名于桥东头建于 1826 年的格利尼克宫（现是一公园）。

格利尼克桥的建桥历史十分悠久。大约在 1660 年，第一次在此处建木桥；1834 年，采用砖石和木材改建成一座开启桥；1907 年，建成如图 34-11 所示的钢桁梁桥（分跨 37m + 74m + 37m）。二战结束前不久，德国军队在撤退时炸桥，使桥梁受到严重损坏（图 34-11），战后（1949 年）得以修复。

图 34-10　格利尼克桥（1907 年至今）

图 34-11　格利尼克桥在二战期间被毁

冷战期间,1952 年 5 月,东德开始不让西德民众过桥;1961 年 8 月柏林墙建成后,桥梁也对东德民众关闭。直到 1989 年柏林墙倒塌后的第二天,这桥才重新开通。有意思的一件事情是,在 70 年代,桥梁需要大修,1980 年西德维修了自家的一半桥,可东德一直不开工;拖到 1985 年,两家谈妥,东德一半桥的维修费用由西德出,但桥名得由东德称呼的"统一桥"改回为"格林尼克桥"。

如同电影名所示,格林尼克桥就是一座地地道道的间谍之桥,现实社会中也因交换人质而出名。电影中反映的是第一次交换,1985 年进行过第二次交换,1986 年进行了最后一次交换。1990 年两德统一后,边界消失,间谍之桥的使命终结,该桥也回归到服务社会的本源上来了。

参考文献

[1] Gustave Eiffel. in:https://en.wikipedia.org/wiki/Gustave_Eiffel.
[2] 孙前,王永模,周文强. 泸定桥三百年大事记[M]. 北京:中央文献出版社,2012.
[3] Phillip Pierce et al. Covered Bridge Manual[R]. FWHA,2005.
[4] Frank Griggs. The Colossus of the Schuylkill River[J]. STRUCTURE,June 2014,32-34.

图片来源

图 34-1　加拉比高架桥，来源于：https：∥en. wikipedia. org/wiki/Garabit_viaduct.

图 34-2　加隆河铁桥，来源于：https：∥structurae. info/ouvrages/passerelle-eiffel/photos.

图 34-3　Rouzat 高架桥，来源于：http：∥www. hunza. pro/viaducs – ferroviaires-france. html.

图 34-4　Bouble 高架桥，来源于：http：∥gallica. bnf. fr/ark：/12148/btv1b1200093s/f18. item.

图 34-5　泸定桥，来源于：https：∥en. wikipedia. org/wiki/Battle_of_Luding_Bridge.

图 34-6　罗斯曼桥，来源于：http：∥randomvoyager. com/bridges/.

图 34-7　费城巨桥，来源于：文献[4].

图 34-8　海德霍尔桥，来源于：https：∥hydehall. org/covered-bridge/.

图 34-9　伊丽莎白桥，来源于：http：∥swanayproperties. com/community/.

图 34-10　格利尼克桥，来源于：https：∥en. wikipedia. org/wiki/Glienicke_Bridge.

图 34-11　格利尼克桥在二战期间被毁，来源于：http：∥www. pnn. de/mediathek/956156/1/.